ÜBUNGS-BUCH

Rechnungswesen III/3

Übungsbeispiele mit kommentierten Lösungen

zu den Schülerbüchern

Haberl – Lechner – Mayr – Bauer – Veidl

Rechnungswesen & Controlling HAK III
Rechnungswesen & Controlling HLW III
Rechnungswesen HAS 3
Rechnungswesen FW 3

von

Prof. Mag. Klaus-Peter Haberl
BHAK/BHAS 1 Klagenfurt

Mag. Dr. Anna Rossoll
Prüferin am Rechnungshof, Wien

Univ.-Prof. Mag. Dr. Michaela Stock
Karl-Franzens-Universität Graz
Institut für Wirtschaftspädagogik

Wien 2010

Wissen ist MANZ

Liebe Schülerin, lieber Schüler!

Bücher helfen nicht nur beim Lernen, sondern sind auch Freunde für das Leben.

Das Übungsbuch wurde vom Bundesministerium für Unterricht, Kunst und Kultur
mit Bescheid vom 10. Mai 2007, GZ 5.025/1-V/9/2007, für die folgenden Schulformen, Schulstufen und Gegenstände zur Aufnahme in den Anhang empfohlen:
Handelsakademien, III. Jahrgang, Rechnungswesen und Controlling;
Handelsschulen, 3. Klasse, Rechnungswesen;
höhere Lehranstalten für wirtschaftliche Berufe, III. Jahrgang, Rechnungswesen und Controlling;
höhere Lehranstalten für Mode und Bekleidungstechnik, III. Jahrgang, Rechnungswesen;
höhere technische und gewerbliche Lehranstalten, III. Jahrgang, Rechnungswesen aufgrund des LP 2003
und dreijährige Fachschulen für wirtschaftliche Berufe, 3. Klasse, Rechnungswesen.

Buch-Nr. 135867

Printed in Austria

ISBN 978-3-7068-3789-7

Das vorliegende Buch wurde auf chlorfrei gebleichtem Papier gedruckt.

Druck: Druckerei Theiss GmbH, 9431 St. Stefan

Vorwort

Das vorliegende Arbeitsbuch stellt eine Ergänzung zu den Schülerbüchern Rechnungswesen & Controlling HAK III und HLW III sowie Rechnungswesen HAS 3 und FW 3, Auflage 2010, MANZ Verlag Schulbuch GmbH, dar und enthält Übungsaufgaben samt den vollständigen, sorgfältig ausgearbeiteten Lösungen. Es bietet dem Lernenden zusätzliche Übungsbeispiele zur Wiederholung des Lehrstoffes, z. B. für die Vorbereitung auf Schularbeiten sowie auf eine eventuelle Wiederholungs- bzw. Nachtragsprüfung. Das Arbeitsbuch gliedert sich in drei Teile, und zwar:

Der Teil A enthält die Angaben der Übungsbeispiele. Ihre Anordnung erfolgte entsprechend der Gliederung des Lehrbuches, sodass die Beispiele ohne Schwierigkeit den einzelnen Lehrstoffkapiteln zugeordnet werden können. Je nach Wichtigkeit wird eine verschieden große Anzahl von Beispielen zu den einzelnen Kapiteln geboten.

Die mit der Nuss gekennzeichneten Übungsbeispiele sind schwieriger und gehen über die im aktuellen Lehrbuch behandelten Inhalte hinaus.

Der Teil B beinhaltet die komplette Lösung der Übungsbeispiele. Wo es für das Verständnis erforderlich scheint, sind erläuternde Anmerkungen aufgenommen worden.

Versuchen Sie vorerst das Beispiel selbständig zu lösen und vergleichen Sie erst anschließend Ihre Ausarbeitung mit der im Arbeitsbuch enthaltenen Lösung! Selbstverständlich ist es auch zweckmäßig, die Erklärungen und Darstellungen der jeweiligen Kapitel des Lehrbuches durchzuarbeiten.

Der Anhang enthält Formularvorlagen für die Bearbeitung von Beispielen der Kostenrechnung, sofern dies nicht EDV-unterstützt durchgeführt wird, sowie einen Kontenplan gemäß ÖPWZ-Kontenrahmen 2000.

SbX
ID: 1550

Die mit dem SbX-Symbol markierten Übungsbeispiele können auch mit dem Microsoft Excel Programm und Ihrem Internet bearbeitet und gelöst werden. Der Zugang zu den SbX-Inhalten ist auf der folgenden Seite näher erläutert.

Die Autoren hoffen, dass dieses Arbeitsbuch beiträgt, das Verständnis und die Kenntnisse im Unterrichtsgegenstand Rechnungswesen und Controlling noch weiter zu verbessern. Für die Lösung der Übungsaufgaben wünschen wir gutes Gelingen!

Feedback zu diesem Übungsband senden Sie bitte per E-Mail an eine der folgenden Adressen:

klaus.haberl@chello.at
michaela.stock@uni-graz.at
vera.kruder@wissenistmanz.at
anna.rossoll@chello.at

Wien, im September 2010

Die Autoren

Das Übungsbuch

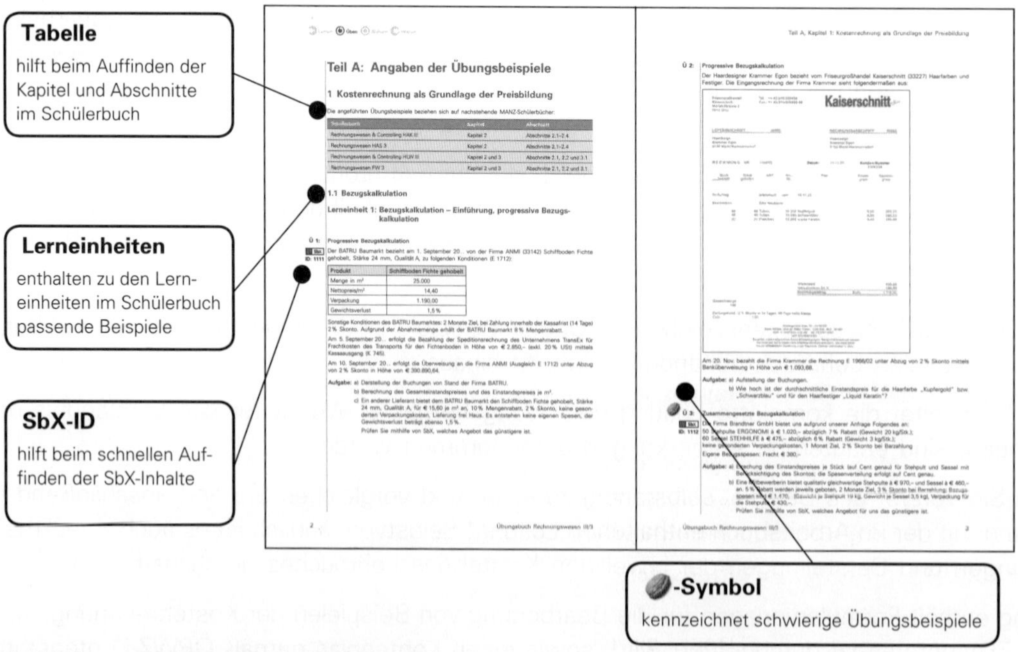

SbX – Schulbuch*Extra*

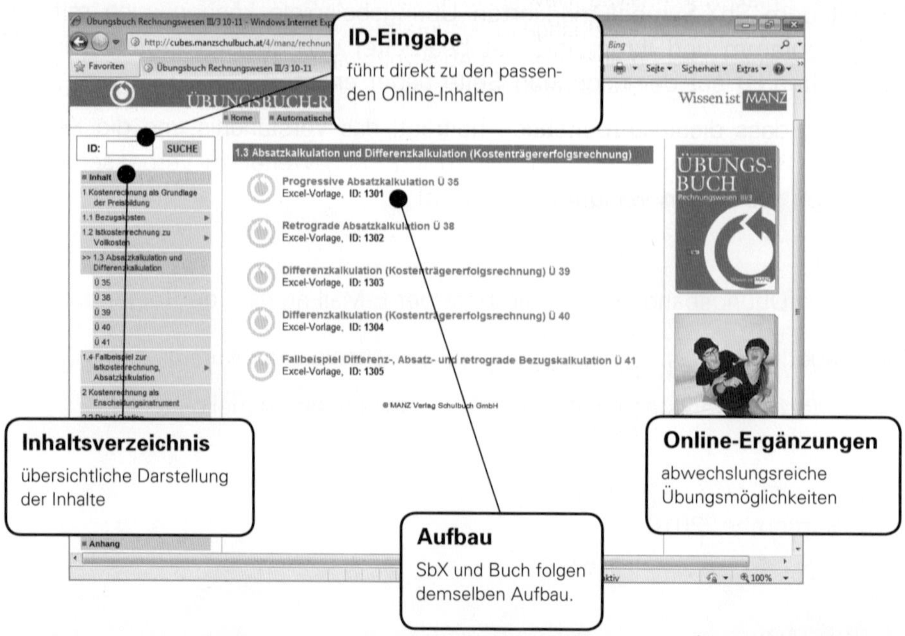

Aktivieren Sie kostenlos Ihr SbX:

www.sbxdirekt.at

Startcode: 00253789

Inhaltsverzeichnis

Teil A: Angaben der Übungsbeispiele

1 Kostenrechnung als Grundlage der Preisbildung

Die angeführten Übungsbeispiele beziehen sich auf nachstehende MANZ-Schülerbücher:

Schülerbuch	Kapitel	Abschnitt
Rechnungswesen & Controlling HAK III	Kapitel 2	Abschnitte 2.1–2.4
Rechnungswesen HAS 3	Kapitel 2	Abschnitte 2.1–2.4
Rechnungswesen & Controlling HLW III	Kapitel 2 und 3	Abschnitte 2.1, 2.2 und 3.1
Rechnungswesen FW 3	Kapitel 2 und 3	Abschnitte 2.1, 2.2 und 3.1

1.1 Bezugskalkulation

Lerneinheit 1: Bezugskalkulation – Einführung, progressive Bezugskalkulation

Ü 1: Progressive Bezugskalkulation

SbX
ID: 1111

Der BATRU Baumarkt bezieht am 1. September 20.. von der Firma ANMI (33142) Schiffboden Fichte gehobelt, Stärke 24 mm, Qualität A, zu folgenden Konditionen (E 1712):

Produkt	Schiffboden Fichte gehobelt
Menge in m²	25.000
Nettopreis/m²	14,40
Verpackung	1.190,00
Gewichtsverlust	1,5 %

Sonstige Konditionen des BATRU Baumarktes: 2 Monate Ziel, bei Zahlung innerhalb der Kassafrist (14 Tage) 2 % Skonto. Aufgrund der Abnahmemenge erhält der BATRU Baumarkt 8 % Mengenrabatt.

Am 5. September 20.. erfolgt die Bezahlung der Speditionsrechnung des Unternehmens TransEx für Frachtkosten des Transports für den Fichtenboden in Höhe von € 2.850,– (exkl. 20 % USt) mittels Kassaausgang (K 745).

Am 10. September 20.. erfolgt die Überweisung an die Firma ANMI (Ausgleich E 1712) unter Abzug von 2 % Skonto in Höhe von € 390.890,64.

Aufgabe: a) Darstellung der Buchungen von Stand der Firma BATRU.

b) Berechnung des Gesamteinstandspreises und des Einstandspreises je m².

c) Ein anderer Lieferant bietet dem BATRU Baumarkt den Schiffboden Fichte gehobelt, Stärke 24 mm, Qualität A, für € 15,60 je m² an, 10 % Mengenrabatt, 2 % Skonto, keine gesonderten Verpackungskosten, Lieferung frei Haus. Es entstehen keine eigenen Spesen, der Gewichtsverlust beträgt ebenso 1,5 %.

Prüfen Sie mithilfe von SbX, welches Angebot das günstigere ist.

Ü 2: Progressive Bezugskalkulation

Der Haardesigner Krammer Egon bezieht vom Friseurgroßhandel Kaiserschnitt (33227) Haarfarben und Festiger. Die Eingangsrechnung der Firma Krammer sieht folgendermaßen aus:

Friseurgroßhandel
Kaiserschnitt
Mariahilferplatz 2
8010 Graz

Tel.: ++ 43/316/389456
Fax.: ++ 43/316/389456-98

Kaiserschnitt

LIEFERANSCHRIFT 58885
Haardesign
Krammer Egon
8130 Markt Hartmannsdorf

RECHNUNGSANSCHRIFT 58885
Haardesign
Krammer Egon
8130 Markt Hartmannsdorf

RECHNUNG NR. 1966/02 **Datum:** 15.11.20.. **Kunden-Nummer** 230K034

Ihr Auftrag telefonisch vom 14.11.20..
BearbeiterIn: Elke Neubauer

Stück bestellt	Stück geliefert	ART	Art.-Nr.	Titel	Einzelpreis	Gesamtpreis
60	60	Tuben	13.312	Kupfergold	6,00	360,00
48	48	Tuben	13.485	Schwarzblau	6,00	288,00
30	30	Flaschen	52.282	Liquid Keratin	9,40	282,00

Warenwert		930,00
Umsatzsteuer 20 %		186,00
Rechnungsbetrag	Euro	1.116,00

Gesamtmenge
138

Zahlungskond : 2 % Skonto in 14 Tagen, 40 Tage netto Kassa
Colli: 1,00

Bezirksgericht Graz FN 114785 GZ
Bank: RAIBA, Graz-St. Peter Konto: 1032.456 BLZ: 38.367
IBAN: 11 38367 0000 1032 456 BIC: RZ STAT 26367
UIO:ATU 83654295
Es gelten unsere allgemeinen Geschäftsbedingungen. Mengenreklamationen werden nur innerhalb von 8 Tagen nach Empfang der Ware anerkannt. Die Ware bleibt bis zur VOllständigen Bezahlung unser Eigentum. Zahlbar und klagbar in Graz.

Am 20. Nov. bezahlt die Firma Krammer die Rechnung E 1966/02 unter Abzug von 2 % Skonto mittels Banküberweisung in Höhe von € 1.093,68.

Aufgabe: a) Aufstellung der Buchungen.

b) Wie hoch ist der durchschnittliche Einstandspreis für die Haarfarbe „Kupfergold" bzw. „Schwarzblau" und für den Haarfestiger „Liquid Keratin"?

Ü 3: Zusammengesetzte Bezugskalkulation

SbX
ID: 1112

Die Firma Brandtner GmbH bietet uns aufgrund unserer Anfrage Folgendes an:
50 Stehpulte ERGONOMI à € 1.020,– abzüglich 7 % Rabatt (Gewicht 20 kg/Stk.);
60 Sessel STEHHILFE à € 475,– abzüglich 6 % Rabatt (Gewicht 3 kg/Stk.);
keine gesonderten Verpackungskosten, 1 Monat Ziel, 2 % Skonto bei Barzahlung

Eigene Bezugsspesen: Fracht € 380,–

Aufgabe: a) Errechung des Einstandspreises je Stück (auf Cent genau) für Stehpult und Sessel mit Berücksichtigung des Skontos; die Spesenverteilung erfolgt auf Cent genau.

b) Eine Mitbewerberin bietet qualitativ gleichwertige Stehpulte à € 970,– und Sessel à € 460,– an. 5 % Rabatt werden jeweils geboten, 2 Monate Ziel, 3 % Skonto bei Barzahlung; Bezugsspesen sind € 1.470,– (Gewicht je Stehpult 19 kg, Gewicht je Sessel 3,5 kg), Verpackung für die Stehpulte € 430,–.

Prüfen Sie mithilfe von SbX, welches Angebot für uns das günstigere ist.

Ü 4: Zusammengesetzte Bezugskalkulation

SbX
ID: 1113

Folgendes Angebot wurde erstellt:
200 Sack Eucarex Dog-Light, netto 4.000 kg, € 1,20 je kg
300 Sack Eucaflit Cat-Dark, netto 3.000 kg, € 0,90 je kg
8 % Rabatt, 2 Monate Ziel, bei Barzahlung 2 % Skonto

Eigene Bezugsspesen: Fracht € 420,–, diese Spesen werden nach dem Nettogewicht verteilt.

Aufgabe: a) Wie hoch ist der Einstandspreis pro kg (auf Cent genau) für beide Futterarten? Der Skonto wird in der Bezugskalkulation berücksichtigt. Die Spesenverteilung erfolgt auf Cent genau.

b) Ein anderer Lieferant bietet das gleiche Futtermittel zu folgenden Konditionen an:
200 Sack Eucarex Dog-Light, netto 4.000 kg, € 1,40 je kg
300 Sack Eucaflit Cat-Dark, netto 3.000 kg, € 1,10 je kg
10 % Rabatt, 1 Monat Ziel, bei Barzahlung 3 % Skonto

Eigene Bezugsspesen: Fracht € 220,–, diese Spesen werden nach dem Nettogewicht verteilt.

Stellen Sie unter Einsatz der entsprechenden Excel-Vorlage, welches Angebot günstiger ist!

Lerneinheit 2: Importkalkulation

HAS 3, HLW III, FW 3: Für diese Schultypen sind die Beispiele in dieser Lerneinheit nicht relevant!

Ü 5: Import – Bezugskalkulation

Die Steiner Metallbau GmbH in Jennersdorf importiert eine Drehmaschine aus der Schweiz um CHF 114.800,–; Fracht bis zur EU-Außengrenze CHF 570,–, innergemeinschaftliche Fracht bis zum Bestimmungsort € 1.890,–.

Ausgleich der Rechnung: Kurs CHF 1,3789, Spesen € 200,–

Eingangsabgaben: Waren-Nr. 8458 1180 00, Zoll 2,7 %, mit Präferenzursprungszeugnis zollfrei (dieses liegt vor); 20 % EUSt, Zollwertkurs: CHF 1,4043

Aufgabe: Errechnung des voraussichtlichen Einstandpreises.

Ü 6: Import – Bezugskalkulation

Der Elektrofachhandel Grossmann GmbH bezieht von der Firma Johnson & Sons (33429) 25 Fernsehgeräte mit eingebautem DVD-Player (USD 1,2307).

JOHNSON & SONS
1720 South Shores Road
San Diego, CA 92109
Telephone: (619) 222-6363

08.Aug...

Elektrofachhandel Grossmann GmbH
Triester Straße 85
1010 Wien

INVOICE

Your order from: 01 Aug 20 . .
Order number: D45796

Invoice # 5702312

Quantity	Description	Price per Unit	Total
25	Television Receiver Product # J45652B	380,00	9.500,00

Total: USD 9.500,00

Payment within 30 days
Cash Discount 3% if paid within 10 days

Auf der Rechnung ist ein Rabatt in Höhe von 15 %, den sich die Fa. Grossmann aufgrund langjähriger Geschäftbeziehung abziehen darf, noch nicht berücksichtigt. Die Rechnung wird innerhalb von 10 Tagen bezahlt. Bezahlung mittels Banküberweisung, USD 1,2307, € 37,– Spesen für USD-Überweisung.

Rechnung der Spedition PANALPINA (33715) über Frachtkosten vom 15. August 20..:

Seefracht San Diego–Rotterdam	€ 722,00
Bahnfracht Rotterdam–Wien	€ 317,00
Summe	€ 1.039,00

Bezahlung der Frachtkosten am 22. August 20.. mittels Banküberweisung in Höhe von € 1.039,–.

Zoll: Zollwertkurs USD 1,3373
Waren-Nr: 8525409900, Zoll: 14 %

Aufgabe: a) Ermitteln Sie den Gesamteinstandspreis und den Einstandspreis pro Stück (auf 2 Dez.)!
b) Aufstellung der Buchungen.

Lerneinheit 3: Retrograde Bezugskalkulation

Ü 7: **Retrograde Bezugskalkulation**

SbX
ID: 1131

Der Einstandspreis eines Geschenkskartons aus Holz darf € 1,45 pro Stück nicht überschreiten. Die eigenen Bezugsspesen betragen € 87,– pro 1.000 Stück. Der Lieferant gewährt 5 % Rabatt, 2 % Sonderrabatt und 2 % Skonto (dieser wird in der Kalkulation berücksichtigt).

Aufgabe: Errechnen Sie den maximal zulässigen Bruttorechnungspreis. Die Kalkulation ist für 1 Stück durchzuführen.

Ü 8: **Retrograde Bezugskalkulation**

Für ein Campusfest werden im Jugendzentrum Kids-Up in Kapfenberg 1.200 Liter Fruchtsaft Holler-Traube benötigt. Der Einstandspreis darf € 0,45 pro Liter nicht übersteigen. Für das Jugendzentrum bestehen folgende zwei Bezugsmöglichkeiten:

— Getränkehändler Taube in Kapfenberg

Der ortsansässige Getränkehändler Taube gewährt einen Rabatt von 10 % und einen Skonto von 3 %, wobei der Skonto in der Kalkulation berücksichtigt wird. Die Bezugsspesen betragen € 58,–.

— Safterzeuger Hillerus in Ilz

Der Safterzeuger Hillerus aus Ilz gewährt einen Rabatt von 14 % und einen Skonto von 5 %, welcher auch in der Kalkulation berücksichtigt wird. Die Bezugsspesen betragen € 67,–.

Aufgabe: a) Zu welchem Preis darf der Fruchtsaft höchstens beim Getränkehändler Taube eingekauft werden? Berechnen Sie den maximal zulässigen Rechnungspreis des Lieferanten und den maximalen Preis pro Liter.
b) Zu welchem Preis darf ein Liter Holler-Traube-Fruchtsaft beim Safterzeuger Hillerus maximal eingekauft werden?
c) Berechnen Sie den Preisspielraum pro Liter Fruchtsaft zwischen den beiden Angeboten in Euro und in Prozent (auf eine Dezimale genau) auf Basis des Angebotes des Safterzeugers Hillerus.

Lerneinheit 4: Fallbeispiele zur Bezugskalkulation

FW 3: Für diesen Schultyp sind die Beispiele in dieser Lerneinheit nicht relevant!

Ü 9: **Fallbeispiel Bezugskalkulation**

Die Kornroser Handelsgesellschaft mbH liefert an die Universität Klagenfurt Präsentationsausstattungen für die Ausstattung von Seminarräumen. Ein Set besteht aus einem Beamer sowie einem Flipchart und einem Laptop. Es werden 20 Präsentationsausstattungen von der Universität Klagenfurt bestellt. Die Beamer der Marke SONY CX1 werden aus Amerika per Luftfracht importiert; die Laptops werden aus Paderborn (Deutschland) und die Flipcharts aus Salzburg bezogen.

Beamer:	Rechnungspreis pro Stück USD 900,–, 15 % Rabatt, Luftfracht USD 861,–, Fracht Wien bis Klagenfurt € 279,–, Grenzabgaben: 14 % Zoll, 20 % EUSt, Zollwertkurs: USD 1,2270
Laptop:	Rechnungspreis pro Stück € 790,–, 10 % Rabatt, Transport Paderborn–Klagenfurt € 633,–
Flipchart:	Rechnungspreis pro Stück exkl. USt € 52,50, 5 % Mengenrabatt, 5 % Sonderrabatt, 3 % Skonto, Frachtspesen exkl. USt € 288,–, 20 % USt für Flipchart und Frachtspesen

Die Transport- bzw. Frachtspesen beziehen sich immer auf die jeweilige Gesamtliefermenge.

Bankspesen: Die Bezahlung erfolgt mittels Banküberweisung, USD 1,2407, € 57,– Spesen für USD-Überweisung.

Aufgabe: a) Berechnung des Einstandspreises für eine Präsentationsausstattung.

b) Aufgrund der hohen Abnahmemenge ist bei den Laptops noch eine Preisreduktion möglich. Wie hoch darf der Einkaufspreis maximal sein, wenn der Einstandspreis pro Präsentationsausstattung gesamt € 1.500,– nicht übersteigen darf?

1.2 Istkostenrechnung zu Vollkosten

Lerneinheit 2: Kostenartenrechnung

Ü 10: Abgrenzung – Aufwand – Kosten

In der Hummel GmbH ist Rudolf Embacher als neuer Mitarbeiter im Rechnungswesen tätig; er ist Lehrling. Der Chef des Rechnungswesens, Herr Mag. Klaus Waserl, will ihm den Unterschied zwischen Aufwand und Kosten anhand von Beispielen erklären. Dazu braucht Herr Mag. Waserl für die unterschiedlichen Kombinationsmöglichkeiten praktische Beispiele.

Aufgabe: Geben Sie zu folgenden Fällen für Herrn Mag. Klaus Waserl jeweils ein Beispiel:

1	Aufwand gleich Kosten	
2	Aufwand keine Kosten	
3	Kosten kein Aufwand	
4	kein Aufwand, keine Kosten	

Ü 11: Abgrenzung – Auszahlung – Aufwand – Kosten

In der Sagmeister OG fallen im August u.a. folgende Geschäftsvorfälle an, wobei es Ihre Aufgabe ist, mithilfe der vorliegenden Tabelle die Höhe der Auszahlungen, Aufwendungen und Kosten für den Monat August aufzulisten.

1. Kauf von Handelswaren auf Ziel € 5.456,– (Zahlungsziel ist 2 Monate).
2. Überweisung der Verbindlichkeit gegenüber dem Lieferanten Neuhold vom Bankkonto der Sagmeister OG in Höhe von € 7.350,–.
3. Für die Verzinsung des Eigenkapitals werden pro Jahr € 2.400,– angesetzt.
4. Barkauf von Briefmarken für die Firmenpost im August € 150,–.
5. Bezahlung einer Reparaturrechnung für einen Lkw durch Banküberweisung in Höhe von € 897,–. Auf drei Jahre hochgerechnet fallen jährlich durchschnittlich € 12.000,– Reparaturkosten für den Fuhrpark an.
6. Anzahlung für einen Grundstückskauf durch Banküberweisung € 10.000,–.
7. Für den Gesellschafter Rupert Moser wird die Prämie für die Lebensversicherung in Höhe von € 1.700,– vom Firmenkonto überwiesen.

Aufgabe: Ordnen Sie die Geschäftsfälle 1–7 in nachfolgender Tabelle den Kategorien Auszahlung, Aufwand und Kosten zu. Bilden Sie im Anschluss die Monatssummen.

Geschäftsfall	Auszahlung	Aufwand	Kosten
1.			
2.			
3.			
4.			
5.			
6.			
7.			
Summe			

Ü 12: Zeitliche Abgrenzung der Lohnkosten

Berechnen Sie die durchschnittlichen monatlichen Gesamtlohnkosten für einen Bäckergesellen, dessen Brutto-Stundenlohn € 8,72 bzw. Brutto-Monatslohn € 1.510,30 beträgt.

Die Nichtleistungslöhne ergeben sich im Jahresdurchschnitt aus:
5 Wochen durchschnittliche Urlaubsdauer
3 Wochen durchschnittliche Krankheitsdauer
2 Wochen Feiertage und Sonstiges
4 Wochenlöhne Weihnachtsremuneration
4 Wochenlöhne Urlaubsgeld

Die durchschnittlichen gesetzlichen Sozialabgaben inkl. sonstiger lohnabhängiger Abgaben (Kommunalsteuer, DB und DZ) betragen rund 32 %.

Aufgabe: Berechnung der durchschnittlichen monatlichen Gesamtlohnkosten.

Hinweis: Zu den durchschnittlichen monatlichen Gesamtlohnkosten zählen der Leistungslohn, der Nichtleistungslohn und die Lohnnebenkosten.

Ü 13: Kalkulatorische Abschreibung

Anschaffungswert einer Maschine € 45.000,–; Kosten für die Aufstellung und Inbetriebnahme der Maschine € 1.500,–; Inbetriebnahme am 29. Jänner 2007:

Die kalkulatorische Nutzungsdauer beträgt 10 Jahre. Der Schrottwert am Ende der Nutzungsdauer wird € 2.000,– betragen. Der Maschinenindex betrug zum Kaufzeitpunkt 190.

Maschinenindex: Jänner 2007 190; Dezember 2009 205

Aufgabe: Berechnen Sie die kalkulatorische Abschreibung für das Jahr 2007 und das Jahr 2009.

Ü 14: Kalkulatorische Abschreibung

Anschaffungswert eines Gebäudes € 200.000,–; kalkulatorische Abschreibung 4 %; Baukostenindex zum Anschaffungszeitpunkt 120, gegenwärtiger Baukostenindex 140.

Eine Maschine wurde Anfang 2007 zu einem Anschaffungspreis von € 35.000,– gekauft und in Betrieb genommen. Die Nutzungsdauer beträgt 5 Jahre; der Tageswert beträgt € 45.000,–.

Anschaffungswert der geringwertigen Wirtschaftsgüter:

2007 € 5.300,–, 2008 € 8.200,–, 2009 € 3.400,–

Nutzungsdauer 3 Jahre, Preisindex: 2007 100, 2008 101,5, 2009 103,70

Durchschnittlicher Anschaffungszeitpunkt der geringwertigen Wirtschaftsgüter ist Mitte des Jahres.

Aufgabe: Berechnung der kalkulatorischen Jahresabschreibung für 2009 (Siehe zum aktuellen Index auch **http://www.statistik.at/**).

Ü 15: **Kalkulatorische Zinsen**

Das Einzelunternehmen Erich Thaler e. U., Planenerzeugung, Vorau, stellt Ihnen folgende vereinfachte Bilanz in 1.000 € zur Verfügung.

Aktiva — Bilanz per 31. Dez. 20 . . — Passiva

Aktiva			Passiva		
Anlagevermögen			**Eigenkapital**		59
Bebaute Grundstücke	14		**Rückstellungen**		6
Gebäude	52				
Maschinen	64		**Verbindlichkeiten**		
Betriebsausstattung	24	154	Darlehen	56	
Umlaufvermögen			Lieferverbindlichkeiten	60	
Vorräte	22		USt-Zahllast	1	
Lieferforderungen	14		Sonstige Verbindlichkeiten	16	133
Kassa, Bank	8	44			
		198			198

Zusätzliche Angaben:

1. Grundstück: stille Reserven € 4.000,–
2. Gebäude: Indexverhältnis 7.600 : 9.400
3. Maschinen: Maschinenpreise sind in der Periode durchschnittlich um 10 % gefallen. Anschaffungswert der Maschinen ist € 140.000,–.
4. Zu Periodenbeginn wurden geringwertige Wirtschaftsgüter um € 2.400,– angeschafft. Ihre Nutzungsdauer wird auf 3 Jahre geschätzt.
5. Betriebsausstattung: stille Reserven € 8.000,–
6. Von den Vorräten wurden € 4.000,– zu spekulativen Zwecken angeschafft.
7. In den Lieferforderungen sind 3 % Skonto eingerechnet.
8. Die Zinsen für das Darlehen und die Bankverbindlichkeit betragen in Summe € 3.500,–.

Aufgabe: a) Berechnung des zinsberechtigten berichtigten Eigenkapitals in 1.000 €.

b) Berechnung der kalkulatorischen Zinsen für das Jahr 20.. auf 100 € genau, wenn der Zinssatz 5 % beträgt.

Ü 16: **Kalkulatorische Zinsen**

Die Karl Meister OG, Erzeuger von Holzbearbeitungsmaschinen, stellt Ihnen folgende vereinfachte Bilanz in 1.000 € zur Verfügung.

Aktiva — Bilanz per 31. Dez. 20 . . — Passiva

Aktiva			Passiva		
Anlagevermögen			**Eigenkapital**		645
Bebaute Grundstücke	180		**Rückstellungen**		46
Gebäude	378				
Maschinen	252		**Verbindlichkeiten**		
Betriebsausstattung	90		Darlehen	72	
Beteiligungen	70		Bankverbindlichkeiten	605	
Wertpapiere	20	990	Kundenanzahlungen	126	
Umlaufvermögen			Lieferverbindlichkeiten	360	1.163
Hilfs- und Betriebsstoffe	306		**Passive Rechnungsabgrenzung**		54
Fertige Erzeugnisse	36				
Lieferforderungen	144				
Kassa, Bank	432	918			
		1.908			1.908

Zusätzliche Angaben:

1. Der Tageswert der Grundstücke beträgt € 270.000,–. Sie werden zu 50 % betrieblich genutzt.
2. Unter den Gebäuden befindet sich auch ein vermietetes Haus, das nicht der Leistungserstellung dient, Buchwert € 90.000,–. Anschaffungswert der Gebäude ist € 414.000,–. Der Baukostenindex betrug bei der Errichtung der Gebäude 120, am Ende der Periode beträgt er 140.

3. Die Maschinenpreise stiegen in der Periode durchschnittlich um 60 %. Anschaffungswert der Maschinen ist € 277.000,–.
4. Am Periodenbeginn wurden geringwertige Wirtschaftsgüter um € 7.600,– angeschafft. Ihre Nutzungsdauer wird auf 2 Jahre geschätzt.
5. Der Tageswert der Betriebsausstattung beträgt € 108.000,–.
6. Die Beteiligungen bringen einen Gewinnanteil von 8 % von € 70.000,–.
7. Die Roh-, Hilfs- und Betriebsstoffe sind zu Zielpreisen eingekauft und verbucht.
8. Es wird bei der Kalkulation ein Skontoaufschlag von 3 % eingerechnet und bei Barzahlung wird ein Skonto gewährt.
9. Die Zinsen für das Darlehen und die Bankverbindlichkeit betragen in Summe € 52.320,–.

Aufgabe: a) Berechnung des zinsberechtigten berichtigten Eigenkapitals in 1.000 €.
b) Berechnung der kalkulatorischen Zinsen auf 100 € genau, wenn der Zinssatz 4,5 % beträgt.

Ü 17: Kalkulatorische Wagnisse

Für die Claris GmbH, Algenzucht und Herstellung von Algenprodukten, Lutzmannsburg, ergaben sich in den Jahren 2005 bis 2009 folgende Wagnisverluste:

Anlagenwagnis: 4,5 % vom Tageswert der Maschinen von € 500.000,–

Gewährleistungswagnis: 2,1 % der Garantieverkäufe von € 956.000,–

Vertriebswagnis: 1,5 % der Zielverkäufe von € 1.255.000,–

Materialwagnis: Bei den Materialvorräten betrugen die Schadensfälle in den letzten 5 Jahren:

	Materialeinsatz	Schadensfälle
2005	€ 550.000,00	€ 15.000,00
2006	€ 770.000,00	€ 11.000,00
2007	€ 650.000,00	€ 13.000,00
2008	€ 830.000,00	€ 13.500,00
2009	€ 920.000,00	€ 13.500,00

Aufgabe: Berechnung der kalkulatorischen Wagnisse für 2009.

Ü 18: Fallbeispiel kalkulatorische Kosten

Ermitteln Sie für die nachfolgenden Sachverhalte für die Frank KG, Unternehmensberatungsbetrieb in Salzburg, die kalkulatorischen Kosten für 20..:

1. Für die Tätigkeit des Unternehmers Bernd Frank und seiner mittätigen Ehefrau Gerlinde Frank wurden in der Finanzbuchhaltung keine Aufwendungen berücksichtigt. Für einen Geschäftsführer, der die Tätigkeit des Unternehmers ausführen könnte, wären inklusive Gehaltsnebenkosten mindestens € 30.000,– pro Jahr zu veranschlagen. Frau Gerlinde Frank arbeitet halbtags im Rechnungswesen des Unternehmens. Für eine Halbtagskraft, die die geforderten Arbeiten verrichten könnte, wäre ein Jahresgehalt inklusive Gehaltsnebenkosten von € 9.600,– anzusetzen.
2. Abschreibungen für das Betriebsgebäude laut Finanzbuchhaltung: € 3.000,–
   Der Wert zum Zeitpunkt der Errichtung des Betriebsgebäudes betrug € 100.000,– bei einem Baukostenindex von 120. Der Index ist inzwischen auf 180 gestiegen. Die kalkulatorische Nutzungsdauer beläuft sich auf 40 Jahre.
3. Fremdkapitalzinsen: € 25.000,–
   Das betriebsnotwendige Vermögen zu Restbuchwerten beträgt € 439.000,–, die stillen Reserven (inkl. der stillen Reserven des Betriebsgebäudes) betragen € 146.000,–. Die Frank KG kalkuliert sehr knapp, in den Lieferforderungen ist daher kein Skonto enthalten. Die Lieferverbindlichkeiten betragen € 77.000,– und das sonstige Fremdkapital € 80.000,–. Der Zinssatz für die Berechnung der kalkulatorischen Zinsen beträgt 5 %.
4. Forderungsverluste: € 2.600,–
   Die Forderungsverluste betragen durchschnittlich 2,5 % der Forderungen. Der durchschnittliche Bestand an Forderungen im Kalenderjahr 20.. betrug € 96.000,–.

Aufgabe: Berechnung der kalkulatorischen Kosten für 20...

Ü 19: **Zeitliche und betriebliche Abgrenzung**

SbX
ID: 1221

Die Finanzbuchhaltung der Fa. Spezialgerätebau Aigner OG, Völkermarkt, weist für April 20.. folgende Aufwendungen auf:

5100	Fertigungsmaterial	€ 440.000,00
5300	Hilfsmaterial	€ 152.000,00
6000	Fertigungslöhne	€ 862.000,00
6010	Hilfslöhne	€ 226.000,00
6200	Gehälter	€ 320.000,00
Div.	Gesetzliche Lohnabgaben (zusammengefasst)	€ 374.000,00
Div.	Gesetzliche Gehaltsabgaben (zusammengefasst)	€ 96.000,00
7700	Versicherungsaufwand	€ 46.000,00
78 . .	Schadensfälle (zusammengefasst)	€ 86.000,00
Div.	Sonstige Aufwände	€ 464.000,00
8280	Zinsaufwand für Bankkredite	€ 18.000,00

Für die Abgrenzung ist zu berücksichtigen:

1. Der Tageswert des Fertigungsmaterials beträgt € 484.000,–.
2. Es ist noch ein Hilfsmaterialverbrauch von € 28.000,– zu berücksichtigen, die Preise für das Hilfsmaterial sind durchschnittlich um 3 % gesunken.
3. Fertigungslöhne laut Lohnzetteln € 733.000,– (Die ausgewiesenen Fertigungslöhne umfassen die Leistungslöhne und die Nichtleistungslöhne.)
4. Lohnnebenkosten der Fertigungslöhne 96 %
5. Lohnnebenkosten der Hilfslöhne 92 %
6. Gehaltsnebenkosten 62 %
7. kalkulatorische Zinsen € 660.780,– pro Jahr
8. kalkulatorische Abschreibungen € 2.484.000,– pro Jahr
9. kalkulatorische Wagnisse:
   Material 0,9 % vom Tageswert des Fertigungs- und Hilfsmaterialeinsatzes
   Kreditverluste 1,3 % der Zielverkäufe (monatlich € 1.936.700,–)
   Anlagenwagnisse durchschnittlich € 249.900,– pro Jahr
   Sonstiges Schadensfälle durchschnittlich € 120.000,– pro Jahr
10. Die Sachversicherungen betragen € 112.080,– für das ganze Jahr.
11. Für die zwei Gesellschafter der Aigner OG werden je € 4.000,– Unternehmerlohn pro Monat verrechnet.

Aufgabe: Durchführung der zeitlichen und betrieblichen Abgrenzung der Aufwendungen für April 20...

Ü 20: **Zeitliche und betriebliche Abgrenzung**

Es sind aus folgenden Aufwendungen für März 20.. der Abstaller Gerätebau AG die Monatskosten zu ermitteln; dabei sind die nachstehenden Angaben zu beachten:

5100	Rohstoffeinsatz	€ 209.000,00
56 . .	Energieverbrauch	€ 10.000,00
6000	Fertigungslöhne	€ 411.000,00
6010	Hilfslöhne	€ 18.500,00
6020	Nichtleistungslöhne	€ 79.700,00
Div.	Gesetzlicher Sozialaufwand und lohnabhängige Abgaben	€ 150.900,00
6200	Gehälter	€ 61.600,00
Div.	Gesetzlicher Sozialaufwand und gehaltsabhängige Abgaben zu Gehältern	€ 14.300,00
7010	Abschreibungen	€ 23.500,00
8280	Zinsaufwand für Bankkredite	€ 58.500,00
Div.	Sonstige Aufwendungen	€ 70.930,00

Für die Abgrenzung ist zu berücksichtigen:

1. Der Rohstoffeinsatz wird nach dem gleitenden Durchschnittspreis mit € 4,– je kg bewertet; Tagespreis beträgt € 4,40.
2. Die Nichtleistungslöhne ergeben sich im Jahresdurchschnitt aus folgenden Angaben:
   Durchschnittliche Urlaubsdauer: 5 Wochen
   Durchschnittliche Krankheitsdauer: 3 Wochen
   Feiertags- u. sonstige Nichtleistungslöhne: 2 Wochen
   Weihnachtsgeld: 4,3 Wochenlöhne
   Urlaubszuschuss: 4,3 Wochenlöhne

3. Es werden jährlich 15 Gehälter, und zwar jeweils ein zusätzliches im Juni, September und November bezahlt.
4. Die in der Finanzbuchhaltung ausgewiesenen Abschreibungen beziehen sich auf die bei der Betriebsgründung vor 5 Jahren angeschafften Anlagen mit einem Anschaffungspreis von € 3.000.000,–. Nutzungsdauer für die Finanzbuchhaltung 10 Jahre. Für die Kostenrechnung wird von einer Nutzungsdauer von 15 Jahren ausgegangen. Der Preis für vergleichbare Anlagen ist in den letzten 5 Jahren um ca. 25 % angestiegen.
5. Die Zinsen für das Eigenkapital betragen € 694.800,– pro Jahr.
6. Da die Produktion im März 20.. etwas unterdurchschnittlich war, liegen die Energieaufwendungen um ca. € 1.900,– unter den durchschnittlichen monatlichen Aufwendungen.
7. In den sonstigen Aufwendungen sind € 3.440,– an (monatlicher) Grundsteuer enthalten. Davon betreffen € 940,– ein landwirtschaftlich genutztes, verpachtetes Grundstück, das sich im Betriebsvermögen befindet.

Aufgabe: Durchführung der zeitlichen und betrieblichen Abgrenzung der Aufwendungen für März 20...

Lerneinheit 3: Kostenstellenrechnung

Ü 21: Betriebsabrechnungsbogen

Jahreskosten 20.. der Fa. Anton Hödl e.U., Landmaschinenerzeugung, mit den Kostenstellen Lager, Fertigung, Nachbearbeitung, Verwaltung und Vertrieb:

Kostenart	Betrag	Verteilung
1. Fertigungsmaterial	1.040.000,00	Einzelkosten
2. Fertigungslöhne	720.000,00	Einzelkosten
3. Hilfs- und Betriebsmaterial	164.000,00	Materialentnahmescheine
4. Hilfslöhne	170.000,00	Lohnzettel
5. Gehälter	402.000,00	Gehaltslisten
6. Lohnnebenkosten der FL	705.600,00	98 % der Fertigungslöhne
7. Lohnnebenkosten der HL	161.500,00	95 % der Hilfslöhne
8. Gehaltsnebenkosten	253.260,00	63 % der Gehälter
9. kalk. Zinsen	302.000,00	nach Kapitaleinsatz
10. kalk. Abschreibungen	864.400,00	
11. kalk. Wagnisse	70.000,00	Erfahrungswerte
12. kalk. Unternehmerlohn	65.000,00	nach der Tätigkeit des Unternehmers
13. sonstige Kosten	388.800,00	diverse Unterlagen

Kostenverteilung:

	Lager	Fertigung	Nachbearbeitung	Verwaltung	Vertrieb
2.		465.000,00	255.000,00		
3.	4.000,00	106.000,00	45.000,00	5.000,00	4.000,00
4.	32.000,00	74.000,00	64.000,00		
5.		60.000,00		142.000,00	200.000,00
9.	8 %	60 %	7 %	12 %	13 %
10.	31.200,00	532.800,00	44.200,00	115.200,00	141.000,00
11.	16.000,00	4.000,00	4.000,00	2.000,00	44.000,00
12.		10 %	5 %	30 %	55 %
13.	20.200,00	96.600,00	56.000,00	76.000,00	140.000,00

Kostenstelle Fertigung: 36.000 Fertigungsstunden

Aufgabe: a) Aufstellung des BAB.

b) Errechnung der Gemeinkostenzuschlagssätze (auf 1 Dezimale genau, in der Kostenstelle Fertigung Errechnung eines Stundensatzes auf Cent genau).

Ü 22: **Betriebsabrechnungsbogen**

SbX
ID: 1231

Die Kosten der Hudelist GmbH, Erzeugung von Wellblech, Wiener Neustadt, betragen im 1. Quartal 20..:

Kostenart	Betrag	Verteilung (in 1.000 €) auf die Kostenstellen Material, Walzwerk, Wellblechproduktion, Verwaltung und Vertrieb
1. Fertigungsmaterialverbrauch	25.200,00	Einzelkosten
2. Fertigungslöhne	62.400,00	Einzelkosten: – : 29 : 33,4 : –
3. Hilfsstoffverbrauch	6.000,00	lt. Materialentnahmescheinen: 2 : 3,5 : 0,5 : –
4. Energieverbrauch	3.200,00	gemäß Stromverbrauch: 0,2 : 1,4 : 1,3 : 0,3
5. Hilfslöhne	19.200,00	lt. Lohnzetteln: 3 : 6,1 : 10,1 : –
6. Gehälter	39.000,00	lt. Gehaltslisten: – : 7,5 : 9,5 : 22
7. Lohnnebenkosten der FL	61.152,00	98 % von 2.
8. Lohnnebenkosten der HL	18.240,00	95 % von 5.
9. Gehaltsnebenkosten	24.240,00	64 % von 6.
10. div. Gemeinkosten	5.400,00	gemäß div. Unterlagen: 1,4 : 2 : 0,8 : 1,2
11. kalkulatorische Zinsen	12.200,00	nach dem verzinsten investierten Kapital (in 1.000 €): 2 : 440 : 640 : 298
12. kalkulatorische Abschreibung	4.900,00	lt. Anlagenverzeichnis: 0,7 : 1,6 : 2 : 0,6
13. kalkulatorische Schadensfälle	960,00	gemäß div. Unterlagen: 0,15 : 0,2 : 0,31 : 0,3

Aufgabe: a) Aufstellung des BAB und Errechnung der Gemeinkostenzuschlagssätze (auf 1 Dezimale genau).

b) Durch die Einführung eines flexiblen Arbeitszeitmodells konnten die Lohnnebenkosten der Fertigungs- und Hilfslöhne auf 95 % bzw. 91 % und die Gehaltsnebenkosten auf 62 % gesenkt werden. Welche Auswirkungen haben die Umstrukturierungsmaßnahmen auf die Höhe der Gemeinkostenzuschlagssätze? Führen Sie eine Neuberechnung des BAB und der Gemeinkostenzuschlagssätze mithilfe von SbX durch!

Ü 23: **Betriebsabrechnungsbogen**

SbX
ID: 1232

Die Kosten der Rostok GmbH, Erzeugung von Furnieren, Lebring, betragen im 2. Quartal 20..:

Kostenart	Betrag	Verteilung auf die Kostenstellen in €
1. Rohstoffverbrauch	109.620,00	Einzelkosten
2. Fertigungslöhne	68.900,00	Einzelkosten: – : 37.894,– : 31.006,– : – : –
3. Hilfsstoffverbrauch	10.720,00	im Verhältnis des Rohstoffverbrauchs in kg
4. Energieverbrauch	4.371,00	gemäß Zählerauswertung
5. Gehälter	45.200,00	lt. Gehaltslisten: 9.600,– : – : – : 20.400,– : 15.200,–
6. Lohnnebenkosten der FL	67.522,00	98 % von 2.
7. Gehaltsnebenkosten	27.120,00	60 % von 5.
8. Reinigung durch Dritte	800,00	nach der zu reinigenden Fläche
9. Betriebskosten Lkw	3.600,00	nach gefahrenen Kilometern
10. Betriebskosten Pkw	2.800,00	nach Zahl der Kundenbesuche
11. Kopien	630,00	nach Zahl der Kopien
12. Fortbildungskosten	600,00	für eine Mitarbeiterin der Kostenstelle Vertrieb
13. diverse Kosten	13.180,00	div. Unterlagen: 10 : 30 : 30 : 15 : 15 (%)
14. kalkulatorische Abschreibung	12.800,00	entsprechend dem investierten Kapital (in 1.000 €): 120 : 210 : 250 : 50 : 90
15. kalkulatorische Zinsen	7.200,00	entsprechend dem investierten Kapital (wie Pkt. 14)
16. kalkulatorische Schadensfälle	1.600,00	in %: 20 : 30 : 30 : – : 20

	Material	Fertigung 1	Fertigung 2	Verwaltung	Vertrieb
Rohstoffverbrauch in kg		7.756	55.644		
Stromverbrauch: Leistungseinheiten à € 4,–	6	30	34	10	4
Verbrauch in kWh zu je € 0,15/kWh	800	10.600	13.600	1.300	600
Betriebsfläche in m^2	800	340	260	116	84
gefahrene km	3.200				6.800
Zahl der Kundenbesuche					156
Zahl der Kopien	460	360	240	6.500	1.440
Maschinenstunden			772		

Aufgabe: a) Aufstellung des BAB (Beträge in €) und Ermittlung der Gemeinkostenzuschlagssätze (auf 1 Dezimale genau, in der Kostenstelle Fertigung 2 auf Basis der Maschinenstunden, auf Cent genau).

b) Von der Geschäftsleitung wird beabsichtigt im Verwaltungsbereich Kosten einzusparen. Ermitteln Sie die Gemeinkostenzuschlagssätze für das 2. Quartal 20.. unter der Annahme, dass in der Kostenstelle Verwaltung zwei Mitarbeiter (Bruttogehälter insgesamt € 5.360,– p.m.) freigesetzt werden, mithilfe von SbX.

Ü 24: **Betriebsabrechnungsbogen mit Hilfskostenstellen**

SbX
ID: 1233

Der Produktionsbetrieb Syntony Maschinenbau GmbH, Eisenstadt, führt folgende Kostenstellen: Material, Fertigung 1, Fertigung 2, Verwaltung und Vertrieb (1 Stelle) und die Hilfskostenstelle Fuhrpark.

Folgende Kosten fielen im Mai 20.. an:

Fertigungsmaterial	€ 28.800,00
Fertigungslöhne 1	€ 26.000,00
Fertigungslöhne 2	€ 23.000,00
sonst. Personalkosten	€ 30.000,00
Energie und Kraftstoffe	€ 8.600,00
Instandhaltung	€ 7.400,00
Sonstige Kosten	€ 23.000,00

Kostenverteilung:

	Fuhrpark	Material	Fertigung 1	Fertigung 2	Verw. und Vertrieb
Sonstige Personalkosten	8.000	1.200	2.500	2.300	16.000
Energie und Kraftstoffe	4.300	200	1.600	1.500	1.000
Instandhaltung	500	2.000	1.000	1.600	2.300
sonstige Kosten	3.000	7.000	6.000	3.000	4.000

Der Fuhrpark erbrachte Leistungen in folgendem Ausmaß für die einzelnen Kostenstellen:

	Fuhrpark	Material	Fertigung 1	Fertigung 2	Verw. und Vertrieb
gefahrene km		10.000	3.000	4.500	32.000

Aufgabe: a) Aufstellung des BAB zu Vollkosten (Beträge in €) und Berechnung der Gemeinkostensätze mithilfe von SbX. Basis für die Berechnung der Zuschlagssätze für die Kostenstelle Fertigung 2 sind die angefallenen Maschinenstunden im Ausmaß von 150 Stunden.

b) Für die Maschine MS353X fallen folgende Kosten an:

Fertigungsmaterial € 320,00
Fertigungslöhne 1 € 700,00
Fertigungslöhne 2 € 650,00
2 Maschinenstunden
Berechnung der Selbstkosten (auf Cent genau).

Ü 25: **Betriebsabrechnungsbogen mit Hilfskostenstellen**

Der Kostenrechnungsabteilung der Lang GmbH, Erzeugung von Backmaschinen, Villach, stehen am Ende einer Periode folgende Daten zur Verfügung (Beträge in 1.000 €):

Kostenstellen	Strom	Reparatur	Material	Fert. 1	Fert. 2	Vw u. Vt
Fertigungsmaterial			420			
Fertigungslöhne				200	180	
Hilfsmaterial	15	20	10	20	20	15
Gehälter	11	14	5	4	6	40
Abschreibungen	10	70	8	17	30	12
Diverse Kosten	116	111	40	173	220	173
Summe	**152**	**215**	**63**	**214**	**276**	**240**
Umlage Strom						
Umlage Reparatur						
Gemeinkostensummen						
Zuschlagsbasen						
Gemeinkostenzuschlagssätze						

Weiters hat die Kostenrechnungsabteilung der Lang GmbH Angaben, wie viel Mengeneinheiten Reparatur bzw. Strom von den beiden Hilfsstellen produziert wurden und wie diese durch die anderen Kostenstellen verbraucht wurden.

	Strom	Reparatur	Material	Fert. 1	Fert. 2	Vw u. Vt
Strom nach kWh (in 1.000)	–	50	60	120	130	40
Reparatur nach min (in 1.000)	–	–	20	80	70	30

Aufgabe: a) Ermittlung der innerbetrieblichen Verrechnungspreise für eine Kilowattstunde (kWh) Strom und eine Reparaturminute (Rmin).

b) Fertigstellung des BAB und Berechnung der Gemeinkostenzuschlagssätze. Als Zuschlagsbasen dienen die Einzelkosten.

Lerneinheit 4: Kostenträgerrechnung

HAS 3, FW 3: Für diese Schultypen sind die Beispiele Ü 29 und Ü 30 nicht relevant

Ü 26: **Differenzierende Zuschlagskalkulation**

SbX
ID: 1241

Die Profolio GmbH, Irdning, erzeugt Abdeckfolien für den Gartenbau. Zur Preiskalkulation werden folgende Gemeinkostensätze verwendet:

Materialgemeinkosten	20 %
Fertigungsgemeinkosten A	200 %
Fertigungsgemeinkosten B	190 %
Maschinenstundensatz C	€ 30,–
Verwaltungs- und Vertriebsgemeinkosten	20 %

Für nachfolgenden Auftrag (1.000 Stück Abdeckfolien zu 100 m²) ist ein Angebot zu erstellen:

Angaben für eine Abdeckfolie zu 100 m²:

Fertigungsmaterial	€ 130,00
Fertigungslöhne A	€ 5,00
Fertigungslöhne B	€ 3,00
Kostenstelle C	1 Maschinenstunde
Gewinn	10 %

Aufgabe: a) Führen Sie die Angebotskalkulation (pro Stück Abdeckfolie zu 100 m² auf € genau) durch und ermitteln Sie den Angebotspreis dieses Auftrags!

b) Durch Preisverhandlungen mit dem Rohstofflieferanten wurde erreicht, dass der Rabattsatz von 20 auf 25 % erhöht wurde. Neuerliche Berechnung des Angebotspreises für den Auftrag, wenn nunmehr die Materialkosten € 124,95 betragen (Berechnung der Angebotskalkulation mithilfe von SbX).

Ü 27: **Differenzierende Zuschlagskalkulation**

SbX
ID: 1242

Die Kostenstruktur der Kostenstelle Restaurant des Kinderhotels „Kidsworld" in Donnersbachwald zeigt folgendes Bild:

Einzelkosten:

Die Kosten für die verwendeten Lebensmittel betrugen:

Hauptzutaten	€ 508.710,–
Zutaten für Beilagen etc.	€ 327.030,–

Gemeinkosten:

Personalkosten Küche	€ 363.400,–
Personalkosten Bedienung	€ 58.130,–
Abschreibungen für Speisesaal und Küche:	
Anschaffungskosten	€ 727.700,–
Baukostenindex zum Errichtungszeitpunkt	140
Baukostenindex zum Kalkulationszeitpunkt	175
Nutzungsdauer	50 Jahre
Jährliche Abschreibung für die Ausstattung von Küche und Speisesaal	€ 36.336,–
Sonstige Gemeinkosten für Strom, Telefon, Gas, Reinigung, Dekoration etc.	€ 49.247,–

Aufgabe: a) Ermitteln Sie den Gemeinkostenzuschlagssatz für die Kostenstelle Restaurant auf Basis der Einzelkosten!

b) Berechnung des Bruttoverkaufspreises (inkl. USt) einer Speise mit Wareneinsatzkosten in Höhe von € 2,40, 100 % Gewinnaufschlag und 10 % USt.

c) Das Hotel möchte die oben angeführte Speise auf Biobasis anbieten, wodurch sich die Einsatzkosten auf € 2,75 erhöhen. Berechnung des neuen Bruttoverkaufspreises (inkl. USt) mithilfe von SbX.
Um wie viel müsste der Gewinnaufschlag reduziert werden, damit man die Biospeise zum gleichen Bruttoverkaufspreis (inkl. USt) anbieten kann wie unter b)?

Ü 28: **Differenzierende Zuschlagskalkulation**

SbX
ID: 1243

Die Perfekt GmbH, Linz, schneidert als Lizenznehmerin Damenkostüme nach Modellen des berühmten Modeschöpfers Gustav Schmalor.

Für die Herstellung des Modells Elegance gelten folgende Daten:

Stoffbedarf 5,5 m à € 4,40
Bedarf an Futter 2 m à € 1,90
Frontfixierung (Einlage) € 2,40
Materialgemeinkosten 9 % von den Materialeinzelkosten

Die Fertigung besteht aus den Stufen Zuschneiden, Nähen und Nähtesäubern. Für diese Kostenstellen gelten folgende Kalkulationssätze:

Kostenstelle	Art der Bezugsgröße	Bezugsgrößenmenge je Stück	Kalkulationssatz in € je Bezugsgrößeneinheit
Zuschneiden	Maschinenminuten	6	0,60
Nähen	Fertigungsminuten	109	0,40
Nähtesäubern	Meter	30	0,25

Die Sondereinzelkosten der Fertigung bestehen aus der Lizenzgebühr in Höhe von 15 % des Verkaufspreises von € 320,–. Die Verwaltungsgemeinkosten betragen 8 %, die Vertriebsgemeinkosten 4 % der Herstellkosten ohne Sonderkosten. Die Verkaufsprovision beläuft sich auf 6 % des Verkaufspreises.

Aufgabe: a) Errechnung der Selbstkosten und des Gewinnes pro Kostüm (auf Cent genau).

Hinweis: Nach Errechnung der Herstellkosten ohne Sondereinzelkosten ist mit folgendem Schema weiterzurechnen: Herstellkosten ohne Sonderkosten + Sondereinzelkosten (Lizenzgebühr) = Herstellkosten inkl. Sonderkosten + Vw- u. VtGK = Selbstkosten + + Gewinn = Nettoerlös + Provision = Verkaufspreis

b) Durch den Einkauf eines Restpostens Stoff kann der Preis je m Stoff auf € 3,98 reduziert werden. Berechnung der Selbstkosten mithilfe von SbX.

Ü 29: **Summarische Zuschlagskalkulation**

Die Firma Oskar Strauss KG, Herstellung von Weinbaugeräten, Klosterneuburg, hatte im 2. Quartal 20.. folgende Kosten:

Fertigungsmaterial	€ 100.640,–
Fertigungslöhne	€ 122.400,–
Gemeinkosten	€ 317.400,–

Aufgabe: a) Es ist der Gemeinkostenzuschlagssatz zu berechnen (auf 2 Dezimalen genau)
1. auf Basis der Fertigungslöhne,
2. auf Basis der gesamten Einzelkosten.

b) Wie hoch ist der Verkaufspreis des Mähgerätes „Südtirol" ohne USt (Kalkulation auf 10 Cent genau), wenn € 1.440,– Fertigungsmaterial, € 2.200,– Fertigungslöhne sowie 20 % Gewinn und 3 % Skonto verrechnet werden?
1. Gemeinkostenzuschlag auf Basis der Fertigungslöhne
2. Gemeinkostenzuschlag auf Basis der gesamten Einzelkosten

Hinweis: Den Gewinn von 100, den Skonto in 100 aufschlagen.

Ü 30: **Summarische Zuschlagskalkulation**

Der Tischlermeister Josef Halbwachs e. U. aus Bezau kalkuliert seine Aufträge nach dem Verfahren der summarischen Zuschlagskalkulation. Die Kalkulationssätze zur Verteilung der Materialgemeinkosten, der Fertigungsgemeinkosten und der Verwaltungs- und Vertriebsgemeinkosten ermittelt er stets auf der Basis der Vorjahreswerte. So errechnet er die für 2009 geltenden Kalkulationssätze nach den Kostenwerten des Jahres 2008.

	Material	Fertigung	Verwaltung und Vertrieb
Gemeinkosten 2008	€ 2.100,00	€ 32.900,00	€ 9.500,00
Einzelkosten 2008	€ 30.000,00	€ 35.000,00	€ 100.000,00*
Kalkulationssätze für 2009	7 %	94 %	9,5 %

* Herstellkosten

Nach Ablauf des Jahres 2009 ermittelt Josef Halbwachs folgende Kostenwerte:

	Material	Fertigung	Verwaltung und Vertrieb
Gemeinkosten 2009	€ 6.000,00	€ 34.000,00	€ 13.000,00
Einzelkosten 2009	€ 50.000,00	€ 40.000,00	€ ?

Aufgabe: a) Berechnung der Herstellkosten für 2009

b) Berechnung der Kalkulationssätze für 2010 (in %)

Ü 31: **Einfache Divisionskalkulation**

SbX
ID: 1244

Die Müller Wein GmbH, Spielfeld, produziert und verkauft Wein. Die Herstellkosten für die Sorte „Welschriesling – Steirische Klassik" beliefen sich im Jahr 20.. auf € 49.050,–.

Aufgabe: a) Wie hoch sind die Herstellkosten pro Liter, wenn im Jahr 20.. 15.000 Liter „Welschriesling – Steirische Klassik" erzeugt wurden?

b) Wie hoch ist der Verkaufspreis inkl. 10 % USt für eine 0,75-Liter-Flasche anzusetzen, wenn 25,3 % Verwaltungs- und Vertriebsgemeinkosten und 25 % Gewinn einzukalkulieren sind?

Ü 32: **Einfache Divisionskalkulation**

SbX
ID: 1245

Die Herstellkosten für die Butterkekssorte „English Biscuits" betragen im 2. Quartal 20.. in der Backwarenfabrik Kallusch, Feldbach, € 92.800,–.

Aufgabe: a) Wie hoch sind die Herstellkosten pro Packung (1 Packung = 20 Stück), wenn im 2. Quartal 20.. 2.475.000 Stück erzeugt wurden?

b) Wie hoch ist der Verkaufspreis inkl. 10 % USt für eine Packung anzusetzen, wenn 29,3 % Verwaltungs- und Vertriebsgemeinkosten und 35 % Gewinn einzukalkulieren sind?

Ü 33: **Fallbeispiel Kostenträgerrechnung**

Anlässlich einer wohltätigen Aktion werden von einem Webverein vier verschiedene Weberzeugnisse (Set, Handtuch, Schal, Saunatuch) in Handarbeit hergestellt. Die Weberzeugnisse werden zum Selbstkostenpreis anlässlich dieser Aktion verkauft. Folgende Daten stehen zur Verfügung:

Weberzeugnisse	Erzeugte Menge (in Stück)	Materialkosten/Stück	Zeitbedarf (in Minuten/Stück)
Set	200	2,00	30
Handtuch	50	3,00	90
Schal	10	8,00	360
Saunatuch	100	4,00	300

Während der Produktion sind folgende Gemeinkosten angefallen:
Miete € 900,–, Hilfsmaterial € 70,–, Farbe € 40,–, Strom € 100,–, Heizung € 120,–

Aufgabe: Ermittlung der Selbstkosten für die einzelnen Weberzeugnisse. Verteilung der Gemeinkosten nach

a) der Anzahl der erzeugten Weberzeugnisse,

b) Maßgabe der Einzelkosten für das Material und nach

c) Maßgabe des Zeitbedarfs.

d) Aufgrund der unterschiedlichen Ergebnisse der einzelnen Verteilungsschlüssel wählt der Webverein folgende Vorgehensweise: Anhand von drei Vergleichsrechnungen – bei der Annahme, dass sämtliche Weberzeugnisse abgesetzt werden – soll festegestellt werden, durch welchen Preis der Webverein gerade noch Kostendeckung erreicht. Als Preise für die einzelnen Produkte sollen
- die jeweils höchsten Selbstkoten,
- die niedrigsten Selbstkosten und
- die mittleren Selbstkosten

herangezogen werden. Stellen Sie fest, mit welcher Preispolitik der Webverein seine Kosten decken kann? Berechnung mithilfe von SbX.

1.3 Absatzkalkulation und Differenzkalkulation (Kostenträgererfolgsrechnung)

Ü 34: **Progressive Absatzkalkulation**

Selbstkosten eines Hartschalenkoffers € 29,50, 75 % Gewinn, Transportkosten € 5,20, 15 % Verkaufsprovision, 2 % Skonto, 5 % Mengenrabatt

Aufgabe: a) Errechnung des Bruttoverkaufspreises exkl. USt.

b) Warenverkauf (A 17.359, 19. September 20 . .) der Hartschalenkoffer an den Taschenhändler Alfred Moser, Einzelunternehmen (20059), Gänserndorf; 15 Stück Hartschalenkoffer zu je € 71,81 (Bruttoverkaufspreis exkl. USt). Zusätzlich wird ein Mengenrabatt in Höhe von 5 % gewährt. Die Hartschalenkoffer unterliegen 20 % Umsatzsteuer. Zahlungsbedingungen: Zahlbar innerhalb von 10 Tagen mit 2 % Skonto, nach 30 Tagen ohne Abzug; der Kunde Alfred Moser überweist innerhalb von 7 Tagen unter Abzug von 2 % Skonto den offenen Rechnungsbetrag der A 17.359 in Höhe von € 1.203,39 auf unser Bankkonto (B 185).

c) Wie groß ist bei einem tatsächlichen Preis von € 75,– der Einzelhandelspreis bei 30 % Einzelhandelsspanne (vom Einzelhandelspreis exkl. USt) und 20 % USt? (Ergebnis auf 10 Cent aufrunden)

Ü 35: Progressive Absatzkalkulation

SbX
ID: 1301

Die Kalkulationsunterlagen der Reisinger GmbH, Produktion von Vollholzmöbeln, Feldkirch, ergeben folgende Werte:

Mandant **Reisinger GmbH**
Mand.Nr. **10RE**
Version **Corporate WINLine® Version 8.6 (Build 1210.4)**

Nachkalkulation
Kostenträger: 797
Tisch Dora

Periode:	von: 6	**Jahr:**	von: 2010	**Anfangsbest.**	5	**Abgang**	0
	bis: 6		bis: 2010	**Zugang**	0	**Endbest.**	5

Kostenstelle	Teilkosten %	Teilkosten 1 Stück	Gesamt	Vollkosten %	Vollkosten 1 Stück	Gesamt
Fertigungsmaterial		156,00	0,00		156,00	0,00
Gemeinkosten	0,00	0,00	0,00	14,50	22,62	0,00
Fertigungslöhne 1		72,00	0,00		72,00	0,00
Gemeinkosten	0,00	0,00	0,00	123,00	88,56	0,00
Fertigungslöhne 2		48,00	0,00		48,00	0,00
Gemeinkosten	0,00	0,00	0,00	115,00	55,20	0,00
HERSTELLKOSTEN		276,00	0,00		442,38	0,00
	0,00	0,00	0,00	9,00	39,81	0,00
	0,00	0,00	0,00	7,30	32,29	0,00
SELBSTKOSTEN		276,00	0,00	0 Stück	514,48	0,00

Gewinnaufschlag 15 %
Skonto 3 %
bei ca. 30 % des Umsatzes 5 % Mengenrabatt

Aufgabe: a) Berechnung des Bruttoverkaufspreises inkl. USt (auf Basis der vollen Selbstkosten)!

b) Durch einen günstigen Holzeinkauf konnten die vollen Selbstkosten des Tisches Dora auf € 505,25 gesenkt werden. Wie groß ist der Bruttoverkaufspreis, wenn alle Bedingungen gleich bleiben? Ermittlung mit dem Excel-Spreadsheet von SbX.

Ü 36: Progressive Absatzkalkulation

Die Fa. Karl Hödl KG, Büromaschinenhandel, Wien, hat am 13. Dezember 20.. fünf Aktenvernichter à € 931,– von der Fa. B5 BÜRO-Lösungen Handelsgesellschaft mbH, Graz, bestellt. Der gesamte Rechnungsbetrag wurde 5 Tage nach Lieferung abzüglich 3 % Skonto bezahlt.

Aufgabe: a) Wie hoch ist der Bruttoverkaufspreis inkl. 20 % USt für einen Aktenvernichter, wenn die Fa. Hödl 40 % Gewinnaufschlag, 10 % Rabatt und 3 % Skonto in der Kalkulation berücksichtigt?

Hinweis: Der Skonto wird in der Bezugskalkulation berücksichtigt!

b) Warenverkauf (A 3.015, 15. März 20 . .) der Aktenvernichter an die PaperBox GmbH (20015), St. Johann; 2 Stück Aktenvernichter zu je € 1.448,22 (Bruttoverkaufspreis exkl. USt). Es werden 10 % Rabatt gewährt. Zahlungsbedingungen: Zahlbar innerhalb von 14 Tagen mit 3 % Skonto, nach 30 Tagen ohne Abzug; die PaperBox GmbH überweist nach ca. 3 Wochen ohne Abzug von 3 % Skonto den offenen Rechnungsbetrag der A 3.015 in Höhe von € 3.128,16 auf unser Bankkonto (B 37). Aufstellung der Buchungen.

c) Ein Konkurrent der Fa. Hödl verkauft denselben Aktenvernichter um € 1.650,– inkl. 20 % USt. Wie hoch ist der Gewinn in € und in % (bezogen auf den Einstandspreis) pro Aktenvernichter, wenn die Fa. Hödl mit diesem Preis mithalten will.

Ü 37: Retrograde Absatzkalkulation

Der Einzelhandelspreis des Terminplaners „in time" soll inklusive 20 % USt € 21,90 nicht überschreiten. 40 % Einzelhandelsspanne (vom Einzelhandelspreis exkl. USt), 15 % Mengenrabatt bei 60 % des Umsatzes, 2 % Skonto, 3 % Verkaufsprovision, 15 % Gewinn

Aufgabe: Errechnung der maximal zulässigen Selbstkosten.

Ü 38: Retrograde Absatzkalkulation

SbX
ID: 1302

Der Einzelhandelspreis des neuen Computerspiels „xpoint" soll bei einem Einzelhandels-Rohaufschlag von 40 % € 9,99 inklusive 20 % USt nicht überschreiten.

Wie hoch darf der Nettoverkaufspreis sein, wenn 2 % Verkaufsprovision und 1 % Skonto zu berücksichtigen sind?

Aufgabe: a) Errechnung des Nettoverkaufspreises (Hinweis: Der Rohaufschlag ist vom Einzelhandelspreis exkl. USt auf hundert zu rechnen.).

b) Der Einzelhandelspreis inklusive USt darf für ein Angebot an den Spielwarengroßhändler „Spielefroh" € 7,99 nicht übersteigen. Wie groß ist der Nettoverkaufspreis bei Wegfall der Verkaufsprovision und des Skontos? Berechnung mit dem Excel-Spreadsheet von SbX.

Ü 39: **Differenzkalkulation (Kostenträgererfolgsrechnung)**

SbX
ID: 1303

Die Ginner GmbH, Werkzeuggroßhandel, Kufstein, importiert aus Italien Wagenheber um € 49,– abzüglich 5 % Mengenrabatt. Die Bezugskosten betragen rund € 4,90 je Stück. Der Einzelhandelspreis soll € 122,50 inkl. 20 % USt betragen. Zu berücksichtigen sind 2 % Verkaufsprovision, 2 % Skonto, 5 % Mengenrabatt und 30 % Einzelhandelsspanne.

Aufgabe: a) Wie hoch ist der Bruttogewinn (= Nettoverkaufspreis – Einstandspreis)? Kalkulation auf Cent genau.

b) Wie hoch ist der Nettogewinn (-verlust) in € und in Prozent der Selbstkosten, wenn die Gemeinkosten 14,7 % des Einstandspreises betragen? (Rechengang auf Cent genau)

c) Bei der Abnahme von 500 Stück der Wagenheber wird der Bruttorechnungspreis auf € 39,– reduziert und der Mengenrabatt auf 10 % erhöht. Die übrigen Konditionen bleiben gleich. Der Einzelhandelspreis inkl. USt soll € 114,90 betragen. Wie hoch ist der Bruttogewinn? Berechnung mit dem Spreadsheet von SbX (auf Cent genau).

Ü 40: **Differenzkalkulation (Kostenträgererfolgsrechnung)**

SbX
ID: 1304

Am 8. August 20.. bekommt die Großhandelsfirma GASTRO Steiner GmbH von einer Zulieferfirma eine Lieferung an Küchenrollen laut abgebildeter Rechnung.

Geschäftsstelle 8010 Graz, Merangasse 59
Telefon: 0316/312504 Fax: 0316/312504-4
Ihre Bestellung wurde bearbeitet von:
Leik Karl Tel.: 0316/312504

hagleitner BETRIEBSHYGIENE

Bestelladresse:
GASTRO Steiner GmbH
Fronleichnamsweg 27
8940 Liezen
UID-NR.

LIEFERADRESSE
Tel.: 03612/22486

VERSANDART: Spedition Weiss
VERMERK: AA: HYGB
Sperrtag: Di

Rechnung

KUNDEN-NR.	BELEG-NR.	BELEG-DATUM	BLATT
265683	859584	8.8...	1

Bitte bei Zahlung und Schriftverkehr angeben!

LAGER	AUFTRAG-NR.	BESTELL-DATUM	BERATER-NR.
V	510394	..-08-06	9940 Rieger Herrmann

Art.Nr.	Artikelbezeichnung	Menge	ME	Preis/ME	%	Betrag
1234	Bounty Küchenrolle Fantasy	1.000	3/PKG	0,93		€ 930,00
1235	Bounty Küchenrolle Select	1.000	3/PKG	0,93		€ 930,00

Nettowarenwert		€ 1.860,00
USt	20,00%	€ 372,00
Rechnungsendbetrag		€ 2.232,00

Eigene Bezugsspesen: Spedition Dietrich € 96,39 (exkl. 20 % USt) bar

In einem Flugblatt sieht der Geschäftsführer der GASTRO Steiner GmbH, dass bei einer großen Lebensmittelkette die gleichen Küchenrollen zum Preis von € 1,45 (inkl. 20 % USt) angeboten werden. Die GASTRO Steiner GmbH will ihren Kunden (Gastronomiebetriebe usw.) die Küchenrollen zumindest zum gleichen Preis anbieten. Durchschnittlich wird den Kunden 3 % Skonto und 5 % Mengenrabatt gewährt.

Aufgabe: a) Stellen Sie fest, wie hoch der Gewinn in € und in % (bezogen auf den Einstandspreis) pro Packung Küchenrollen wäre, wenn die GASTRO Steiner GmbH zum Preis wie die Lebensmittelkette anbietet.

b) Berechnen Sie den Bruttoverkaufspreis exkl. USt, wenn die GASTRO Steiner GmbH mit einem Gewinnaufschlag von 10 % vom Einstandspreis kalkuliert. Berechnung mit dem Excel-Spreadsheet von SbX.

Ü 41: **Fallbeispiel Differenz-, Absatz- und retrograde Bezugskalkulation**

SbX
ID: 1305

Der Elektrohändler Alfred Schwarz e. U., Mürzzuschlag, bezieht von seinem Großhändler zehn Festplatten-DVD-Rekorder um € 171,51 (exkl. 20 % USt) pro Stück. Wegen langjähriger Geschäftsbeziehungen erhält Alfred Schwarz 15 % Treuerabatt und 3 % Skonto bei Zahlung innerhalb der Kassafrist (Berücksichtigung des Skontos in der Bezugskalkulation!). Für den Transport der Rekorder fallen € 122,09 (exkl. 20 % USt) an.

Aufgabe: a) Berechnung des Verkaufspreises inkl. 20 % USt für einen Rekorder, wenn 50 % Gemeinkostenzuschlag, 20 % Gewinn, 2 % Skonto, 5 % Treuerabatt bei 50 % des Umsatzes berücksichtigt werden (Ergebnis auf 10 € aufrunden).

b) Der Verkaufspreis des Rekorders beträgt in einem Elektrodiskontgeschäft in Mürzzuschlag € 290,– (inkl. 20 % USt). Die Schwarz e. U. möchte den Rekorder im Sortiment behalten, weil er sich bis jetzt gut verkauft hat. Wegen des ausgezeichneten Vor-Ort-Services werden die Kunden bereit sein, maximal € 320,– (inkl. 20 % USt) für den Rekorder zu bezahlen. Zu welchem Preis muss die Schwarz e. U. einen Rekorder zukaufen, wenn alle der Aufgabenstellung a) genannten Konditionen gleich bleiben?

c) Durch Preisverhandlungen wäre der Lieferant des Rekorders bereit, den Preis eines Rekorders auf € 160,– (exkl. 20 % USt) zu reduzieren, jedoch würden der Treuerabatt und Skonto bei Zahlung gestrichen. Bei Selbstabholung belaufen sich die Transportkosten auf € 7,50 pro Stück. Wie hoch ist der Gewinn in € und in % (bezogen auf den Einstandspreis), wenn die Schwarz e. U. den Rekorder zu einen Bruttoverkaufspreis in Höhe von € 320,– (inkl. 20 % USt) anbieten will. Berechnung mit dem Excel-Spreadsheet von SbX.

1.4 Fallbeispiel zur Istkostenrechnung, Absatzkalkulation

Ü 42: **Fallbeispiel zur Istkostenrechnung, Absatzkalkulation**

SbX
ID: 1401

In der Tangl GmbH, Erzeugung von Taschen, Wien, sind folgende Kostenstellen eingerichtet: Hilfskostenstelle Reparatur, Materialstelle, Fertigung I, Fertigung II, Verwaltung und Vertrieb (eine Kostenstelle)

Die nachstehend angeführten Kostenarten werden wie folgt auf die Kostenstellen verteilt:

Fertigungsmaterial	Einzelkosten
Fertigungslöhne	Einzelkosten
Betriebsstoffe	laut Entnahmeschein
Gehälter	laut Gehaltszettel
Nichtleistungslöhne	90 % der Fertigungslöhne
Energie	im Verhältnis 50 : 200 : 300 : 300 : 150
sonstige Kosten	im Verhältnis 5 : 10 : 30 : 35 : 20

Die Umlage der Kosten in der Hilfskostenstelle Reparatur erfolgt entsprechend den in den einzelnen Kostenstellen durchgeführten Arbeitsstunden.

Im I. Quartal fielen folgende Kosten an (Preisangaben in €):

	Kostenstellen					
Kostenart	Summe	Reparatur	Material	Fert. I	Fert. II	Vw u. Vt
Fertigungsmaterial	80.000,00		80.000,00			
Fertigungslöhne	50.000,00			30.000,00	20.000,00	
Betriebsstoffe	36.000,00	10.000,00	3.000,00	10.000,00	8.000,00	5.000,00
Gehälter	44.000,00	2.000,00	5.000,00	7.000,00	6.000,00	24.000,00
Energie	22.000,00					
sonstige Kosten	10.000,00					

Die Reparaturstelle leistete in der Materialstelle 200 Stunden
in der Fertigung I 300 Stunden
in der Fertigung II 500 Stunden

Die Zuschlagsbasen für die Berechnung der Zuschlagssätze sind wie folgt festgelegt:

Material: Fertigungsmaterial
Fertigung I: Fertigungslöhne
Fertigung II: 3.000 Stunden

Daten für die Zuschlagskalkulation von Rucksack „Alpin":

Fertigungsmaterial € 30,–
Fertigungslöhne I € 10,–
Fertigungslöhne II € 9,–
Fertigungsstunden 1 Stunde

Für den Rucksack „Alpin" ist auf Grundlage der errechneten Selbstkosten der Bruttoverkaufspreis exkl. USt zu berechnen. Es sind 27 % Gewinn, 2 % Skonto und 10 % Mengenrabatt zu berücksichtigen.

Im II. Quartal fielen folgende Kosten an (Preisangaben in €):

	Kostenstellen					
Kostenart	Summe	Reparatur	Material	Fert. I	Fert. II	Vw u. Vt
Fertigungsmaterial	100.000,00		100.000,00			
Fertigungslöhne	70.000,00			40.000,00	30.000,00	
Betriebsstoffe	46.000,00	13.000,00	4.000,00	12.000,00	11.000,00	6.000,00
Gehälter	50.000,00	3.000,00	6.000,00	8.000,00	7.000,00	26.000,00
Energie	32.000,00					
sonstige Kosten	15.000,00					

Die Reparaturstelle leistete in der Materialstelle 300 Stunden
in der Fertigung I 300 Stunden
in der Fertigung II 300 Stunden
in Vw u. Vt 100 Stunden

Die Zuschlagsbasen für die Errechnung der Zuschlagssätze sind wie folgt festgelegt:

Material: Fertigungsmaterial
Fertigung I: Fertigungslöhne
Fertigung II: 3.500 Stunden

Daten für die Zuschlagskalkulation von Rucksack „Alpin-extreme":

Fertigungsmaterial € 30,–
Fertigungslöhne I € 15,–
Fertigungslöhne II € 11,–
Fertigungsstunden 1,5 Stunden

Für den Rucksack „Alpin-extreme" ist auf Grundlage der errechneten Selbstkosten der Bruttoverkaufspreis exkl. USt zu berechnen. Es sind 20 % Gewinn, 2 % Skonto und 5 % Mengenrabatt zu berücksichtigen.

Aufgabe: Für die Angaben der Quartale I. und II. (Berechnung der Aufgaben des II. Quartals mit dem Excel-Spreadsheet von SbX) sind jeweils auszuführen:

a) Aufstellung des Betriebsabrechnungsbogens (auf 1 Dezimale genau) sowie Ermittlung des Stundensatzes ohne Einbeziehung der Fertigungslöhne (auf 10 Cent genau) und der Gemeinkostenzuschlagssätze (auf 1 Dezimale genau).

b) Berechnung der Selbstkosten und des Bruttoverkaufspreises exkl. USt für die oben angeführten Kostenträger (auf Cent genau).

c) Ermittlung der Einzelhandelspreise (inkl. 20 % USt) auf Basis des errechneten Bruttoverkaufspreises unter Berücksichtigung von 35 % Einzelhandelsspanne (auf Cent genau). Der Einzelhandelspreis ist auf ganze € zu runden.

2 Kostenrechnung als Entscheidungsinstrument

Die angeführten Übungsbeispiele beziehen sich auf nachstehende MANZ-Schülerbücher:

Schülerbuch	Kapitel	Abschnitt
Rechnungswesen & Controlling HAK III	Kapitel 3	Abschnitte 3.1–3.3
Rechnungswesen HAS 3	Kapitel 3	Abschnitte 3.1–3.3
Rechnungswesen & Controlling HLW III	Kapitel 3 und Anhang	Abschnitt 3.2
Rechnungswesen FW 3	Kapitel 3	Abschnitt 3.2

2.1 Begriffe, Einteilung der Kosten nach ihrem Verhalten bei Änderung des Beschäftigungsgrades, Gesamtkostenfunktion

Ü 43: Einteilung der Kosten

August Rotter und sein Freund Ewald Hofer betreiben zusammen die Turboblitz OG. Turboblitz ist ein Botendienst, wobei die beiden Geschäftspartner mit ihren zwei Kleintransportern 6 Tage die Woche 10 Stunden am Tag im Einsatz sind. Aus ihrer Buchhaltung können Rotter und Hofer folgende Daten für ihre beiden Kleintransporter entnehmen:

	Kosten				
	Aufwand	Überleitung	Kosten	fix	variabel
Reifen	€ 2.400,00				
Versicherung, Steuer	€ 2.860,00				
Service	€ 3.264,00				
Treibstoff, Öl	€ 14.850,00				
Abschreibung	€ 15.000,00				
Garage	€ 2.120,00				
Mautgebühr einzeln	€ 250,00				
Strafen	€ 346,00				
Blechschäden	€ 1.590,00				
Jahresvignetten	€ 1.163,00				

Rotter und Hofer fuhren mit ihren Kleintransportern im Jahr rund 80.000 km (mit jedem Kleintransporter wurden rund 40.000 km gefahren). In der Buchhaltung wurden unter der Position Reifen vier Reifensätze verbucht (zwei je Kleintransporter). Mit einem Satz Reifen fahren Rotter und Hofer im Schnitt 30.000 km. Im Jahresdurchschnitt hat die Firma Turboblitz Blechschäden in Höhe von € 2.000,–. Die Abschreibung in der Kostenrechnung ist um € 3.000,– geringer anzusetzen als die Abschreibung in der Buchhaltung, wobei 50 % davon leistungsabhängig und 50 % zeitabhängig zu beurteilen sind. Im Schnitt erhalten Rotter und Hofer jährlich Strafzettel in Höhe von € 450,–.

Aufgabe: a) Überlegen Sie, welche Aufwendungen gleich Kosten sind bzw. berechnen Sie die relevanten Kosten für die Turboblitz OG.

b) Klassifizieren Sie die ermittelten Kosten der Turboblitz hinsichtlich ihrer Abhängigkeit von der Beschäftigung (fixe oder variable Kosten).

2.2 Direct Costing (Deckungsbeitragsrechnung)

Lerneinheit 2: Einstufiges Direct Costing

FW 3: Für diesen Schultyp sind die Beispiele in dieser Lerneinheit nicht relevant!

Ü 44: Einstufiges Direct Costing – Kostenstellenrechnung

Die Kosten der Schinagl OG, Erzeugung von Plastikbehältern, Hollabrunn, mit den Kostenstellen Material, Fertigung 1, Fertigung 2, Verwaltung und Vertrieb (eine Kostenstelle) betragen im 1. Quartal 20..:

Kostenart	Betrag	Verteilung in 1.000 € (Kostenanteil bzw. Kostenanteil und Variator je Kostenstelle)
1. Fertigungsmaterialverbrauch	50.400,00	Einzelkosten
2. Fertigungslöhne	124.800,00	Einzelkosten, – : 74,1 : 50,7 : –
3. Hilfslöhne	38.400,00	15 (V 7) : 12,2 (V 10) : 11,2 (V 8) : –
4. Gehälter	78.000,00	– : 14,5 (V 0) : 13,5 (V 0) : 50 (V 0)
5. Lohnnebenkosten der FL	118.560,00	95 % von 2.
6. Lohnnebenkosten der HL	35.328,00	92 % von 3.
7. Gehaltsnebenkosten	49.920,00	64 % von 4.
8. Hilfsstoffverbrauch	18.000,00	2,5 (V 10) : 7,5 (V 8) : 8 (V 9) : –
9. Energieverbrauch	6.400,00	0,8 (V 5) : 2,4 (V 7) : 2,6 (V 7) : 0,6 (V 5)
10. div. Gemeinkosten	10.800,00	2,8 (V 6) : 2,5 (V 4) : 1,8 (V 5) : 3,7 (V 7)
11. kalk. Zinsen	24.400,00	4,4 (V 0) : 7,5 (V 0) : 9,5 (V 0) : 3 (V 0)
12. kalk. Abschreibung	9.800,00	0,8 (V 2) : 4,1 (V 3) : 4 (V 3) : 0,9 (V 0)
13. kalk. Schadensfälle	1.920,00	0,3 (V 8) : 0,4 (V 8) : 0,62 (V 7) : 0,6 (V 10)

Aufgabe: Aufstellung des BAB und Errechnung der variablen Gemeinkostenzuschlagssätze (auf 1 Dezimale genau)

Ü 45: Einstufiges Direct Costing – Kostenstellenrechnung

SbX ID: 2221

Die Kosten der Elfriede Maier KG, Erzeugung von Büromöbel, Lienz, mit den Kostenstellen Material, Fertigung 1 (Produktion Stehpult), Fertigung 2 (Produktion Schreibtisch), Verwaltung und Vertrieb (eine Kostenstelle) betragen im 1. Quartal 20..:

Kostenart	Betrag	Verteilung in 1.000 € (Kostenanteil bzw. Kostenanteil und Variator je Kostenstelle)
1. Fertigungsmaterial	132.000,00	Einzelkosten
2. Fertigungslöhne	156.000,00	Einzelkosten, – : 66,9 : 89,1 : –
3. Hilfsmaterial	29.700,00	0,7 (V 10) : 14,0 (V 7) : 15,0 (V 7) : –
4. sonstiges Material	14.100,00	3,6 (V 8) : 3,3 (V 9) : 4,2 (V 9) : 3,0 (7)
5. Hilfslöhne	81.300,00	15,6 (V 7) : 30,9 (V 7) : 23,1 (V 8) : 11,7 (V 10)
6. Gehälter	123.000,00	– : 30,0 (V 0) : 27,0 (V 0) : 66,0 (V 0)
7. Lohnnebenkosten der FL	151.320,00	97 % der Leistungslöhne
8. Lohnnebenkosten der HL	73.170,00	90 % der Hilfslöhne
9. Gehaltsnebenkosten	76.260,00	62 % der Gehälter
10. sonstige Kosten	120.000,00	9,1 (V 6) : 23,9 (V 4) : 27,2 (V 5) : 59,8 (V 7)
11. kalk. Zinsen	45.000,00	3,4 (V 0) : 21,6 (V 0) : 14,0 (V 0) : 6,0 (V 0)
12. kalk. Abschreibung	87.000,00	6,0 (V 3) : 40,0 (V 3) : 29,0 (V 3) : 12,0 (V 0)
13. kalk. Wagnisse	29.100,00	5,3 (V 8) : 5,8 (V 9) : 6,4 (V 9) : 11,6 (V 10)
14. kalk. Unternehmerlohn	96.000,00	– : 32,0 (V 0) : 32,0 (V 0) : 32,0 (V 0)

Aufgabe: Aufstellung des BAB und Errechnung der variablen Gemeinkostenzuschlagssätze (auf 2 Dezimalen genau) mithilfe von SbX.

Ü 46: **Einstufiges Direct Costing – Kostenträgerstück- und Kostenträgererfolgsrechnung**

Die Fa. Zankl GmbH, Wiener Neustadt, erzeugt Pleuelstangen aus Titan für die Automobilindustrie. Die drei erzeugten Pleuelstangen haben firmenintern die Bezeichnungen PS 1027, PS 3014 und PS 2515.

Für 20.. stehen folgende Daten zur Verfügung:

Produkt	PS 1027	PS 3014	PS 2515
Erzeugte und abgesetzte Menge in Stk.	2.500	1.000	3.200
Fertigungsmaterial je Stk.	€ 500,00	€ 240,00	€ 390,00
Fertigungslöhne je Stk.	€ 120,00	€ 74,00	€ 155,00
Nettoverkaufspreis je Stk.	€ 900,00	€ 850,00	€ 1.100,00

Es gelten folgende variable Gemeinkostenzuschlagssätze:
Materialgemeinkosten 8,05 %
Fertigungsgemeinkosten 171 %
Verwaltungs- und Vertriebsgemeinkosten 6,95 %

Fixkosten € 947.000,–

Aufgabe: a) Ermittlung der Deckungsbeiträge je Stück.
b) Durchführung der Kostenträgererfolgsrechnung und Ermittlung des Betriebsergebnisses.
c) Bei welchem Produkt sollte der Absatz besonders gefördert werden?

Ü 47: **Einstufiges Direct Costing**

SbX
ID: 2222

Aus der Produktion von Duftsteinen der Dylan GmbH, Erzeugung von Raumaccessoires, Wien, stehen folgende Daten zur Verfügung (Preisangaben in €):

Daten I. Quartal	Blues	Star	Stone
Erzeugte und abgesetzte Menge in Stk.	4.000	4.500	5.000
Fertigungsmaterial	300,00	320,00	450,00
Fertigungslöhne	250,00	280,00	340,00
Nettoverkaufspreis	1.600,00	1.800,00	2.600,00
Daten II. Quartal	**Blues**	**Star**	**Stone**
Erzeugte und abgesetzte Menge in Stk.	6.000	5.500	4.000
Fertigungsmaterial	330,00	340,00	470,00
Fertigungslöhne	290,00	300,00	360,00
Nettoverkaufspreis	1.000,00	2.100,00	2.900,00

Variable Zuschlagssätze: MaterialGK 6,23 %; FertigungsGK 104,23 %; Vw- u. VtGK 3,78 %
Fixkosten: € 7.500.000,–

Aufgabe: Anhand der angegebenen Daten sind für die Produkte Blues, Star und Stone folgende Berechnungen durchzuführen:
a) Ermittlung der Deckungsbeiträge je Stück.
b) Durchführung der Kostenträgererfolgsrechnung; Ermittlung des Betriebsgewinnes.
c) Wie hoch ist der jeweilige zusätzliche Gewinn pro zusätzlich verkaufte Einheit?
Die Berechnungen sind für das I. Quartal händisch und für das II. Quartal mithilfe von SbX durchzuführen.

Ü 48: **Einstufiges Direct Costing**

Die Bäckerei Macher KG, Graz-Seiersberg, hat nach dem Abschluss eines neuen Liefervertrages mit einer großen Lebensmittelkette sein Baguette-Angebot erweitert und das Produkt „Verde" in sein Sortiment aufgenommen. Um die gestiegene Nachfrage zu bewältigen, hat Herr Macher seine Backstube erweitert, indem er einen neuen Steinofen angeschafft und einen Bäcker für die Dauer des Liefervertrages eingestellt hat.

Zur Errechnung der Backstubenkosten gelten folgende Angaben:

Der Backofen hat € 49.000,– gekostet und kann vier Jahre lang genutzt werden. Der monatliche Lohn des Bäckers beträgt € 1.500,–. Die variablen Kosten der Backstube (Energie, Licht etc.) betragen € 500,– pro Monat.

Die Absatz- und Kostendaten der Bäckerei für den Monat Dezember sind der nachfolgenden Tabelle zu entnehmen:

Baguettesorte	Provence	Hawaii	Mozarella	Tonno	Verde
Verkaufspreis (in €)	2,90	3,20	1,75	3,90	3,15
Absatzmenge (in Stück)	800	400	1.000	400	800
Kosten für Belag und Teig pro Stück (in €)	0,95	1,10	0,69	1,57	1,39
Bearbeitungszeit in der Backstube (in min)	3	6	8	10	4

Aufgabe: a) Verteilen Sie anhand der Bezugsgröße Bearbeitungszeit die Backstubenkosten auf die Baguettesorten.

b) Ermitteln Sie unter Verwendung der Backstubenkosten aus a) die vollen und die variablen Selbstkosten für alle Baguettesorten.

Hinweis: Dabei sind zunächst aus obigen Angaben die monatlichen Gesamtkosten zu ermitteln und anschließend in fixe und variable Kosten aufzuspalten.

c) In Kenntnis der vollen Selbstkosten beschließt Herr Macher das Baguette Mozarella aus dem Angebot zu streichen. Ist diese Entscheidung sinnvoll (rechnerische Begründung)?

Lerneinheit 3: Mehrstufiges Direct Costing

HAS 3, HLW III, FW 3: Für diese Schultypen sind die Beispiele in dieser Lerneinheit nicht relevant!

Ü 49: Mehrstufiges Direct Costing

Die Browser GmbH, Graz, kauft Teile von PC-Herstellern zu und montiert diese zu PC-Komplettlösungen. Die Produktpalette beinhaltet 7 PC-Modelle, die in drei Produktgruppen zusammengefasst werden. Es gibt zwei Unternehmensbereiche: Standardprodukte (mit der Produktgruppe Usual) und Neue Produkte (mit den Produktgruppen Strong und Kids).

Unternehmensbereich	Produktgruppen	Produkte
Standardprodukte	Produktgruppe Usual	Pent XL95 LapTop LT55
Neue Produkte	Produktgruppe Strong	Core XL95 Core XLL105 LapTop LT55XL
	Produktgruppe Kids	First Step 29 Think Kid 424

Fixkosten	Produkt-fixkosten	Produktgruppen-fixkosten	Bereichs-fixkosten	Unternehmens-fixkosten
Einkauf				
Montagebereich I				
Montagebereich II				
Design				
Export				
Fuhrpark				
PR-Aktivitäten				
Marktforschung				
Werbung				

Fixkosten	Produkt-fixkosten	Produktgruppen-fixkosten	Bereichs-fixkosten	Unternehmens-fixkosten
Verpackung				
Verkauf Usual				
Verkauf Strong				
Verkauf Kids				
Verwaltung				

Zu den einzelnen Produkten bzw. Fixkosten ist anzumerken:

- Alle Komponenten werden von der Abteilung Einkauf beschafft und bei ihr gelagert.
- Alle Produkte durchlaufen den Bereich Montage I.
- Die Produkte der Produktgruppe Kids durchlaufen auch den Montagebereich II.
- Für die Produkte der Produktgruppe Kids ist eine Designabteilung eingerichtet.
- Ausschließlich für das Produkt LapTop LT55XL bestehen Exportverträge mit einer slowenischen Partnerfirma.
- Nur die Produkte der Produktgruppe Usual werden mit dem werkseigenen Fuhrpark zugestellt.
- Die Public-Relations-Aktivitäten sind grundsätzlich unternehmens- und nicht produktorientiert.
- Die Marktforschung wird ausschließlich für den Unternehmensbereich Neue Produkte durchgeführt.
- Die Fixkosten in der Abteilung Werbung sind für eine gezielte Markteinführungskampagne für den PC First Step 29 in den Grazer Grundschulen angefallen.
- In der Abteilung Verpackung erhalten alle Produkte eine Schutzverpackung aus Plastik.
- Für jede Produktgruppe ist eine Verkaufsabteilung eingerichtet.

Aufgabe: Ordnen Sie die jeweiligen Fixkosten entsprechend den oben angeführten Angaben den Kategorien Produkt-, Produktgruppen-, Bereichs- und Unternehmensfixkosten zu!

Ü 50: **Mehrstufiges Direct Costing**

SbX
ID: 2231

Die Berger SpielwarenGmbH, 1090 Wien, vertreibt Holz- und Plastikspielzeug. Die Vertriebsgebiete sind unterteilt in Österreich-West (Vorarlberg, Tirol, Oberösterreich, Salzburg und Kärnten) und in Österreich-Ost (Wien, Burgenland, Steiermark und Niederösterreich).

In den beiden Regionen wurden für 20.. folgende Werte ermittelt:

(Angaben in €)	West		Ost	
	Holzspielzeug	Plastikspielzeug	Holzspielzeug	Plastikspielzeug
Erlöse	196.000,00	467.290,00	569.274,00	283.496,00
Variable Kosten	137.600,00	470.300,00	501.727,00	216.801,00

Mit dem Verkauf im Bereich West sind drei Vertriebsangestellte betraut; Personalkosten € 165.500,–. Für Ost sind zwei Vertriebsangestellte zuständig; Personalkosten € 95.450,–. Für den Bereich West fallen noch zusätzlich für ein Auslieferungslager Fixkosten in Höhe von € 74.500,– an. Für Werbung werden € 126.490,– aufgewandt; sonstige fixe Verwaltungskosten € 49.210,–; Personalkosten in der Zentrale € 78.350,–.

Aufgabe: a) Berechnen Sie den Deckungsbeitrag 1, den Deckungsbeitrag 2 und das Betriebsergebnis für die Berger SpielwarenGmbH für 20.. mithilfe von SbX.

b) Analysieren Sie anschließend die Situation der Berger SpielwarenGmbH und geben Sie Handlungsempfehlungen für das Unternehmen ab.

Ü 51: **Mehrstufiges Direct Costing**

Die Firma Zimmermann Sportgeräte GmbH, Hohenems, erzeugt Schulsportgeräte. Organisatorisch ist das Unternehmen in die Bereiche Indoor und Outdoor untergliedert. Diese Bereiche werden wiederum unterteilt in

Indoor: Produktgruppe Bälle (mit den Produktarten Medizin- und Gymnastikball) und Produktgruppe Matten (mit den Produktarten Sprung- und Gymnastikmatte)

Outdoor: Produktgruppe Kugeln (mit den Produktarten Kugel/2,5 kg und Kugel/5 kg) und Produktgruppe Speere (mit den Produktarten Jugend- und Wettkampfspeer)

Insgesamt sind Erlöse in Höhe von € 632.000,– angefallen, die variablen Kosten betragen € 387.480,–, die fixen Kosten € 373.140,–. Eine Aufteilung dieser Größen gibt nachfolgende Tabelle (Angaben in €) wieder:

Produktart	Erlöse	Variable Herstellkosten	Variable Vertriebskosten
Medizinball	120.000,00	60.000,00	5.000,00
Gymnastikball	80.000,00	50.000,00	4.000,00
Sprungmatte	69.000,00	49.000,00	4.000,00
Gymnastikmatte	106.800,00	77.400,00	3.500,00
Kugel/2,5 kg	90.600,00	42.600,00	2.000,00
Kugel/5 kg	62.400,00	34.000,00	1.580,00
Jugendspeer	69.200,00	40.000,00	2.400,00
Wettkampfspeer	34.000,00	10.800,00	1.200,00

Die Produkte Gymnastikball und Gymnastikmatte wurden von einer externen Sportwissenschaftlerin entworfen, wofür jährlich ein fixer Betrag in Höhe von jeweils € 2.000,– zu entrichten ist. Die Sprungmatte wird in Lizenz gefertigt, wofür jährlich fixe Lizenzgebühren in Höhe von € 5.000,– anfallen. Der Medizinball wird auch im Bereich der Physiotherapie eingesetzt, zu seiner Verkaufsförderung werden der Physiotherapeutischen Gesellschaft € 7.000,– zur Verfügung gestellt. Für die Kugel/2,5 kg wurde eine Werbekampagne an den Pflichtschulen mit Kosten in Höhe von € 4.740,– durchgeführt.

Das Marketingbudget in Höhe von € 60.000,– wird im Verhältnis 3 : 2 : 4 : 1 auf die Produktgruppen in obiger Reihenfolge verteilt.

Spezialmaschinen mussten für die Produktgruppe Indoorbälle angeschafft werden, die Abschreibungen dafür betragen € 4.000,–. Für die Produktion der Indoorgeräte wurde eine eigene Halle angemietet, die Mietkosten dafür betragen € 40.500,–. Die fixen Fertigungskosten sind im Bereich Indoorgeräte € 70.900,–.

Der Bereich Outdoor verwendet Spezialwerkzeug, wofür Abschreibungen in Höhe von € 10.000,– anfallen. Die fixen Fertigungskosten betragen im Bereich Outdoor € 20.000,–.

Die Unternehmensfixkosten für Abschreibungen, Heizung etc. betragen € 69.000,–. Die zentrale Verwaltung und Geschäftsführung schlägt sich mit € 80.000,– zu Buche.

Aufgabe: a) Ermittlung des Betriebserfolges mittels der mehrstufigen Deckungsbeitragsrechnung

b) Welche Maßnahmen würden Sie der Fa. Zimmermann Sportgeräte GmbH aufgrund ihrer momentanen Erfolgssituation empfehlen?

2.3 Anwendungsmöglichkeiten des Direct Costing

FW 3: Für diese Schultypen sind die Beispiele in diesem Abschnitt (Ü 52–Ü 68) nicht relevant!

Ü 52: **Anwendungsmöglichkeiten – Allgemeines Beispiel**

Sie planen den Kauf eines Kopiergerätes. Zwei Objekte gleicher Qualität stehen zur Auswahl. Ihnen stehen folgende Daten zur Verfügung:

	Kopierer 1	Kopierer 2
Anschaffungskosten	€ 2.910,–	€ 2.350,–
Nutzungsdauer	5 Jahre	5 Jahre
Druckkosten je DIN-A4-Seite (Toner, Papier usw.)	€ 0,04	€ 0,05

Aufgabe: a) Welcher Kopierer soll angeschafft werden, wenn von einem jährlichen Volumen von 8.000 Blatt ausgegangen wird?

b) Bei welcher Menge sind beide Kopierer unter Kostenaspekten gleich zu bewerten?

Ü 53: **Anwendungsmöglichkeiten – Allgemeines Beispiel**

Der Unternehmer Georg Förster e.U. besitzt mehrere Firmenfahrzeuge und kommt mit der Bitte zu Ihnen, eine Aufstellung über Benzin-, Betriebs- und Gesamtkosten pro Monat und Gesamtkosten pro Kilometer für seine Firmenfahrzeuge zu machen. Folgende Daten stehen Ihnen zur Verfügung:

Angaben zu Pkw	Pkw LO	Pkw XLO
Anschaffungskosten	€ 35.000,–	€ 45.000,–
Benzinpreis je Liter	€ 1,203	€ 1,203
Durchschnittsverbrauch auf 100 km	6 Liter	5 Liter
durchschnittliche Kilometer im Monat	2.500 km	3.000 km
Versicherung und Steuer	€ 838,–	€ 572,–
Wartungs- und Reparaturkosten	0,5 % vom AW	0,4 % vom AW
Nutzungsdauer	5 Jahre	5 Jahre
Angaben zu Lkw	**Lkw VO**	**Lkw VOX**
Anschaffungskosten	€ 150.000,–	€ 100.000,–
Dieselpreis je Liter	€ 1,116	€ 1,116
Durchschnittsverbrauch auf 100 km	26 Liter	30 Liter
durchschnittliche Kilometer im Monat	2.000 km	1.000 km
Versicherung und Steuer	€ 2.620,–	€ 2.152,–
Wartungs- und Reparaturkosten	0,2 % vom AW	0,5 % vom AW
Nutzungsdauer	10 Jahre	10 Jahre

Aufgabe: Berechnen Sie für die beiden Pkw und Lkw von Herrn Förster folgende Daten:
a) die Treibstoffkosten/Monat
b) die Betriebskosten/Monat
c) die Gesamtkosten/Monat
d) die monatliche Kilometeranzahl, bei der die beiden Pkw bzw. Lkw die gleichen Gesamtkosten verursachen.

Lerneinheit 1: Break-even-Analyse (Gewinnschwellenanalyse)

HAS 3: Für diesen Schultyp ist die Berechnung des DBU-Faktors in den Übungsbeispielen 55 und 57 nicht relevant!

Ü 54: **Break-even-Analyse**

Das Transportunternehmen Speedex GmbH, Weiz, hat folgende Kostenstruktur:

Variable Kosten pro gefahrenen km € 0,17
Monatliche Fixkosten von € 3.270,–

Die Fahrleistung der Speedex GmbH weist eine stark steigende Tendenz auf. Im April 20.. wurden 50.000 km, im Mai 20.. um 10 % mehr zurückgelegt, für Juni 20.. wird ein neuerlicher Anstieg gegenüber Mai 20.. von 5 % erwartet.

Aufgabe: a) Berechnen Sie die monatliche Break-even-Menge, wenn der Nettoerlös pro Kilometer bei € 0,29 liegt.
b) Berechnen Sie das Ergebnis (Gewinn/Verlust) für den Monat Juni 20...
c) Wie hoch ist das Jahresergebnis (Gewinn/Verlust), wenn mit einer Jahreskilometerleistung von 725.000 km gerechnet wird?

Ü 55: **Break-even-Analyse**

Frau Eva Gartner stellt Überlegungen an, sich mit einer Putzerei für Theaterkostüme selbständig zu machen.

Der Erlös für die Reinigung eines Theaterkostüms kann mit € 36,– (exkl. 20 % USt) angesetzt werden. Dafür fallen folgende variable Kosten pro Reinigung an:

- Kleiderbügel € 0,30
- Plastiksack € 0,20
- Div. Chemikalien € 3,00

An Fixkosten sind zu berücksichtigen:

- Kalkulatorische Abschreibung der Putzmaschine (AW € 5.000,–) auf 5 Jahre
- Raumkosten/Monat von € 1.000,–
- Entlohnung eines Teilzeitarbeiters von € 330,–/Monat (14-mal jährlich)
- Diverse Fixkosten (kalkulatorische Abschreibung der Einrichtung, der Büromaschinen, Entsorgungskosten etc.) von € 25.000,–/Jahr

Aufgabe: a) Wie viele Kostüme muss Frau Gartner putzen, damit die Kosten gedeckt sind?

b) Berechnen Sie den DBU-Faktor und den Break-even-Umsatz.

Ü 56: **Break-even-Analyse**

Frau Kaufmann stellt nebenberuflich die Seife Mia her. Der Verkaufspreis wird mit € 0,36/Stück geplant. Die geplanten variablen Kosten werden mit € 0,18/Stück, die geplanten Fixkosten mit € 5.500,– pro Vierteljahr ermittelt. Die Produktionskapazität wird auf 50.000 Stück pro Quartal veranschlagt.

Aufgabe: a) Berechnen Sie die Mindestmenge, die im Jahr abgesetzt werden muss, um alle Kosten zu decken.

b) Frau Kaufmann liegt ein Angebot vor, weitere 40.000 Stück bei gleichen variablen Stückkosten unter anderer Produktbezeichnung zu einem Preis von € 0,25/Stück abzusetzen (derzeitige Produktion 160.000 Stk.). Wie hoch ist ihr Jahresgewinn bei voller Kapazitätsauslastung?

c) Wie weit müsste der Absatz gesteigert werden, um beim Produkt Mia trotz 20%iger Preissenkung keinen Gewinnrückgang hinnehmen zu müssen? Welche Probleme entstehen bei einer entsprechenden Absatzausweitung? Gehen Sie vom derzeitigen Produktionsstand iHv 160.000 Stk. aus.

Hinweis: Lösen Sie c) unabhängig von b).

Ü 57: **Break-even-Analyse**

Folgende Daten werden Ihnen von dem Einproduktunternehmen Voluma e. U. zur Verfügung gestellt:

Produktionsmenge	20.000 Stück
Fixkosten der Periode	€ 182.000,–
Verkaufspreis je Stück	€ 50,–
Fertigungsmaterial je Stück	€ 5,–
variable MaterialGK	4 %
fixe MaterialGK	6 %
Fertigungslöhne je Stück	€ 8,–
variable FertigungsGK	80 %
fixe FertigungsGK	60 %
Sonderkosten der Fertigung je Stück	€ 2,40
Sonderkosten des Vertriebes	4 % vom Verkaufspreis

Aufgabe: a) Berechnen Sie unter Berücksichtigung folgender Daten jene Absatzmenge, ab der Voluma in die Gewinnzone kommt. Berechnen Sie weiters den DBU-Faktor und den Break-even-Umsatz.

b) Wie viele Stück müsste die Fa. Voluma von ihrem Produkt verkaufen, um einen Gewinn von € 39.000,– zu erwirtschaften?

Lerneinheit 2: Ermittlung der kurzfristigen Preisuntergrenze

HAS 3, FW 3: Für diese Schultypen sind die Beispiele dieser Lerneinheit (Ü 58–Ü 60) nicht relevant!

HLW III: Die Inhalte zu dieser Lerneinheit finden Sie unter Lerneinheit 1 im Anhang des Schülerbuches.

Ü 58: Kurzfristige Preisuntergrenze

Die Elba GmbH, Metallgießerei, Feldkirch, hat für die Herstellung des Produktes Romano variable Kosten je Stück in Höhe von € 73,– berechnet. Die Vollkosten für Romano betragen je Stück € 162,–.

Aufgabe: Soll die Elba GmbH ein Angebot über die Lieferung von Romano im Umfang von 20.000 Stück annehmen, wenn der Kunde nur einen Stückpreis von € 79,– zahlen möchte? Begründen Sie Ihre Antwort verbal sowie rechnerisch und berücksichtigen Sie bei der Begründung auch, dass für Romano ausreichend Produktionskapazitäten vorhanden sind.

Ü 59: Kurzfristige Preisuntergrenze

Die Fa. Präsento KG, Seeheim, produziert Kugelschreiber, die hauptsächlich für Werbezwecke verwendet werden. Mit einer Monatsproduktion von 9 Mio. Stk. Kugelschreibern ist die Kapazität zu 90 % ausgelastet. Dabei ergibt sich folgende Kostensituation:

Variable Kosten		Fixe Kosten	
Materialkosten	€ 90.900,00	Sonstige Gemeinkosten	€ 725.600,00
Materialgemeinkosten	€ 18.430,00		
Fertigungslöhne	€ 243.650,00		
Fertigungsgemeinkosten	€ 397.394,00		

Der Verkaufsleitung liegt ein Angebot eines Büroartikelgroßhandels vor, jeden Monat weitere 1 Mio. Stk. Kugelschreiber zu einem Preis von € 0,14/Stk. abzunehmen. Kapazität für die Herstellung des Zusatzauftrages ist vorhanden.

Aufgabe: a) Soll die Fa. Präsento KG den Zusatzauftrag über 1 Mio. Stk. Kugelschreiber annehmen?
b) Wie verändert sich bei Annahme des Zusatzauftrages die Erfolgssituation der Präsento KG?

Ü 60: Kurzfristige Preisuntergrenze

Der Betriebsabrechnungsbogen der Solderitsch OG hat für das vergangene Kalenderjahr 20.. folgende Gemeinkosten und Bezugsgrößen ergeben, die auch für die Kalkulation in der kommenden Periode zur Anwendung gelangen werden.

Kostenstelle	Lager	Tischlerei 1	Tischlerei 2	Verwaltung	Vertrieb
Variable Gemeinkosten	50.000,00	160.000,00	320.000,00	56.000,00	45.000,00
Fixe Gemeinkosten	25.000,00	300.000,00	300.000,00	1.250.000,00	200.000,00
Bezugsgröße	Materialeinzelkosten 250.000,00	Fertigungslöhne 200.000,00	Maschinenstunden 2.000	variable Herstellkosten	variable Herstellkosten

Aufgabe: a) Ermitteln Sie die kurzfristige Preisuntergrenze bei Unterbeschäftigung für folgenden Zusatzauftrag:
Materialeinzelkosten € 5.000,–
Tischlerei 1: Fertigungslöhne € 20.000,–
Tischlerei 2: 230 Maschinenstunden
Berechnung der Zuschlagssätze auf eine Dezimale, den Maschinenstundensatz auf 2 Dezimale genau.

b) Würden Sie obigen Zusatzauftrag im Falle der Vollbeschäftigung zu einem Preis von € 95.000,– annehmen, wenn dadurch ein anderer Auftrag B über € 80.000,– abgelehnt werden müsste. Für Auftrag B stehen folgende Daten zur Verfügung:
Materialeinzelkosten € 15.000,–
Tischlerei 1: Fertigungslöhne € 12.500,–
Tischlerei 2: 180 Maschinenstunden

Lerneinheit 3: Planung des Produktions- und Absatzprogrammes

FW 3: Für diesen Schultyp sind die Berechnungen der Beispiele dieser Lerneinheit (Ü 61–Ü 66) nicht relevant!

HAS 3, HLW III: Für diese Schultypen sind die Beispiele zur Produktionsprogrammplanung mit einem Engpass (Ü 64–Ü 66) nicht relevant!

Ü 61: **Produktionsprogrammplanung ohne Engpass**

Das Unternehmen Madame e. U. in Bludenz produziert die Produkte Erna, Olga, Raisa und Linda mit Gesamtfixkosten von € 7 Mio. im Jahr. Folgende Daten stehen Ihnen zur Verfügung:

	Erna	Olga	Raisa	Linda
Gesamterlöse	€ 28,8 Mio.	€ 18,36 Mio.	€ 10 Mio.	€ 48 Mio.
erzeugte und abgesetzte Stück	18.000	9.000	16.000	30.000
variable Kosten/Stk.	€ 1.450,00	€ 2.000,00	€ 1.000,00	€ 1.300,00

In der nächsten Abrechnungsperiode rechnet das Unternehmen Madame mit der gleichen Kosten- und Erlössituation.

Aufgabe: Entscheiden Sie, ob in der nächsten Periode alle Produkte erzeugt werden sollen. Begründen Sie Ihre Entscheidung rechnerisch.

Ü 62: **Produktionsprogrammplanung ohne Engpass**

SbX ID: 2331

Die Master-Bowl GmbH, Graz, erzeugt drei verschiedene Spezialwannen, für die folgende Kosten anfallen:

Produkte	Xeron	Ylax	Zaurus
erzeugte und abgesetzte Menge in Stk.	3.200	4.000	2.500
Fertigungsmaterial	€ 48.000,00	€ 72.000,00	€ 54.000,00
Fertigungslöhne	€ 52.000,00	€ 58.000,00	€ 56.000,00
Stück-Netto-Verkaufspreis	€ 121,00	€ 94,00	€ 142,00

Gemeinkostenzuschlagssätze zu Vollkosten: MaterialGK 9 %, FertigungsGK 270 %, Vw-VtGK 31 %
Gemeinkostenzuschlagssätze zu Teilkosten: MaterialGK 3 %, FertigungsGK 112 %, Vw-VtGK 5 %

Aufgabe: a) Berechnung der Kosten und der Nettoergebnisse je Stück sowie des Betriebsergebnisses mittels Voll- und Teilkostenrechnung.

b) Ein Kunde würde für das Produkt Zaurus einen Auftrag über 400 Stück erteilen, wenn der Preis pro Stück € 125,– beträgt. Kapazität ist ausreichend vorhanden. Der Preis für die übrige Menge ist nicht gefährdet. Soll der Auftrag angenommen werden? Wenn ja, wie hoch ist der zusätzliche Gewinn?

c) Durch vorhandene Markttransparenz erfahren die übrigen Kunden von der Preissenkung von Produkt Zaurus und verlangen ebenfalls den Preis von € 125,–. Führt die Preissenkung zu einem Rückgang des Betriebsergebnisses? Wenn ja, in welcher Höhe? Berechnung mit dem Excel-Spreadsheet von SbX.

d) Der Absatz des Produktes Ylax könnte auf 4.600 Stück gesteigert werden, wenn der Preis auf € 91,– gesenkt wird. Kapazität ist vorhanden. Soll die Preissenkung vorgenommen werden (Begründung)? Berechnung mit dem Excel-Spreadsheet von SbX.

Ü 63: **Produktionsprogrammplanung ohne Engpass**

Die Felix GmbH, Sportartikelhersteller, Altenmarkt, erzeugt u. a. die drei Rennskier Race, Fun und Win. Diese können auf den gleichen Produktionsanlagen hergestellt werden und werden um jeweils € 574,– pro Paar (exkl. 20 % USt) verkauft.

Im Abrechnungszeitraum werden folgende Skier produziert und verkauft:
Race 3.000 Paar, Fun 2.000 Paar, Win 4.000 Paar

Es entstehen folgende Kosten:

		Fertigungsmaterial	Fertigungslöhne
Summe		€ 430.000,00	€ 1.170.000,00
Kosten je Paar	Race Fun Win	€ 50,00 € 60,00 € 40,00	€ 100,00 € 95,00 € 170,00

Von den Materialgemeinkosten in Höhe von € 1.093.000,– sind € 895.000,– als fix und € 198.000,– als variabel anzusehen. Von den Fertigungsgemeinkosten in Höhe von € 1.970.000,– sind € 1.643.000,– fix und € 327.000,– variabel.

Aufgabe: a) Berechnung der Gemeinkostenzuschlagssätze zu Voll- und zu Teilkosten (auf Ganze gerundet).
b) Berechnung der Kosten und der Nettoergebnisse je Stück.
c) Ist aufgrund der vorliegenden Ertragslage ein Artikel aufzulassen?

Ü 64: Produktionsprogrammplanung mit einem Engpass

Der Produktionsbetrieb Kornati e. U. stellte bisher für Segelboote Navigationsgeräte und dazu passende Lotgeräte her. Durch die bisherige Produktion war der Betrieb voll ausgelastet.

Vorjahresangaben:

	Navigationsgerät	Lotgerät
Preis inkl. 20 % USt	€ 1.800,00	€ 756,00
Absatzmenge in Stk.	5.000	2.500
variable Selbstkosten	€ 1.350,00	€ 460,00
Engpassbeanspruchung in min	30	60

In dieser Situation erwägt die Geschäftsleitung, integrierte Steuerungsgeräte für Segelboote in das Produktionsprogramm aufzunehmen. Eine entsprechende Anfrage für einen Großauftrag über 8.000 Steuerungsgeräte zu einem Preis von € 1.782,– inkl. 20 % USt liegt bereits vor. Die Produktion dieser Steuerungsgeräte wird den Engpass 15 Minuten je Stück beanspruchen.

Aufgabe: Entschließt sich die Unternehmensleitung, die Steuerungsgeräte in ihr Produktionsprogramm aufzunehmen, so taucht folgendes Problem auf: Durch die Verdrängung von einem der beiden bisherigen Produkte würde jeweils der ganze Auftrag für das jeweilige Produkt verloren gehen, da oben angeführte Absatzmengen fix vereinbart sind. Wie hoch dürfen die variablen Selbstkosten eines integrierten Steuerungsgerätes sein, damit die Unternehmung noch Interesse an der Produktion hat?
Hinweis: Nehmen Sie zuerst eine Reihung der engpassbezogenen DB von Navigations- und Lotgerät vor. Im 2. Schritt integrieren Sie in die Berechnung für die DB-Reihung das Steuerungsgerät. Das Steuerungsgerät muss zumindest den DB des zweitgereihten Produktes erreichen.

Ü 65: Produktionsprogrammplanung mit einem Engpass

Die Torrex GesmbH, Wien, fertigt und vertreibt die 3 hochwertigen Medikamente Xenos, Xenos forte und Xenophil. Die gesamte Produktion einer Periode wird an einen Pharmagroßhandel geliefert, mit dem folgende Rahmenvereinbarungen vereinbart sind:

	Xenos	Xenos forte	Xenophil
Erlös/Packung	€ 215,00	€ 304,00	€ 427,00
Maximalliefermenge	2.000	1.800	2.200

Bei der Produktion der drei Präparate wird hauptsächlich die Substanz XS 1217 verwendet. Davon werden zur Produktion einer Packung Xenos, Xenos forte bzw. Xenophil jeweils benötigt:

	Xenos	Xenos forte	Xenophil
Menge XS 1217 in g	1,5	2	3

Ein Gramm XS 1217 kostet € 82,–. Der Rohstoff XS 1217 kann nur von einem bestimmten Lieferanten bezogen werden. Zurzeit ist mit dieser Firma eine Liefermenge von 12 kg des Rohstoffes XS 1217 vereinbart.

Für die Produktion von Xenos, Xenos forte bzw. Xenophil gelten weiters folgende Daten:

	Xenos	Xenos forte	Xenophil
sonstige variable Kosten (exkl. Rohstoffkosten)	€ 23,00	€ 28,00	€ 37,00

Aufgabe: a) Erstellen Sie das gewinnoptimale Produktions- und Absatzprogramm.
b) Wie hoch ist der erzielbare Deckungsbeitrag?

Ü 66: **Produktionsprogrammplanung mit einem Engpass**

SbX ID: 2332

Die Grohmann KG, Wildon, verarbeitet Kräuterextrakt zu den Duftölen Enzianblick, Waldgeist und Kräuterfee. Aufgrund von Lieferengpässen hat die Grohmann KG im 1. Quartal 20.. höchstens 12.000 l Extrakt zur Verfügung.

Die variablen Kosten (inkl. der Kosten für den Extrakt), die Absatzpreise (exkl. USt), der Extraktbedarf pro Literflasche und die Absatzgrenzen sind in folgender Tabelle dargestellt:

	Enzianblick	Waldgeist	Kräuterfee
Variable Kosten pro Liter	10,00	8,00	9,00
Absatzpreis pro Liter	12,00	9,50	10,40
Extraktbedarf pro Liter (in l)	0,5	0,3	0,7
Absatzhöchstmenge (in l)	30.000	20.000	20.000

Aufgabe: a) Berechnen Sie das gewinnoptimale Produktions- und Absatzprogramm sowie den Gesamt-Deckungsbeitrag.
b) Wie verändert sich die Entscheidung unter a), wenn zusätzlich 400 Flaschen à 1 Liter Kräuterfee um € 12,– (exkl. 20 % USt) pro Flasche abgesetzt werden können? Begründen Sie die Entscheidung rechnerisch mit dem entsprechenden Spreadsheet von SbX.

Lerneinheit 4: Entscheidung über Eigenfertigung oder Fremdbezug (Make-or-Buy-Entscheidung)

HAS 3, FW 3: Für diese Schultypen sind die Beispiele dieser Lerneinheit (Ü 67 und Ü 68) nicht relevant!

HLW III: Die Inhalte zu dieser Lerneinheit finden Sie unter Lerneinheit 2 im Anhang des Schülerbuches.

Ü 67: **Eigenfertigung oder Fremdbezug**

Der Industriebetrieb Rappold AG, St. Pölten, stellt folgende Daten zur Verfügung:

	Auftrag 005	Auftrag 008
Fertigungsstelle A: Material Fertigungslöhne	 € 900,00 € 200,00	 € 885,00 € 300,00
Fertigungsstelle B: Arbeitsstunden	 5	 6
Nettoverkaufspreise	€ 2.534,00	€ 2.795,00

Das Unternehmen kalkuliert mit folgenden variablen Zuschlagssätzen:

MaterialGK	20 %
FertigungsGK A	80 %
Arbeitsstundensatz B	€ 60,–
Vw- u. VtGK	10 %

Aufgabe: a) Berechnen Sie die kurzfristige Preisuntergrenze für die beiden Aufträge.

b) Die Halbfabrikate könnten nach der Bearbeitung in der Fertigungsstelle A durch einen Fremdbetrieb fertig gestellt werden. Die Fremdbearbeitung würde für Auftrag 005 € 300,– und für Auftrag 008 € 650,– kosten. Auf die Fremdbearbeitungskosten soll nur der halbe Vw-VtGK-Satz aufgeschlagen werden.

c) Welchen Auftrag würden Sie in Eigen- und welchen in Fremdfertigung durchführen?

Ü 68: Eigenfertigung oder Fremdbezug

Die UBIS AG hat die Möglichkeit, das Produkt HEADO über die Unterlieferantin Masnie Lea zu beziehen oder es selbst zu produzieren, da noch genügend Kapazität vorhanden wäre.

- Bei Eigenfertigung entstehen folgende Herstellkosten:
  Fertigungsmaterial € 100,–
  Fertigungslöhne € 150,–
  Fertigungslohngemeinkosten 300 % (⅔ sind fix, ⅓ ist variabel)
  Fertigungsmaterialgemeinkosten 250 % (⅖ sind fix, ⅗ sind variabel)
- Die Unterlieferantin bietet den Artikel um € 580,– frei Haus an.

Aufgabe: Soll das Produkt HEADO in Eigenfertigung produziert oder fremd bezogen werden (rechnerische Begründung)?

2.4 Fallbeispiele zur Unternehmensentscheidung

Ü 69: Unternehmensentscheidungen – Fallbeispiel

SbX ID: 2501

Das Unternehmen Christine Alfons e. U., Herstellung von Gussformen, erzeugt unter anderem die Produkte Alberta, Bolivia und Chile, für die folgende Kosten für das I. und II. Quartal anfallen (alle Preisangaben sind in €):

I. Quartal	Alberta	Bolivia	Chile
Erzeugte und abgesetzte Menge (Stück)	3.200	4.000	2.500
Fertigungsmaterial (ges.)	48.000,00	72.000,00	54.000,00
Fertigungslöhne (ges.)	52.000,00	58.000,00	56.000,00
Nettoverkaufspreis je Stk.	121,00	94,00	142,00

GK-Zuschlagssätze zu Vollkosten: MaterialGK 9 %, FertigungsGK 270 %, Vw- u. VtGK 31 %
GK-Zuschlagssätze zu Teilkosten: MaterialGK 3 %, FertigungsGK 112 %, Vw- u. VtGK 5 %

II. Quartal	Alberta	Bolivia	Chile
Erzeugte und abgesetzte Menge (Stück)	5.000	6.300	3.600
Fertigungsmaterial (ges.)	62.000,00	83.000,00	61.000,00
Fertigungslöhne (ges.)	58.000,00	64.000,00	68.000,00
Nettoverkaufspreis je Stk.	80,00	85,00	120,00

GK-Zuschlagssätze zu Vollkosten: MaterialGK 11 %, FertigungsGK 288 %, Vw- u. VtGK 37 %
GK-Zuschlagssätze zu Teilkosten: MaterialGK 5 %, FertigungsGK 115 %, Vw- u. VtGK 7 %

Aufgabe: a) Berechnen Sie die Vollkosten und die variablen Kosten sowie den Deckungsbeitrag und das Nettoergebnis **je Stück** sowie das Betriebsergebnis.
Hinweis: Die Fixkosten ergeben sich als Differenz zwischen den gesamten Vollkosten und den gesamten variablen Kosten.

b) Der Kunde Erbacher würde für das Produkt **Chile** einen Auftrag über
I. Quartal 400 Stück
II. Quartal 600 Stück erteilen, wenn der Preis pro Stück
I. Quartal € 125,–
II. Quartal € 105,– beträgt.
Kapazität ist ausreichend vorhanden und der Preis für die übrige Menge würde durch diesen zusätzlichen Auftrag nicht gefährdet sein. Soll dieser Auftrag angenommen werden? Wenn ja, wie hoch ist der zusätzliche Gewinn?

c) Der Absatz für das Produkt **Bolivia** könnte auf
I. Quartal 4.600 Stück
II. Quartal 7.500 Stück gesteigert werden, wenn der Preis auf
I. Quartal € 91,–
II. Quartal € 76,– gesenkt wird.
Es ist ausreichend Kapazität vorhanden. Soll diese Preissenkung vorgenommen werden (rechnerische Begründung)?
Die Berechnungen sind mittels Excel durchzuführen. Es soll auf zwei Dezimalen genau gerechnet werden.
Erstellen Sie in Excel ebenso folgende Grafiken für den Vergleich
- I. Quartal: kurzfristige – langfristige Preisuntergrenze je Produkt/Stk.
- II. Quartal: Gesamtergebnis zu Teilkosten und Vollkosten je Produkt

d) Diese Firmengrafiken der Christine Alfons e. U. werden für eine Kostenrechnungsschulung verwendet. Erstellen Sie mindestens drei vollständige Folien mit entsprechendem Präsentationslayout. Für die Folien ist eine Folienvorlage (Name, Datum und Seitenzahl am unteren Folienrand) zu erstellen. Ebenso sollen für die einzelnen Abfolgen der Folien Übergänge bzw. Animationseffekte definiert werden. Die verwendeten Grafiken sollen mit der Exceltabelle verknüpft werden, damit eine laufende Anpassung an Änderungen automatisch erfolgt.

Ü 70: Fallbeispiel Deckungsbeitragsrechnung

Der Immobilienmakler Clemens Kranz hat in einem Seminar kürzlich gehört, dass man mithilfe der Break-even-Analyse das Unternehmen kosten- und erlösrechnerisch durchleuchten und wichtige Einsichten für die Beschäftigungs- und Preispolitik erlangen könnte. Er befragt deshalb einen befreundeten Controller, der ihm zunächst rät, für seinen Betrieb alle verfügbaren Kosten- und Erlösdaten aus dem letzten Jahr zusammenzutragen und dabei vor allem zu versuchen, den Kostenblock in variable und fixe Kosten aufzuspalten. Das Ergebnis liegt nach einigen Mühen wie folgt vor:

- Kosten insgesamt € 245.000,–
- davon fixe Kosten (Büromiete etc.) € 70.000,–
- als variable Kosten fielen an
  - 2 % Provision vom jeweiligen Auftragswert für die Mitarbeiter;
  - zusätzlich durchschnittlich € 700,– pro Vermittlungsauftrag (für Telefonate, Fahrtkosten, Inserate etc.).
- Der Wert der erfolgreich vermittelten Immobilienobjekte liegt bei € 7 Mio., die einen Durchschnittswert von € 140.000,– (bei nur geringer Streubreite) hatten.
- Der Honorarsatz, den Kranz seinen Kunden in Rechnung stellt, beträgt insgesamt 5 % vom Auftragswert (ohne USt).

Aufgabe: a) Wie hoch war der Gewinn im letzten Jahr für den Immobilienmakler Kranz? Gehen Sie dabei vom Konzept der Deckungsbeitragsrechnung aus!

b) Berechnen Sie mithilfe des DBU-Faktors den Objektumsatz, den der Immobilienmakler Kranz mindestens erzielen muss, um keinen Verlust zu erzielen.

c) Der Immobilienmakler Kranz hat seit längerem einen Großkunden, der ihm wieder durch harte Honorarverhandlungen das Leben schwer macht. Im vergangenen Jahr brachte ihm der Kunde einen Objektumsatz von € 1,4 Mio. (= 10 Aufträge). Die variablen Kosten pro Auftrag waren aber mit € 1.400,– überdurchschnittlich hoch. Die zu zahlenden Provisionssätze lagen im Durchschnitt. Weiterhin entstanden kundenfixe Kosten in Höhe von € 7.000,–.
- Welchen Deckungsbeitrag liefert der Großkunde zum Betriebsergebnis, wenn der Honorarsatz bei durchschnittlich 4 % liegt?
- Wie hoch ist der Mindestobjektumsatz, den der Kunde bei 4 % Honorarsatz jährlich bringen muss?

Ü 71: Fallbeispiel Deckungsbeitragsrechnung

SbX ID: 2502

Die Gerry Fischer AG möchte für die Produktgruppe Tourenskier eine Deckungsbeitragsrechnung erstellen. Folgende Daten stehen zur Verfügung:

Die Produktgruppe Tourenskier umfasst zwei Produkte, und zwar den Tourenski „Yeti" und den Allroundski „Praktika". Im Kalenderjahr 20.. wurden 200.000 Paar Tourenskier „Yeti" produziert und abgesetzt. Der Verkaufspreis für ein Paar Tourenskier beträgt € 280,– (exkl. 20 % USt). Vom Allroundski „Praktika" wurden 160.000 Paar abgesetzt, der Verkaufserlös für ein Paar beträgt € 225,– (exkl. 20 % USt).

Produktionsdaten:

	Tourenski „Yeti"/Paar	Allroundski „Praktika"/Paar
Fertigungsmaterialverbrauch	2 kg/Paar vom Rohstoff A	1,3 kg/Stück vom Rohstoff A
Fertigungsmaterialeinkauf	620.000 kg à € 90,00 vom Rohstoff A	
Fertigungsmaterialgemeinkosten	10 % der Materialeinzelkosten	12 % der Materialeinzelkosten
Fertigungslohn	€ 25,00	€ 10,00
Fertigungsgemeinkosten	185 % der Fertigungseinzelkosten	190 % der Fertigungseinzelkosten

Weiterhin fällt bei der Produktion des Allroundskis „Praktika" eine Lizenzgebühr von € 20,–/Stück an.

Der Tourenski „Yeti" muss auf einer Spezialmaschine nachbearbeitet werden, für die Maschine fallen jährlich Abschreibungen in Höhe von € 12.500,– an. Im Kalenderjahr 20 . . wurde eine Werbekampagne für den Tourenski „Yeti" im Sportfachhandel durchgeführt, die Kosten dafür betrugen € 49.720,–.

Für den Allroundski „Praktika" wurde die Bindung weiterentwickelt, die Kosten dafür beliefen sich auf € 24.960,–.

Die fixen Kosten für die Produktion der Produktgruppe Tourenskier ergeben sich aus den Wartungskosten für die eingesetzten Maschinen € 30.500,– und den Kosten für Verwaltung und Vertrieb in Höhe von € 19.500,–. Im Kalenderjahr 20.. wurde eine neue Maschine angeschafft, deren Anschaffungskosten € 400.000,– betrugen, weiters fielen für die Montage der Maschine Kosten in Höhe von € 50.000,– an (Anschaffung, Montage und Inbetriebnahme im ersten Halbjahr 20 . . , Nutzungsdauer 10 Jahre, Verkaufserlös am Ende der Nutzungsdauer € 5.000,–, Abbruchkosten € 5.000,–). Die kalkulatorischen Zinsen für die Produktgruppe Tourenskier im Kalenderjahr 20.. betragen 15.000,–.

Aufgabe: Berechnen Sie den Deckungsbeitrag 1, den Deckungsbeitrag 2 und den Deckungsbeitrag 3 für die Produktgruppe Tourenskier der Gerry Fischer AG mithilfe von SbX!

Ü 72: Fallbeispiel Unternehmerentscheidungen

Die Neubauer GmbH, 8010 Graz, hat sich auf die Produktion von „Grazer Murkiesel" spezialisiert, das sind Schokoladekugeln, die mit Marzipan und Nougat gefüllt sind. Im Kalenderjahr 20.. hat sie zu einem Preis von € 5,– 75.000 Packungen (à 10 Stück) an Grazer Murkiesel abgesetzt. Die variablen Kosten betrugen € 3,– pro Packung und die Fixkosten für das Unternehmen beliefen sich auf € 165.500,–.

Aufgabe: a) Berechnen Sie für das Kalenderjahr 20 . . den Deckungsbeitrag pro Packung Grazer Murkiesel und das Betriebsergebnis für die Neubauer GmbH!

Aufgrund der Ergebnisse aus Aufgabe a) erweitert die Neubauer GmbH ihr Produktions- und Absatzprogramm. Neben den Murkiesel sollen künftig auch Murtaler und mit Schokolade (Vollmilchschokolade oder weiße Schokolade) überzogene Kürbiskerne angeboten werden. Organisatorisch wird die Neubauer GmbH in den Bereich Marzipanprodukte, der die Murkiesel und die Murtaler umfasst, und in den Bereich Kürbiskerne, zu dem die mit Vollmilchschokolade und mit weißer Schokolade überzogenen Kürbiskerne gehören, eingeteilt. Nach einem Jahr liegen folgende Produktions- und Absatzdaten vor:

Produkte / Unternehmensbereich	Marzipanprodukte		Kürbiskerne	
	Murkiesel	Murtaler	Vollmilchschokolade	Weiße Schokolade
Absatz in Packungen	75.000	22.000	30.000	5.000
Verkaufspreis netto/Packung	€ 5,00	€ 4,00	€ 2,00	€ 2,00
Variable Kosten/Packung	€ 3,00	€ 2,50	€ 1,20	€ 1,90

Durch die Ausweitung der Produktion haben sich auch die Fixkosten erhöht: Für die Produktion der Murkiesel und der Murtaler fallen Lizenzgebühren von € 25.000,– und € 15.000,– an. Die mit weißer Schokolade überzogenen Kürbiskerne müssen mittels eines besonderen Verfahrens getrocknet werden, die dafür notwendige Maschine verursacht jährliche Abschreibungskosten in Höhe von € 5.000,–. Die Murtaler wurden im Rahmen eines Grazer Musikfestivals intensiv beworben, wofür Fixkosten in Höhe von € 7.500,– entstanden sind.

Für das Überziehen der Kürbiskerne musste eine Spezialmaschine angeschafft werden, die jährliche Fixkosten in Höhe von € 3.000,– verursacht. Für den Bereich Kürbiskerne wurde österreichweit eine Werbekampagne durchgeführt, die insgesamt Kosten in Höhe von € 25.000,– verursachte. Die verbleibenden Unternehmensfixkosten belaufen sich auf € 113.000,–.

Aufgabe: b) Berechnen Sie für das nachfolgende Kalenderjahr das Betriebsergebnis mittels der mehrstufigen Deckungsbeitragsrechnung! Zu welcher Entscheidung würden Sie der Unternehmung raten?

Der Neubauer GmbH liegt die Anfrage einer großen Lebensmittelkette vor, die kurzfristig 25.000 Packungen Murkiesel zu einem Preis von € 3,50 pro Packung ordern möchte. Die variablen Kosten für die Herstellung betragen € 3,–. Die Murkiesel würden unter einem anderen Namen und in einer anderen Verpackung verkauft werden, wodurch die Absatzmenge und die Erlöse der regulären Murkiesel nicht beeinträchtigt würden. Die erforderlichen Produktionskapazitäten sind vorhanden.

Aufgabe: c) Soll die Neubauer GmbH den Zusatzauftrag annehmen? Wie hoch ist der zusätzliche Gewinn?

Für alle Produkte wird eine bestimmte Sorte Kakao benötigt. Aufgrund von Ernteausfällen können im kommenden Kalenderjahr nur 20.000 kg Kakao vom Lieferanten bezogen werden. Die einzelnen Produkte benötigen folgende Mengen an Kakao:

Produkte / Unternehmensbereich	Marzipanprodukte		Kürbiskerne	
	Murkiesel	Murtaler	Vollmilchschokolade	Weiße Schokolade
Kakao in dag pro Packung	25	15	12	12

Aufgabe: d) Berechnen Sie für das kommende Kalenderjahr das gewinnoptimale Produktions- und Absatzprogramm! (Lösen Sie diese Aufgabe unabhängig von Aufgabe c)!)

3 Kostenrechnung als Ergebnisrechnung

Die angeführten Übungsbeispiele beziehen sich auf nachstehende MANZ-Schülerbücher:

Schülerbuch	Kapitel
Rechnungswesen & Controlling HAK III	Kapitel 4
Rechnungswesen HAS 3	–
Rechnungswesen & Controlling HLW III	–
Rechnungswesen FW 3	–

HAS 3, HLW III, FW 3: Für diese Schultypen sind die Beispiele in diesem Kapitel nicht relevant!

Lerneinheit 1: Ermittlung des Betriebserfolges

Ü 73: Ermittlung des Betriebserfolges

In der Renate Everon e. U., Strickwarenerzeugung, Bludenz, sind in der Periode 20.. Aufwendungen in Summe von € 377.000,– und Erträge in Summe von € 394.000,– angefallen. Von der Kostenrechnungsabteilung haben Sie die Information, dass im Rahmen der Kostenüberleitung folgende Positionen zu berücksichtigen sind:

neutrale Aufwände	€ 51.000,–
neutrale Erträge	€ 32.000,–
Anderskosten (kalk. Abschreibung und kalk. Zinsen)	€ 28.000,–
Zusatzkosten (kalk. Wagnisse)	€ 3.000,–
Andersleistungen	€ 36.000,–

Weiters erhalten Sie die Mitteilung, dass 30 % der Kosten variabel sind.

Aufgabe: a) Berechnen Sie den Gesamtdeckungsbeitrag für diese Abrechnungsperiode. Für die Berechnung der Kosten und der Erlöse/Leistungen verwenden Sie nachfolgende Schemata:

Aufwendungen	Erträge
– Neutrale Aufwendungen	– Neutrale Erträge
+ Anderskosten	+ Andersleistungen
+ Zusatzkosten	= **Erlöse**
= **Kosten**	
70 % davon fixe Kosten	
30 % davon variable Kosten	

b) Was besagt dieser Deckungsbeitrag?

c) Ermitteln Sie das Unternehmensergebnis und das Betriebsergebnis.

Ü 74: **Ermittlung des Betriebserfolges (Gesamtkostenverfahren)**

Im Kalenderjahr 20.. wurden in der Fink GmbH, Herstellung und Bearbeitung von Spezialblechen, Kapfenberg, folgende Daten ermittelt:

Erträge (abgegrenzt)	€ 1.779.494,–
Aufwendungen (abgegrenzt)	€ 1.094.950,–
Anfangsbestand an unfertigen und fertigen Erzeugnissen	€ 424.729,–
Endbestand an unfertigen und fertigen Erzeugnissen	€ 374.846,–
Gesamtkosten	€ 997.472,–

Aufgabe: a) Ermittlung des Unternehmensgewinnes.

b) Ermittlung des Betriebsgewinnes.

Ü 75: **Ermittlung des Betriebserfolges (Umsatzkostenverfahren)**

Die Firma X-Play GmbH, Graz, erzeugt 3 Modelle von MP3-Video-Playern, für die im 1. Quartal 20.. folgende Daten vorliegen:

Produkte	MP3 SA 2910	MP3 SA 2930	MP3 SA 2950
Verkaufspreis/Stk.	€ 64,00	€ 90,00	€ 54,00
Selbstkosten/Stk.	€ 60,00	€ 98,00	€ 48,00
Absatz in Stk.	4.000	2.000	1.000

Aufgabe: Ermittlung des Betriebserfolges nach dem Umsatzkostenverfahren

Ü 76: **Ermittlung des Betriebserfolges (Umsatzkostenverfahren – Gesamtkostenverfahren)**

Die Firma Schelax GmbH, Eferding, hat sich auf die Produktion eines schnell trocknenden Rostschutzmittels spezialisiert. Für das Kalenderjahr 20.. sind Perioden(voll)kosten in Höhe von € 100.000,– entstanden, die sich wie folgt zusammensetzen:

		Variator
Materialeinzelkosten	€ 20.000,–	10
Materialgemeinkosten	€ 5.000,–	5
Fertigungseinzelkosten	€ 25.000,–	10
Fertigungsgemeinkosten	€ 25.000,–	8
Verwaltungsgemeinkosten	€ 15.000,–	0
Vertriebsgemeinkosten	€ 10.000,–	0
	€ 100.000,–	

Folgende Erzeugnisbewegungen wurden vorgenommen:

Anfangsbestand	5.000 kg*
Produktion	10.000 kg
Endbestand	6.000 kg
Verkauf	9.000 kg à € 80,–

* Der Anfangsbestand ist mit den variablen Herstellkosten der laufenden Periode zu bewerten.

Aufgabe: a) Ermitteln Sie die variablen Herstellkosten pro kg für das Rostschutzmittel.
b) Führen Sie eine Betriebsergebnisrechnung nach dem Gesamtkostenverfahren durch!
c) Führen Sie eine Betriebsergebnisrechnung nach dem Umsatzkostenverfahren durch!

Ü 77: Ermittlung des Betriebserfolges (Umsatzkostenverfahren – Gesamtkostenverfahren)

Die Hofer KG, Salzburg, erzeugt Wurfpfeile. Vom Modell „Victory" liegen aus der letzten Periode noch 2.500 Stück à € 28,– (bewertet zu Herstellkosten der Vorperiode) auf Lager.

Für das laufende Kalenderjahr 20.. wurden folgende variable Kosten je Stück Wurfpfeil „Victory" erhoben:

Fertigungsmaterial: € 6,–
Fertigungslohn: € 10,–
Fertigungsgemeinkosten: 120 % der Fertigungslöhne

Fixkosten für 20.. € 270.000,–

Verkaufspreis je Stück € 59,43 (exkl. 20 % USt)

Am 31. Dezember 20.. soll ein Endbestand der Wurfpfeile „Victory" in Höhe von 1.500 Stück auf Lager liegen. Die Bewertung erfolgt zu variablen Herstellkosten. Der Abteilungsleiter hat als Vorgabe einen Betriebserfolg in Höhe von € 60.000,– erhalten.

Aufgabe: a) Berechnen Sie den Betriebserfolg nach dem Umsatzkostenverfahren!
b) Berechnen Sie den Betriebserfolg nach dem Gesamtkostenverfahren!
c) Berechnen Sie die Break-even-Menge für die Hofer KG!

Lerneinheit 2: Bewertung von unfertigen und fertigen Erzeugnissen

Ü 78: Bewertung von unfertigen und fertigen Erzeugnissen

Zum 31. Dezember 20.. befanden sich bei der Rotex GmbH, Graz, Schleifmaschinen der Type AIIX und OMX auf Lager. Zur Bewertung dieser fertigen Erzeugnisse liegen folgende Daten vor:

	AIIX	OMX
Menge	100	150
Fertigungsmaterial per Stück	€ 8.000,–	€ 14.000,–
Fertigungslohn per Stück	€ 5.000,–	€ 7.000,–
Sonderkosten der Fertigung per Stück	€ 2.000,–	€ 2.000,–

Aufgrund des adaptierten Betriebsabrechnungsbogens für 20.. ergeben sich folgende Zuschlagssätze: Materialgemeinkosten 10 %; Fertigungsgemeinkosten 150 %; Verwaltungskosten 10 % und Vertriebskosten 10 %.

Aufgabe: Bewerten Sie Fertigerzeugnisse zum steuerrechtlichen Mindestansatz und nehmen Sie die Umbuchung per 31. Dezember 20.. vor (Anfangsbestand: Fertigerzeugnisse zum 1. Jänner 20.. € 5.000.000,–)!

Ü 79: Bewertung von unfertigen und fertigen Erzeugnissen

Für die Bewertung der unfertigen Erzeugnisse anlässlich der Bilanzerstellung per 31. Dez. 20.. wurden in der Großmöbeltischlerei Hubert Zirngast & Söhne, Hollabrunn, folgende Daten ermittelt:

Fertigungsmaterial € 105.300,–
Fertigungslöhne € 158.690,–

Im gesamten Unternehmen sind folgende Kosten (Angaben in 1.000 €) laut Kostenrechnung (Vollkostenrechnung) angefallen:

	Material	Fertigung	Verwaltung	Vertrieb
Fertigungsmaterial	3.500			
Fertigungslöhne		7.000		
Gemeinkostensummen	560	9.350	4.185	4.200

Unter den verrechneten Gemeinkosten befinden sich folgende kalkulatorische Kosten (Angaben in 1.000 €):

kalk. Abschreibungen	€ 360,–	(10 : 260 : 50 : 40)
kalk. Zinsen	€ 220,–	(15 : 180 : 10 : 15)
kalk. Wagnisse	€ 115,–	(20 : 10 : 5 : 80)
kalk. Unternehmerlohn	€ 360,–	(– : 100 : 100 : 160)

Es wurden folgende neutrale Aufwendungen ausgeschieden:

ordentliche Abschreibungen	€ 290,–	(– : 220 : 40 : 30)
Schadensfälle	€ 101,–	(21 : 30 : 10 : 40)

Die kalkulatorischen Wagnisse entsprechen den durchschnittlichen Schadensfällen.
Die Fremdkapitalzinsen werden nicht in die Herstellungskosten eingerechnet.
Der Ist-Beschäftigungsgrad liegt über dem durchschnittlichen Beschäftigungsgrad.

Aufgabe: a) Ermittlung der für die Bewertung erforderlichen Zuschlagssätze (auf 1 Dez. genau).
b) Bewertung der unfertigen Erzeugnisse mit dem Mindestansatz nach Steuerrecht (auf € genau).

4 Branchenspezifische Besonderheiten der Kostenrechnung

Die angeführten Übungsbeispiele beziehen sich auf nachstehende MANZ-Schülerbücher:

Schülerbuch	Kapitel	Abschnitte
Rechnungswesen & Controlling HAK III	Kapitel 5	–
Rechnungswesen HAS 3	Kapitel 4	–
Rechnungswesen & Controlling HLW III	Kapitel 4, 5 und Anhang	4.1 und 4.2
Rechnungswesen FW 3	Kapitel 4 und 5	4.1 und 4.2

Lerneinheit 1: Besonderheiten der Kostenrechnung im Handel

Ü 80: Kalkulation im Handel

Die vereinfachte GuV-Rechnung des Einzelunternehmers Karl Steiner e. U., Geschenkartikelhandel, Tamsweg, weist folgende Positionen auf:

Gewinn- und Verlustrechnung 20 . .

	Warenerlöse		743.000,00
–	Wareneinsatz		– 421.000,00
–	Personalaufwand		– 117.000,00
–	Abschreibungen von Sachanlagen		– 19.500,00
–	Sonstige betriebliche Aufwendungen:		
	Mietaufwand	33.500,00	
	Werbeaufwand	9.300,00	
	Sonstige Aufwände	37.800,00	– 80.600,00
	Betriebserfolg		104.900,00
–	Zinsenaufwand		– 4.700,00
	Bilanzgewinn (= Jahresüberschuss)		100.200,00[1]

USt einheitlich 20 %; Berechnung der Prozentsätze auf 1 Dez. genau

[1] In **Handelsbetrieben** wird meist auf eine **Überleitung der Aufwendungen in Kosten verzichtet.** Die Aufwendungen entsprechen damit den Kosten.

Aufgabe: a) Wie groß ist der Gemeinkostenzuschlagssatz?
b) Wie groß ist der Rohaufschlag exkl. und inkl. USt?
c) Wie groß ist die Handelsspanne exkl. und inkl. USt?
d) Wie groß ist der Kalkulationsfaktor inkl. USt (auf 2 Dezimalen gerundet)?
e) Der Einstandspreis eines Disney-Kalenders beträgt € 10,50. Wie hoch ist der Verkaufspreis (auf 10 Cent gerundet), wenn mit dem Kalkulationsfaktor gemäß d) kalkuliert wird?

Ü 81: Differenzierte Kalkulation im Handel

Der Baustoffhändler Paul Ulbel KG, Jennersdorf, bezieht die Scheibtruhe „Hobby" um € 40,– abzüglich 25 % Wiederverkäuferrabatt. Er verkauft sie um € 60,– inkl. 20 % USt.

Aufgabe: a) Ermittlung der Handelsspanne exkl. 20 % USt
b) Ermittlung des Rohaufschlages inkl. 20 % USt

Ü 82: Direct Costing im Handel

Bei einer Supermarktkette wird der Preis für eine Thunfischkonserve von € 1,19 (inklusive 10 % USt) auf € 0,99 gesenkt. Der Einstandspreis beträgt € 0,79 (= variable Kosten). Der bisherige Umsatz beläuft sich auf € 47.987,94

Aufgabe: a) Um wie viel Prozent muss der mengenmäßige Umsatz steigen, damit der gleiche Deckungsbeitrag erzielt wird?
b) Wie hoch muss der neue Umsatz betragsmäßig sein (auf 2 Dez. genau)?

Ü 83: Direct Costing im Handel

Der bisherige Preis des Müslis „Vital 50+" beträgt für ½ kg € 3,30 inklusive 10 % USt. Der Einstandspreis für ein kg beträgt € 3,60; insgesamt werden in der Woche 200 kg vom Müsli abgesetzt.
Der Verkaufspreis für ½ kg Müsli soll auf € 2,86 inklusive 10 % USt gesenkt werden.

Aufgabe: Wie hoch darf der Einstandspreis nach Durchführung der Preissenkung maximal sein, wenn die Absatzmenge/Woche auf 250 kg steigt und der gleiche Deckungsbeitrag erzielen werden soll?

Lerneinheit 2: Besonderheiten der Kostenrechnung in der Hotelllerie und Gastronomie

HAS 3: Für diesen Schultyp sind die Beispiele dieser Lerneinheit nicht relevant!

Ü 84: Kostenstellenrechnung in einem Hotel

Das Schlosshotel, Zwettl, hat folgende Kostenstellen: Verwaltung, Küche, Keller, Restaurant, Logis
Für das Jahr 20 . . ergeben sich folgende Kosten:

1. Lebensmitteleinsatz	€ 148.200,00
2. Getränkeeinsatz	€ 72.300,00
3. Energiekosten	€ 23.200,00
4. Personalkosten	€ 365.400,00
5. Diverse Kosten	€ 191.900,00
6. Kalkulatorische Kosten	€ 253.800,00

Kostenverteilung in 1.000 €

Verteilungsschlüssel	Verwaltung	Verpflegung (F&B)			Logis
		Küche	Keller	Restaurant	
1. Einzelkosten		148,2		148,2	
2. Einzelkosten			72,3	72,3	
3. Anschlusswert	6 %	20 %	5 %	15 %	54 %
4. Lohnabrechnung	64,8	122,4	32,4	61,2	84,6
5. Diverse Unterlagen	25,4	32,4	6,3	69,5	58,3
6. Diverse Unterlagen	14,4	26,9	8,3	35,5	168,7

Umlage der Kostenstelle Verwaltung: 20 : 10 : 18 : 52 %
Zahl der Nächtigungen: 7.920
Erlöse (zu Grundpreisen): Speisen € 350.000,–, Getränke € 262.400,–, Logis € 490.000,– = € 1.102.400,–

Aufgabe: Stellen Sie den BAB auf und berechnen Sie

- den Betriebserfolg für die Verkaufskostenstellen Verpflegung (F&B) und Logis (Beträge in 1.000 €, auf 1 Dez. genau),
- die Nettorohaufschläge in € und in % (auf 1 Dezimale genau) für den Verpflegungsbereich und
- die durchschnittlichen Selbstkosten pro Nächtigung (auf 10 Cent genau).

Ü 85: Kalkulation von Speisen und Getränken

Das Restaurant „Am Wörthersee", Velden, kalkuliert die Speisen mit einem NRA von 160 %, die Getränke mit einem NRA von 300 %; 10,5 % Bedienungsgeld; 10 % USt für Speisen, 20 % USt für Getränke.

Der Wareneinsatz für ein Menü wurde mit € 4,– und für eine Flasche Wein mit € 5,90 ermittelt.

Aufgabe: a) Wie hoch ist der Verkaufspreis für das Menü (auf 10 Cent aufrunden)?

b) Wie hoch darf der Wareneinsatz höchstens sein, wenn mit dem angegebenen NRA kalkuliert werden soll und der Verkaufspreis mit € 10,90 angesetzt wird?

c) Wie hoch ist der Verkaufspreis für eine Flasche Wein (auf 10 Cent aufrunden)?

d) Wie hoch ist der NRA in € und in %, wenn die Flasche Wein um € 28,90 verkauft wird und mit dem angegebenen Wareneinsatz zu kalkulieren ist? (auf Cent bzw. 1 Dez. genau)

Ü 86: Kalkulation Nächtigungspreise

Das ****-Zweisaisonenhotel Flotter Hirsch, Hall in Tirol, plant für das kommende Jahr folgende Verkaufspreise für Halbpensionsgäste (Nächtigung inkl. Frühstücksbuffet und Abendessen)

Vorsaison: HP-Preis € 68,00
Hauptsaison: HP-Preis € 89,00
Gruppen: HP-Preis € 55,00

Die Verkaufspreise sind inklusive 10 % USt und € 1,50 Ortstaxe.

Aufgabe: Ermittlung der Grundpreise für die einzelnen Angebote

Lerneinheit 3: Besonderheiten der Kostenrechnung im Handwerk

FW 3: Für diesen Schultyp ist das Beispiel dieser Lerneinheit (Ü 87) nicht relevant!

HLW III: Die Inhalte zu dieser Lerneinheit finden Sie unter Lerneinheit 3 im Anhang des Schülerbuches.

Ü 87: Kostenrechnung im Handwerk

In der Autospenglerei Michael Krainer e. U., Werndorf, wurden für das abgelaufene Jahr 20.. folgende Daten ermittelt:

Die Aufwandssumme lt. GuV beträgt € 192.076,–[1].
Der Materialeinsatz betrug € 65.900,–. Auf den Materialeinsatz werden 30 % aufgeschlagen; 15 % werden zur Abdeckung der Gemeinkosten verwendet.
Beschäftigt waren 1 Meister (voll mittätig), 1 Geselle, 1 Lehrling (beide ganzjährig im Unternehmen).
Produktive Stunden: Meister 950, Geselle 1.500, Lehrling 950
Stundenlöhne: Meister und Geselle € 12,–, Lehrling € 4,–
Lohnnebenkosten (inkl. Nichtleistungslöhne) für den Meister und den Gesellen 95 %, für den Lehrling 130 %

Aufgabe: a) Errechnung der Selbstkosten-Stundensätze für eine Arbeitsstunde des Meisters, des Gesellen und des Lehrlings

b) Abrechnung eines Auftrages mit dem unter a) errechneten Stundensatz für den Gesellen, wenn 25 % Gewinn zugeschlagen werden (Stundensatz auf € aufrunden).
Materialeinsatz € 375,– + 30 % Aufschlag, 18 Arbeitsstunden, 20 % USt

[1] In **Handwerksbetrieben** wird meist auf eine **Überleitung der Aufwendungen in Kosten verzichtet.** Die Aufwendungen entsprechen damit den Kosten.

5 Beispiele zum Lehrstoff des I. Jahrganges/der 1. Klasse

Bei allen nachfolgenden Beispielen sind Buchungen im Zusammenhang mit **Wareneinkäufen**, entsprechend den Erfordernissen der Praxis, in der Klasse 5, auf dem Konto **5010 HW-Einsatz** zu erfassen.

Ü 88: Kontierungen, Erfolgsauswirkung

Im PC-Fachgeschäft Paropa GmbH, Rosentaler Straße 118, Klagenfurt am Wörthersee, ergeben sich im Mai 20.. u.a. folgende Geschäftsfälle:

Umsatzsteuer- und Skontoverbuchung nach der Nettomethode

Geschäftsfall:			Kontierung:	↑	↓	0
1.	A 244	Verkauf eines Personal Computers mit Flachbildschirm an den Kunden Walter Zagorz (20101) gegen spätere Bezahlung € 1.200,– + € 240,– USt = € 1.440,–				
2.	K 123	Zahlung der Frachtkosten € 34,40 + + € 6,88 = € 41,28 für Zustellung von Waren an einen Kunden				
3.	E 288	Einkauf von Laserdruckern vom Lieferanten Hewlett Packard AG (33099) € 3.000,– – – € 900,– Rabatt = € 2.100,– + € 420,– USt = € 2.520,–				
4.	S 58	Gutschriftsanzeige vom Lieferanten Hewlett Packard AG (33099) über einen nachträglichen Rabatt für E 288 € 100,– + € 20,– USt = € 120,–				
5.	S 62	Der Kunde Franz Polster (20154) wird mit Verzugszinsen in Höhe von € 17,60 belastet.				
6.	S 88	Treibstoffrechnung für den Firmen-Lkw (Konto 7330 Lkw-Betriebsaufwand) € 85,20 inkl. 20 % USt, Zahlung mit der Firmen-Bankomatkarte				
7.	E 301	Die bei der Lutz Einrichtungs-GmbH (33190) bestellte Büroeinrichtung wird geliefert. € 10.500,– + € 2.100,– USt = € 12.600,–				
8.	B 97	Überweisung an die Hewlett Packard AG (33099) € 2.400,–; Ausgleich der E 288 abzüglich der Gutschrift S 58.				
9.	B 103	Überweisung an den Lieferanten Hans Moritz GmbH (33270) € 4.540,– – € 136,20 Skonto (inkl. 20 % USt) = € 4.403,80 zum Ausgleich der E 201.				
10.	K 124	Verkauf von zwei Laptops an Hermann Maier gegen Barzahlung € 1.512,– (€ 1.260,– + € 252,– USt)				

Aufgabe: a) Vornahme der Kontierungen vom Standpunkt der Paropa GmbH

b) Welche der Geschäftsfälle sind gewinnerhöhend (↑), gewinnmindernd (↓) bzw. erfolgsneutral (0). Vermerken Sie dies neben dem Buchungssatz.

Ü 89: **Kontierungen, Erfolgsauswirkung**

Der Elektro-Point Franz Richter GmbH, Elisabethstraße 32, Graz, ist ein Fachhändler für Elektrogeräte. Im Juni 20.. ergeben sich u.a. folgende Geschäftsfälle:

Umsatzsteuerverbuchung generell netto (auch beim Skonto)

Geschäftsfall:			Kontierung:	↑	↓	0
1.	S 98	Verkauf einer Kühl-Gefrier-Kombination an den Kunden Ing. Hubert Paterrer (20117); Zahlung mit der Bankomatkarte € 1.206,– inkl. 20 % USt				
2.	K 320	Kauf einer Jahresvignette für den Firmen-Pkw € 76,50 inkl. 20 % USt (Konto 7326)				
3.	A 408	Lieferung verschiedener Elektrogeräte an den Kunden Fritz Höfer (20552): € 5.600,– – – € 1.400,– Rabatt = € 4.200,– + € 840,– USt = € 5.040,–				
4.	S 99	Verkauf von zwei Miele Elektroherden an das Sporthotel Kostmann KG (20401); Zahlung mit Kreditkarte (Mastercard) € 3.580,– + + € 716,– USt = 4.296,–				
5.	S 122	Kauf eines Pannendreiecks für den Lkw € 18,60 inkl. 20 % USt, Bezahlung mit der Firmen-Mastercard				
6.	S 131	Gehälter: Brutto € 6.250,–, SV-DNA € 1.129,38, LSt € 816,62[1]				
7.	S 132	Gehaltsnebenkosten: SV-DGA € 1.460,–, DB € 281,25, Zuschlag zum DB (0,40 %) € 25,–, KommSt € 187,50				
8.	S 144	Mahnung des Kunden Hans Pfifferling GmbH (20140) betreffend die offene Rechnung über € 832,–. Es werden € 10,– Mahnspesen in Rechnung gestellt.				
9.	P 87	Der Kunde Fritz Höfer (20552) hat die A 408 ausgeglichen: € 5.040,– – € 151,20 Skonto (inkl. 20 % USt) = € 4.888,80				
10.	P 124	Überweisung an das Finanzamt laut Bescheid des Vorjahres: Abschlusszahlung: Einkommensteuer € 2.120,– Umsatzsteuer € 1.330,–				

Aufgabe: a) Vornahme der Kontierungen vom Standpunkt der Franz Richter GmbH

b) Vermerken Sie neben dem jeweiligen Buchungssatz, ob sich der Geschäftsfall gewinnerhöhend (↑), gewinnmindernd (↓) oder überhaupt nicht auf den Gewinn auswirkt (erfolgsneutral ist) (**0**).

Ü 90: **Bildung von Buchungssätzen**

Die Textilgroßhändlerin Martina Ertler GmbH, Mariahilfer Straße 42, Wien, hat im Juli 20.. u.a. folgende Geschäftsfälle zu erfassen:

Umsatzsteuerverbuchung generell netto (auch beim Skonto)

1. S 84 Gutschriftsanzeige des Lieferanten Karl Kokal KG (33055) für einen Umsatzbonus für das letzte Kalenderjahr € 540,– + € 108,– = € 648,–
2. E 318 Rechnung unseres Spediteurs Otto Dietrich e.U. (33200) € 700,– + € 140,– USt = € 840,–; davon entfallen auf Bezugskosten € 200,– (netto), der Rest auf Versandkosten.
3. K 716 Kauf von Verpackungsmaterial (Kartons, Packpapier) um € 328,– + € 65,60 USt = € 393,60

[1] Da sich die gesetzlichen Bestimmungen zur Lohn- und Gehaltsabrechnung laufend ändern, ist es möglich, dass die in den Beispielen angegebenen Werte nicht den zum Zeitpunkt der Bearbeitung der Beispiele aktuellen Werten entsprechen.

4. E 384 Wareneinkauf vom Lieferanten Dieter Haller OG (33111) € 2.100,– + € 20,– Verpackung + € 72,– Fracht = € 2.192,– + € 438,40 USt = € 2.630,40
5. B 133 Banküberweisung an Dieter Haller OG (33111) zum Teilausgleich der E 384 über € 1.000,– – – € 20,– Skonto (Skonto € 16,67, USt [20 %] € 3,33) = € 980,–
6. B 180 Diners Club Austria AG überweist € 5.106,08 aufgrund folgender Abrechnung:

Gesamtbetrag		€ 5.264,00
– 2,0 % Provision	€ 105,28	
– Buchungsentgelt	€ 4,20	
– 20 % Umsatzsteuer	€ 21,90	€ 131,38
Überweisungsbetrag		€ 5.132,62

7. B 183 Abbuchung der PayLife Bank GmbH, Gebühren Bankomatkartenumsätze Monatsabrechnung € 159,20 + € 31,84 USt = € 191,04
8. E 490 Kauf eines neuen Pkw für den Unternehmer von der Autohaus VW-GmbH (Konto 33200) € 28.000,– + € 5.600,– USt = € 33.600,–
9. B 186 Banküberweisung an die Autohaus VW-GmbH zum Ausgleich der E 490 über € 33.600,– – – € 1.008,– Skonto (Skonto € 840,–, USt [20 %] € 168,–) = € 32.592,–
10. K 819 Anmeldekosten für den neuen Pkw € 171,55

Aufgabe: Bildung der Buchungssätze

Ü 91: **Bildung von Buchungssätzen**

Die Bau- und Möbeltischlerei, Ing. Maria Modritsch, Herrengasse 7, Ybbs an der Donau, hat im August 20.. u.a. folgende Geschäftsfälle zu verbuchen:

Umsatzsteuer- und Skontoverbuchung nach der Nettomethode

1. K 129 Fertigungslöhne € 8.280,–, Hilfslöhne € 2.020,–, SV-DNA € 1.874,60, LSt € 1.021,60
2. S 113 Lohnnebenkosten: SV-DGA € 2.392,69, DB € 463,50, Zuschlag zum DB (0,40 %) € 41,20, KommSt € 309,–
3. K 133 Hilfsmaterial € 830,– – € 207,50 Rabatt = € 622,50 – € 18,68 Skonto = € 603,82 + + € 120,76 USt = € 724,58
4. P 39 Überweisung an das Finanzamt: ESt € 2.034,–, KU € 68,70 für das 1. Quartal
5. K 151 Abhebung vom Bankkonto (UniCredit Bank Austria AG) € 500,–
6. B 81 Belastung für die Abhebung von € 500,–
7. S 191 Bezahlung der Honorarrechnung des Steuerberaters € 2.040,– inkl. 20 % USt mit der Firmen-Kreditkarte von VISA
8. S 230 Wartungskosten für den neuen Pkw € 380,– + € 76,– USt = € 456,–; Zahlung mit der Firmen-Bankomatkarte
9. K 195 Einkauf von Handelswaren von der Kreimel-GmbH (33045) € 2.000,– – € 400,– Rabatt = = € 1.600,– + € 320,– USt = € 1.920,– gegen Barzahlung
10. B 122 Abschlussrechnung der UniCredit Bank Austria AG: Belastungszinsen € 285,55, Kreditprovision € 168,75, Manipulationsgebühr € 82,50, Porto und Spesen € 199,58

Aufgabe: Bildung der Buchungssätze

Ü 92: **Kontierung von Belegen**

Nachfolgend sind ausgesuchte und chronologisch geordnete Belege der Firma Computer Point GmbH, Computerfachhändler, 9020 Klagenfurt am Wörthersee, Bahnhofstraße 12, abgebildet.

Auszug aus dem Kontenplan:

20089	Sternad Metallbau GmbH	33094	e-mgm GmbH
20123	Lippitsch GmbH	33105	Express Druckerei GmbH
		33199	nKpc Kalhammer PC-Technik GmbH
		33204	Computer Printex GmbH
		33255	Klemenjak Robert e.U.

Die Kontonummern der Sachkonten sind dem Kontenplan im Anhang zu entnehmen.

Letzte Belegnummern:	A 12	B 3
	E 24	S 14
	K 45	

Aufgabe: Nummerierung und Kontierung der Belege (Beachten Sie die Hinweise, die bei den Belegen angeführt sind!)

COMPUTER POINT »» IT WORKS

Computer Point GmbH – Bahnhofstraße 12 – 9020 Klagenfurt am Wörthersee

Sternad Metallbau GmbH
Völkermarkter Straße 309
9020 Klagenfurt am Wörthersee

Rechnung Nr. 00013 Seite: 1

Datum: 06.01. . .
Lieferung: 06.01. . .

Kunden-Nr.: 20089
Versandart: per Post

Ihre Bestellung: (Nr. / Datum) 00024 / 04.01. . .
Ihre UID-Nummer: ATU25892807

Pos	Menge	Artikel	Bezeichnung	Einzelpreis/€	Gesamtpreis/€
Positionen aus Lieferschein Nr. 000013 vom 05.01. . .					
1	4 Stk.	LAN150	PCI 10/100 Mbit Level One	9,00	36,00
2	3 Stk.	SWI100	SOHO 24Port 10/100 Switch	40,00	120,00

Gesamtbetrag:		156,00 EUR
zuzüglich 20 % MWSt aus:	156,00	31,20 EUR
Endbetrag:		**187,20 EUR**

Zahlung: Prompt bei Rechnungserhalt, ohne Abzug

Besten Dank für Ihren Auftrag!

☎ +43 463 29 44 70 | +43 463 29 44 70-4 | office@computerpoint.com | www.computerpoint.com

Firmensitz:
Computer Point GmbH
Bahnhofstraße 12
9020 Klagenfurt am Wörthersee

Bankverbindung:
Credit Bank AG - Lueger Straße 37
9020 Klagenfurt am Wörthersee – Austria
BLZ 20706 - Kto. Nr.: 1000 - 4462000
BIC CBAGAT2K - IBAN AT89 2070 6100 0446 2000

UID-Nr.: ATU38885122
Firmenbuch: LG Klagenfurt FN 115080b
Gerichtsstand: Klagenfurt am Wörthersee
Garantieerfüllungsort: Klagenfurt am Wörthersee

COMPUTER POINT ››› IT WORKS

Computer Point GmbH – Bahnhofstraße 12 – 9020 Klagenfurt am Wörthersee

Lippitsch GmbH
Miele Center
Villacher Straße 25
9020 Klagenfurt am Wörthersee

Rechnung Nr. 00014 Seite: 1

Datum: 08.01. . .
Lieferung: 08.01. . .

Kunden-Nr.: 20123
Versandart: Abholung

Ihre Bestellung: (Nr. / Datum) 00026 / 05.01. . .
Ihre UID-Nummer: ATU41099208

Pos	Menge	Artikel	Bezeichnung	Einzelpreis/€	Gesamtpreis/€
1	9 Stk.	PC1600	PC laut Angebot	555,00	4.995,00
2	4 Stk.	ASUSCU2	ASUS MOTHERBOARD	60,00	240,00
3	8 Stk.	TOS32X	TOSHIBA DVD-BRENNER	34,50	276,00
4	7 Stk.	PHI19	PHILIPS 32" TFT MONITOR	280,00	1.960,00

Gesamtbetrag:		7.471,00 EUR
zuzüglich 20 % MWSt aus:	7.471,00	1.494,20 EUR
Endbetrag:		**8.965,20 EUR**

Zahlung: Prompt bei Rechnungserhalt, ohne Abzug

Besten Dank für Ihren Auftrag!

+43 463 29 44 70 | +43 463 29 44 70-4 | office@computerpoint.com | www.computerpoint.com

Firmensitz:
Computer Point GmbH
Bahnhofstraße 12
9020 Klagenfurt am Wörthersee

Bankverbindung:
Credit Bank AG - Lueger Straße 37
9020 Klagenfurt am Wörthersee – Austria
BLZ 20706 - Kto. Nr.: 1000 - 4462000
BIC CBAGAT2K - IBAN AT89 2070 6100 0446 2000

UID-Nr.: ATU38885122
Firmenbuch: LG Klagenfurt FN 115080b
Gerichtsstand: Klagenfurt am Wörthersee
Garantieerfüllungsort: Klagenfurt am Wörthersee

Möbelhaus GmbH, Römerstraße 40, 4600 Wels
FN 92006 m / LG-Wels, UID-NR: ATU22016119
Filiale: 9020 Klagenfurt a.W., Schachterlweg 1-3
Tel.: +43 463 330 06, Fax +43 463 330 06-213
Bankverbindung: Oberbank Wels 281149003 BLZ 15130
IBAN AT06 1513 0002 8114 9003 BIC OBKLAT2L

Möbel haus
Was die alles haben.

COMPUTER POINT GMBH
BAHNHOFSTRASSE 12

9020 KLAGENFURT AM WÖRTHERSEE

CA10WO
8.30 UHR

Tour: 062
KVDAT: 050408

RE-Datum	LF-Datum	Auf-Nr.
1201..	1201..	06MEHI

Tel: 0664/2544431
Kunden-UID-Nummer: ATU38885122

R e c h n u n g

POS	ANZ	BEZEICHNUNG		
		ES BEDIENTE SIE FRAU THUN-HOHENSTEIN		
1	3	04410082	8/67/008057(50,00)	
		SCHREIBTISCH, ROOM, TYP:6292/53 ESCHE		
		SCHW/ERLE, 160X80	EUR	1.026,00
2	3	13190007	R/06/L109	
		DREHSTUHL, M 2 TOP,NR. 70710..		
		BEZ:E23-GRAU, GESTELL:SCHWARZ,		
		HÖHENVERSTELLBAR	EUR	300,00

Möbelhaus GmbH
BARZAHLUNG
12.01. . . KASSE: 3426

Eigentumsvorbehalt bis zur vollständigen Bezahlung des Gesamtkaufpreises!

Netto : 1.326,00 MWSt : 265,20 RECHNUNGSBETRAG EUR 1.591,20

Zu kassierender Betrag: EUR 1.591,20

Hinweis: Neueinrichtung der Büroräume

Anz.	Datum 12.1. . .	Preis	Betrag (EUR)
2	Farbplotts		21,80

Ihr autorisierter océ Partner

COPYPLAN Gesellschaft m.b.H.

Funderstraße 23
9020 Klagenfurt a.W.
Tel.Fax: 0463 503 194
UID-Nr.: ATU44234707

Verkäufer: Gyl Preise inkl. 20 % MwSt. 21,80

Bei Irrtum oder Umtausch ist dieser Kassenzettel vorzulegen.

OMEGA G2S/0

32-000433

Hinweis: Werbeaufwand

Österreichische Post AG
UID-Nr.: ATU46674503
9022 Klagenfurt a.W.
Ferdinand-Seeland-Straße 14
Tel.: 0577 677 – 9022
Internet: www.9022.post.at

....

....

....

Es bediente Sie:
Herr Egon Edlinger Datum: 14.01.20 . . 09:48

Rechnung Nr.: 90220320523825

Stk	Bezeichnung		EUR	
1	EMS Inland, Österreich		22,06	0
	bis 20Kg			
	Lkw-Maut		0,16	0
	Sendungsnummer(n):			
	9022050012002316 PLZ: 1010			
1	Brief Inland, Österreich			
	bis 0,35Kg		1,25	0
	SUMME		**23,47**	
	0 % USt.	1,25	0,00	0
	20 % USt.	18,52	3,70	2

Vielen Dank für den Versand Ihrer Sendung(en) mit der österreichischen Post AG !

EXPRESS DRUCKEREI

9010 Klagenfurt am Wörthersee
Viktringer Ring 28
Telefon +43 463 58 66
Fax +43 463 58 66-321

Verkauf Ost: 1090 Wien
Roßauer Lände 25/7
Telefon +1 369 84 12
Fax +1 367 68 90

Verkauf West:
6176 Innsbruck-Völs
Innsbrucker Straße 59/III
Telefon +43 512 303 627
Fax +43 512 302 412

COMPUTER POINT GmbH
Bahnhofstraße 12
9020 Klagenfurt am Wörthersee

RECHNUNG Nr.: 029760

Auftrags-Nr.: 022640	Kdnr.: 20079	Liefer- und Rechnungsdatum: 15.01...
Kunden-UID-Nr.: ATU38885122	Sachbearbeiter: Reinhard Suschetz	Telefon: +43 463 5866-213

2.500 Ex. PLAKATE/FLUGBLÄTTER
FÜR WERBEAUSSENDUNG

500 Ex. Flugblätter A4	EUR	100,00
2000 Ex. Flugblätter A5	EUR	800,00

Versandart: Eigenzustellung — Zustelldatum: 15.01...
Lieferart: frei Haus

	EUR	900,00
+ 10 % Umsatzsteuer	EUR	90,00
	EUR	990,00

Zahlbar innerhalb von 30 Tagen ohne Abzug!

Credit Bank AG (BLZ 20706), Kto.-Nr. 0000-021683
(BIC CBAGAT2K), IBAN AT08 2070 6000 0002 1683
BKS-Bank AG (BLZ 17000), Kto-Nr. 100-220199
(BIC BFKKAT2K), IBAN AT33 1700 0001 0022 0199
UniCredit Bank Austria AG (BLZ 12000), Kto.-Nr. 422 600 601
(BIC BKAUATWW), IBAN AT03 1200 0004 2260 0601

Zahlbar bei Fakturenerhalt netto. Erfüllungsort und Gerichtsstand Klagenfurt a. W.
Bei Zahlungsverzug werden Verzugszinsen in der Höhe von 4 % über dem jeweiligen Diskontsatz der Nationalbank in Anrechnung gebracht.
Es gelten unsere umseitig angeführten Liefer- und Zahlungsbedingungen.
Rechtsform: Express Druck- und Verlagsgesellschaft m. b. H., Klagenfurt a. W. – FN. 101653s/LG Klagenfurt

ATU 25274002
ARA-Lizenznummer: 1388
DVR: 0105490
e-mail: info@express-druckerei.at

Hinweis: Werbeaufwand

OBERMEYER

Alter Platz 11 / 9020 Klagenfurt am Wörthersee
Tel: +43 463 566 95 Fax: DW 9

15.01. . . 15:22 000008001 04214

Berater-Nr. 3179
Herr STATTMANN

287459		
BLACKBERRY BOLD	€	249,00
		=========
Summe	€	249,00
BAR		249,00
Rückgeld	€	1,00
Netto	€	207,50
MwSt 20,00%	€	41,50

Danke für Ihren Einkauf

Entsorgungsbeitrag bereits entrichtet.
Umtausch nur mit Originalverpackung !
Kein Umtausch von Software und Büchern !

Hinweis: Geringwertiges Wirtschaftsgut

C CREDIT BANK

KONTOAUSZUG

COMPUTER POINT GmbH
Bahnhofstraße 12
9020 Klagenfurt am Wörthersee

Datum	Auszug/Blatt	Währung	Kontonummer
16.01.20 . .	004 0001	EUR	1000-4462000

Buchungsnr./Buchungstext		Wert	Betrag
09.01	Gutschrift Sternad Metallbau GmbH R 00013	10.01	187,20
13.01	Gutschrift Lippitsch GmbH R 00014	14.01	8.965,20
15.01	Ueberweisung e-mgm GmbH R 2500010 € 2.490,–; Skonto € 49,80 IBAN AT422051000130069854 BIC HBAGATWW	15.01	2.440,20–
15.01	Ueberweisung Finanzamt Klagenfurt	15.01	3.846,25–

alter Kontostand	Summe der Belastungen	Summe der Gutschriften	neuer Kontostand

Ihre internationale Bankverbindung lautet: IBAN = AT89 2070 6100 0446 2000 / BIC = CBAGAT2K

Rechtsform: Aktiengesellschaft, Firmensitz: Klagenfurt am Wörthersee, Firmenbuchgericht: LG Klagenfurt, FN 144801m, DVR: 0043123, BLZ: 20706

C CREDIT BANK

KONTOAUSZUG

COMPUTER POINT GmbH
Bahnhofstraße 12
9020 Klagenfurt am Wörthersee

Datum	Auszug/Blatt	Währung	Kontonummer
16.01.20 . .	004 0002	EUR	1000-4462000

Buchungsnr./Buchungstext		Wert	Betrag
15.01	Ueberweisung Kärntner Gebietskrankenkasse	15.01	1.864,35-
15.01	Ueberweisung Landeshauptstadt Klagenfurt	15.01	135,00-

alter Kontostand	Summe der Belastungen	Summe der Gutschriften	neuer Kontostand
12.483,20	8.285,80	9.152,40	13.349,80

Ihre internationale Bankverbindung lautet: IBAN = AT89 2070 6100 0446 2000 / BIC = CBAGAT2K

Rechtsform: Aktiengesellschaft, Firmensitz: Klagenfurt am Wörthersee, Firmenbuchgericht: LG Klagenfurt, FN 144801m, DVR: 0043123, BLZ: 20706

AT **C CREDIT BANK** ZAHLUNGSANWEISUNG

EmpfängerIn Name/Firma: Computer Point GmbH, 9020 Klagenfurt a. W.

IBAN EmpfängerIn: AT892070610004462000

BIC (SWIFT-Code) der Empfängerbank: CBAGAT2K

Ein BIC ist immer verpflichtend, wenn die EmpfängerIn IBAN ungleich AT beginnt.

EUR Betrag | Cent: 187,20

Nur zur maschinellen Befüllung der Zahlungsreferenz — Prüfziffer

Verwendungszweck: R 00013

IBAN KontoinhaberIn/AuftraggeberIn: AT512011129232468708

KontoinhaberIn/AuftraggeberIn Name/Firma: Sternad Metallbau GmbH, 9020 Klagenfurt a.W.

006

Sternad

Unterschrift ZeichnungsberechtigteR

Betrag < Beleg + 30+

AT **C CREDIT BANK** ZAHLUNGSANWEISUNG

EmpfängerIn Name/Firma: Computer Point GmbH, 9020 Klagenfurt a. W.

IBAN EmpfängerIn: AT892070610004462000

BIC (SWIFT-Code) der Empfängerbank: CBAGAT2K

Ein BIC ist immer verpflichtend, wenn die EmpfängerIn IBAN ungleich AT beginnt.

EUR Betrag | Cent: 8.965,20

Nur zur maschinellen Befüllung der Zahlungsreferenz — Prüfziffer

Verwendungszweck: R 00014

IBAN KontoinhaberIn/AuftraggeberIn: AT273935800001007341

KontoinhaberIn/AuftraggeberIn Name/Firma: Lippitsch GmbH, 9020 Klagenfurt a.W.

006

Dr. Lippitsch

Unterschrift ZeichnungsberechtigteR

Betrag < Beleg + 30+

HANDELSBANK AG ZAHLUNGSANWEISUNG AUFTRAGSBESTÄTIGUNG

111 008 00 - 06.08

EmpfängerIn Name/Firma
e-mgm GmbH, 1110 Wien

IBAN EmpfängerIn
AT422051000130069854

BIC (SWIFT-Code) der Empfängerbank
HBAGATWW

EUR Betrag Cent 2.440,20

Verwendungszweck

R 2500010	€ 2.490,00
– Skonto	€ 49,80
	€ 2.440,20

IBAN KontoinhaberIn/AuftraggeberIn
AT892070610004462000

KontoinhaberIn/AuftraggeberIn Name/Firma
Computer Point GmbH, 9020 Klagenfurt a.W.

EINGEGANGEN 15. JAN. 20 . . GILT NICHT ALS DURCHFÜHRUNGSBESTÄTIGUNG

© STUZZA FN122251G

Bitte vor Weitergabe des Auftrages abtrennen - verbleibt bei AuftraggeberIn. Gilt nicht als Durchführungsbestätigung!

PSK BANK BAWAG P.S.K. Bank für Arbeit und Wirtschaft und Österreichische Postsparkasse Aktiengesellschaft

ZAHLUNGSANWEISUNG

EmpfängerIn Name/Firma
Finanzamt Klagenfurt

IBAN EmpfängerIn
AT536000000005564572

BIC (SWIFT-Code) der Empfängerbank
OPSKATWW

Ein BIC ist immer verpflichtend, wenn die EmpfängerIn IBAN ungleich AT beginnt.

EUR Betrag Cent 3846,25

573087210 ORDNUNGSBEGRIFF Prüfziffer
(Finanzamtnummer plus Steuernummer) Bei Online-Zahlungen bitte als Referenzangabe eintragen

MM	JJ	AA	Betrag	AA	Betrag
11	. .	U	2612,50		
12	. .	L	1012,80	DZ	18,45
12	. .	DB	202,50		

IBAN KontoinhaberIn/AuftraggeberIn
AT892070610004462000

KontoinhaberIn/AuftraggeberIn Name/Firma
Computer Point GmbH, 9020 Klagenfurt

©STUZZA FN122251G

Papini
Unterschrift ZeichnungsberechtigteR

017

Übernommen Credit Bank AG 15.01.2 . .

PSK BANK BAWAG P.S.K. Bank für Arbeit und Wirtschaft und Österreichische Postsparkasse Aktiengesellschaft

AUFTRAGSBESTÄTIGUNG - EURO

Betrag: 1.864,35

Kontonummer EmpfängerIn: 96410003004

BLZ Empfängerbank: 14000

EmpfängerIn: Kärntner Gebietskrankenkasse

Kontonummer AuftraggeberIn:

Verwendungszweck: Kontonummer S 1448610

SV - Beitrag

AuftraggeberIn/EinzahlerIn - Name und Anschrift

Computer Point GmbH
Bahnhofstraße 12
A-9020 Klagenfurt

Übernommen
Credit Bank AG
15.01.2 . .

004

64+

Bitte dieses Feld nicht beschriften und nicht bestempeln!

PSK BANK BAWAG P.S.K. Bank für Arbeit und Wirtschaft und Österreichische Postsparkasse Aktiengesellschaft

AUFTRAGSBESTÄTIGUNG - EURO

Betrag: 135,00

Kontonummer EmpfängerIn: 7 2 4 9 8 1 9

BLZ Empfängerbank: 60000

EmpfängerIn: LANDESHAUPTSTADT
9010 KLAGENFURT

Kontonummer AuftraggeberIn:

Verwendungszweck: KOMMUNALSTEUER FÜR
DEZEMBER 20 . .
fällig am:
15. JÄNNER 20 . .
KTO.: 02.0426034.03.3

AuftraggeberIn/EinzahlerIn - Name und Anschrift

COMPUTER POINT GMBH
BAHNHOFSTRASSE 12
A-9020 KLAGENFURT

Übernommen
Credit Bank AG
15.01.2 . .

004

64+

Bitte dieses Feld nicht beschriften und nicht bestempeln!

e-mgm

Rechnungsadresse/ Sold To

COMPUTER POINT GmbH
Bahnhofstraße 12
9020 Klagenfurt am Wörthersee
Österreich

Rechnung Nr./ Invoice No. 2500160

Datum/ Date	17.01. . .
Seite/ Page	1(1)
Kunden Nr./ Customer No.	20207
Ihre UID-Nr./ Your VAT Registration No.	ATU 38885122
Unsere Referenz/ Our Reference	BL
Ihre Refeferenz/ Your Reference	
Auftrags Nr./ P.O.No.	8500279
Lieferschein Nr./ Delivery Note	9922464

Referenz/ Referenzce: Ihre Bestellnummer E-MAIL BESTELLUNG

Pos Nr. Pos No.	Artikel Nr./Item No. Bezeichnung/ Description	Menge Quantity	Einzelpreis Unitprice	Währung Currency	Gesamtpreis Total Price	Währung Currency
001	**50501100NETO18** NIC 3COM PCI 3C905CX-TX-M 1x/100Mbit 10/100Managed	75 STK	13,00	EUR	975,00	EUR
002	**50708100BRAY** AOpen BDR0412SA SATA	10 STK	40,00	EUR	400,00	EUR
003	**50703200MB0040** ASUS EAH2400PRO Magic	50 STK	18,00	EUR	900,00	EUR

Zahlungsbdg./ Terms of Payment	14 Tage netto, innerhalb von 6 Tagen mit 2 % Skonto
Zahlbar bis/ Due Date	31.01. . .
Skonto/ Cash Discount Terms	
Lieferbdg./ Terms of Delivery	555 SC Trans o Flex v. 21ten

Transportkosten/ Transportation Costs		EUR
ARA & Versicherung/ ARA & Insurance		EUR
Warenwert/Product Total Costs	2.275,00	EUR
Auftragstotal/ Order Total Costs	**2.275,00**	**EUR**
20% MWST/ 20% VAT	**455,00**	**EUR**
Rechnungsbetrag/ Invoice Amount	**2.730,00**	**EUR**

e-mgm Gesellschaft m.b.H., A-1110 Wien, Leberstraße 33, Austria, Tel.: +43 1 743 88 20, Fax: +43 1 743 88 20 30, Internet http://www.emgm.at, E-Mail: office@emgm.at, Geschäftsführer: Ing. Mag. Klavora Heinz, Dipl.-Ing. Wrann Julia

BANKVERBINDUNG: BIC HBAGATWW IBAN AT42 2051 0001 3006 9854 Handelsbank AG BLZ: 20510 Konto-Nr.: 130-069854
Zahlbar und klagbar in Wien. Eigentumsvorbehalt bis zur vollständigen Bezahlung aller Forderungen. Bei Zahlungsverzug werden Verzugszinsen in der Höhe von 1,5% pro Monat berechnet. Es gelten ausschließlich die allgemeinen Liefer- und Geschäftsbedingungen der e-mgm Gesellschaft m.b.H.
Firmensitz: Wien Handelsgericht Wr. Neustadt: FN 174100 UID: ATU46306108

C O M P U T E R - P R I N T E X GmbH

COMPUTER POINT GmbH
Bahnhofstraße 12
9020 Klagenfurt am Wörthersee

COMPUTER-PRINTEX GmbH
Percostraße 33
1220 Wien

Tel: +43 1 250 80 80
Fax: +43 1 250 80 45
UID-Nr.: ATU14720006

R E C H N U N G	**8907**
KUNDENNUMMER	20440
KUNDEN-UID-NUMMER	ATU38885122

Wien am 18.01...

Aus Beleg 7003937
Unser Angebot A 734-1 vom 02.01.20.. und Ihre
Bestellung vom 12.01.20..
Bestell. Nr.: 21

Aus Beleg 7003937

3.00	Multimedia-Projektor Philips Digital inkl. Zubehör und Softbag Ser. Nr. WR: 040051005462 Ser. Nr. WR: 040078004509 Ser. Nr. WR: 040062104413	3.00*	450.00 =	1.350.00	**1.350.00**

Aus Beleg 7003937

5.00	Flachbildschirm Philips 32 Zoll inkl. Zubehör Ser. Nr. HD 000124000415 Ser. Nr. HD 000124000628 Ser. Nr. HD 000124000620 Ser. Nr. HD 000124000419 Ser. Nr. HD 000124000317	5.00*	220.00 =	1.100.00	**1.100.00**

NETTO:	EUR	2.450,00
20%MWSt:	EUR	490,00
BRUTTO:	**EUR**	**2.940,00**

ZAHLUNGSBEDINGUNGEN:
binnen 14 Tagen mit 3 % Skonto
binnen Tagen mit % Skonto
bzw. binnen 30 Tagen ohne jeden Abzug.

Rechnungsdatum = Lieferdatum

Ware bleibt bis zur vollständigen Bezahlung unser Eigentum - Bei Zahlungsverzug werden bankübliche Zinsen verrechnet.
COMPUTER-PRINTEX GMBH - 1220 Wien
Bankverbindung: UniCredit Bank Austria AG Konto 408 043 000 BLZ 12000 IBAN AT75 1200 0004 0804 3000 BIC BKAUATWW
Offenlegung n.Par.14 UGB: Gesellschaft m.b.H. mit Sitz in Wien; Firmenbuchgericht: Handelsgericht Wien, FB-Nr. 28.233

JET TANKSTELLE
Wilfried Maier
Villacher Straße 97
9020 Klagenfurt am Wörthersee
UID-Nummer ATU58065738
CONOCO UID-Nr.: ATU33790706

18.01... 17:32 Nr. 4426

SAEULENNR. 5 1,388EUR/LITER
54 *DIESEL 43,90 Liter EUR 50,00* 2
ZW. SUMME 50,00 EUR
SUMME EUR 50.00
MWSt 2 20,00 % 8,33 EUR
NETTO 41,67 EUR
B E Z A H L T
B-KASSE: 020157
0137900000020002 (1)
1322799229D5 BELEG NR.:009867

Verkauf von Treibstoffen und Wäschen erfolgt im Namen und auf Rechnung der ConocoPhillips Austria GmbH

Daten aus geeichten Anlageteilen sind durch Sterne (*) gekennzeichnet.

Hinweis: Treibstoff für den Firmen-Lkw; Zahlung mit der Firmen-Bankomatkarte

ÖAMTC

KÄRNTEN (ATU 36845009) ZVR:479284817 Pannendienst 0–24 Uhr
Alois Schader Straße 4 Tel.: 120 ohne Vorwahl
9020 Klagenfurt am Wörthersee Tel. 0463 325 23

COMPUTER POINT GMBH A/M/A/1
BAHNHOFSTRASSE 12 CK-Nr.: 01 438 704
9020 KLAGENFURT AM WÖRTHERSEE

S E R V I C E B E L E G Nr. 9010 / 288401 vom: 18/01/20 . . 14:54

Nr.	Bezeichnung	Menge	EUR-Preis	EUR-Betrag	Mwst	*)
1700	A-Jahresvignette PKW Nr.: 461849098724	1	76,50	76,50	20%	224

91934 Tripold Sonja

zu bezahlen EUR 76,50

Betrag dankend erhalten

20 % von 63,75 = 12,75
Gesamte Mwst.: 12,75

EUR 76,50 Bar

EIN GUTES GEFÜHL BEIM CLUB ZU SEIN !

*): Verkauf im Namen und auf Rechnung von:
224 ASFINAG (ATU43143200), 1010, Rotenturmstraße 5–9

www.oeamtc.at
DVR 0048801

Ihre Clubmitarbeiter danken für Ihren Besuch und wünschen gute Fahrt.

Hinweis:
Pkw- und Kombi-Betriebsaufwand

nKpc Norbert Kalhammer GmbH PC-TECHNIK
Hard- und Software-Handel
9560 Feldkirchen, Gurktaler Straße 12
Telefon +43 4276 40 23, Fax +43 4276 40 23-40
E-MAIL office@nkpc.at
UID-Nr. ATU25517214

COMPUTER POINT GmbH
Bahnhofstraße 12
9020 Klagenfurt am Wörthersee

● Hardware
● Software
● Büromöbel
● Zeiterfassungsanlagen

Beratung – Verkauf
Reparatur
Service

Rechnung Nr.:	**2211196**
Kundennummer	20020523
Kunden-UID-Nummer	ATU38885122
Datum:	20.01.20 . .
Bearbeiter:	Seite: 1

zu Lieferschein 2250798 15.01.20 . .

Art.Nr.	Bezeichnung	Menge	Einzelpreis	%	Betrag
	Lieferschein Nr. 2250798 vom 15.01.20 . .: Zustellung				
22855	HP C4127X Tonercartridge für LaserJet	70 Stk	49,50	0	3.465,00

Zahlbar innerhalb von 14 Tagen ohne Abzug.

Nettobetrag	EUR	3.465,00
+20 % MWSt	EUR	693,00
Zahlungsbetrag	**EUR**	**4.158,00**

Bank: UniCredit Bank Austria AG, BLZ 11000, Konto Nr. 0227006 6000
IBAN: AT65 1100 0022 7006 6000, BIC: BKAUATWW

Zahlbar und klagbar in Feldkirchen. Fälligkeit nach Erhalt der Rechnung. Die Ware bleibt bis zur vollständigen Bezahlung unser Eigentum. Reklamationsfrist 8 Tage nach Empfang.
FN 116026 b, Landesgericht Klagenfurt.

CREDIT BANK

COMPUTER POINT GmbH
Bahnhofstraße 12
9020 Klagenfurt am Wörthersee

KONTOAUSZUG

Datum	Auszug/Blatt	Währung	Kontonummer
22.01.20 . .	005 0001	EUR	1000-4462000

Buchungsnr./Buchungstext		Wert	Betrag
20.01	Lastschrift MOBILKOM RECHNUNG 12/. . 1121941244951221	20.01	304,80-
21.01	Lastschrift JET W. Maier 0001 K1 18.01 um 17:32	18.01	50,00-

alter Kontostand	Summe der Belastungen	Summe der Gutschriften	neuer Kontostand
13.349,80	354,80-	0,00	12.995,00

Ihre internationale Bankverbindung lautet: IBAN = AT89 2070 6100 0446 2000 / BIC = CBAGAT2K

Rechtsform: Aktiengesellschaft, Firmensitz: Klagenfurt am Wörthersee, Firmenbuchgericht: LG Klagenfurt, FN 144801m, DVR: 0043123, BLZ: 20706

Bel.-Nr.

~~Eingang~~ – KASSA – Ausgang

€	netto	€
€	+ ___ % Mwst. Vst.	€
€	Gesamtbetrag	€ – 8.200,–

in Worten achttausendzweihundert

~~von~~/an Bank

für

Klagenfurt (Ort) 24. Jan. 20.. (Datum) Julia Papini (Unterschrift)

Omega Lager-Nr. 926

THEODOR Strein SÖHNE KLAGENFURT GES.M.B.H.

PAPIER- UND SCHREIBWAREN-GROSSHANDEL

9020 KLAGENFURT AM WÖRTHERSEE
Bahnhofstraße 35 Tel. +43 463 51 15 39 **14**, Fax **15**
Gerberweg 36 (C & C) Tel. +43 463 31 3 63 **29**, Fax **40**
E-mail: klagenfurt@strein.at

BÜROBEDARF
EDV-ZUBEHÖR, TINTE-TONER
SCHULE
VERPACKUNG
GASTRONOMIE

Besuchen Sie uns im Internet-Shop
www.strein.at

COMPUTER POINT GmbH

Bahnhofstraße 12
9020 KLAGENFURT AM WÖRTHERSEE

Bei Zahlungen und Schriftverkehr bitte unbedingt anführen **RECHNUNGS-NR.**	Kunden UID-Nummer ATU38885122
0861/44047	Rechnungsdatum 25.01.20..
Auftrags-Datum Auftrags-Nr.	Rech.KZ Ver.-Nr. Lief.-Geb.

Wir sandten auf Ihre Rechnung und Gefahr per Selbstabholung
Rechnungsdatum = Lieferdatum

Art.-Nr.	Bezeichnung	Menge	Eh.	Preis	per		Warenwert	MRS
24082	Buchbox Versandtaschen Karton 25GK/350 m.Abziehstreif. 295x370mm 500gr	300,00	Stk	0,42	1		126,00	
23063	Kopierpapier CF A4 80gr. intensivorange TOC480/43	6000,00	Stk	12,28	1000		73,68	
			20% Mehrwertsteuer von 199,68 =				39,94	
			Zwischensumme			EUR	199,68	
			Mehrwertsteuer			EUR	39,94	
			Rechnungsbetrag			EUR	239,62	
			BAR			EUR	240,00	
			Rückgeld			EUR	0,38	

Th. Strein, Klagenfurt am Wörthersee – Ihr Spezialist für EDV-Zubehör

UID-Nr. ATU25757106 ARA-Lizenz-Nr. 3838/für Service Verp. S . 80236
Banken: BKS-Bank AG, BLZ 17200. Konto 150-266165 · BIC BFKKAT2K, IBAN AT88 1700 0001 5026 6165
Raiffeisenbank Klagenfurt a.W.. BLZ 39000, Konto 1.111.707, BIC RZKTAT2K, IBAN AT60 3900 0000 0111 1707
Zahlbar und klagbar in Klagenfurt a.W. · Erfüllungsort Klagenfurt a.W. · Wir liefern zu unseren umseitig angeführten Geschäftsbedingungen.
Die Ware bleibt bis zur vollständigen Bezahlung unser Eigentum. DVR: 0053538 – Landesgericht Klagenfurt – FN 102386v

Hinweis: Büromaterial

Installationen Robert Klemenjak e.U.

Haustechnik, Öl, Gas, Sanitär, Alternativ-Energie

9125 Kühnsdorf, Seenstraße 14 • Telefon / Fax +43 4232 81 00 Handy 0664 502 10 19 • UID-Nummer: ATU46608700

COMPUTER POINT GmbH
Bahnhofstraße 12
9020 Klagenfurt am Wörthersee
ATU38885122

RECHNUNG **Nr.: 1408**
Datum: 26.01.20 . .
Adr-Nr.: 20149
Bearb.: Hr. Wurm
Seite: 1

Position	Menge	Bezeichnung	Einzelpreis	Gesamt
		Reparatur, Austausch vom 24. Jänner 20 . .		
1	2,00	VN Kompaktheizkörper 33-K-600/1.120 mm	350,00	700,00
2	2,00	Vogel & Noot Heizkörperaufhängung komplett mit Blind- und Entlüftungsstopfen verchr. 1/2"	11,00	22,00
3	2,00	DANFOSS Heizkörperthermostatventil 1/2" kompl. mit Rücklaufverschraubung verchr. und Thermostatkopf weiß	33,00	66,00
4	5,00	Kupfer-Rohr 15 mm	3,30	16,50
5	15,00	Kupfer-Rohr 18 mm	4,10	61,50
6	1,00	Kupferform- und Verbindungsstücke, Befestigungen, Verschnitt, Übergänge, Klein- und Lötmaterial usw. gesamt 60 % von der Rohrsumme	46,50	46,50
7	20,00	Isolierschlauch 10 mm	1,00	20,00
8	1,00	Klebeband, div. Kleinmaterial usw.	5,90	5,90
9	8,00	MONTAGEKOSTEN: PARTIESTUNDE / Monteur und Helfer	52,50	420,00
10	1,00	– 10 % RABATT AUF MATERIAL	93,84	93,84

Wir danken für Ihren geschätzten Auftrag!

Die gelieferte Ware bleibt bis zur gesamten Bezahlung Eigentum des Lieferanten.
Bei Zahlungsverzug gelten die banküblichen Verzugszinsen und Nebenkosten als vereinbart.
Reklamationen können nur 14 Tage ab Rechnungsdatum schriftlich erhoben werden. Irrtum vorbehalten.

ROBERT KLEMENJAK

	Nettosumme:	€	1.264,56
Zahlungsart: ohne Abzug bei Rechnungserhalt	MWSt 20 %	€	252,91
Bankverbindung: UniCredit Bank Austria AG BLZ 12000 IBAN AT06 1200 0004 0981 4007 BIC BKAUATWW	**Gesamt:**	**€**	**1.517,47**

Hinweis: Instandhaltung durch Dritte

C CREDIT BANK

KONTOAUSZUG

COMPUTER POINT GmbH
Bahnhofstraße 12
9020 Klagenfurt am Wörthersee

Datum	Auszug/Blatt	Währung	Kontonummer
31.01.20 . .	006 0001	EUR	1000-4462000

Buchungsnr./Buchungstext		Wert	Betrag
23.01	Ueberweisung e-mgm GmbH R 2500160 EUR 2.730,00; Skonto EUR 54,60	23.01	2.675,40-
24.01	Gutschrift Bareinlage	25.01	8.200,00
29.01	Ueberweisung Computer Printex GmbH R 8907 EUR 2.940,00; Skonto EUR 88,20	29.01	2.851,80-
30.01	Ueberweisung nKpc KALHAMMER GmbH R 2211196	30.01	4.158,00-

alter Kontostand	Summe der Belastungen	Summe der Gutschriften	neuer Kontostand
12.995,00	9.685,20-	8.200,00	11.509,80

Ihre internationale Bankverbindung lautet: IBAN = AT89 2070 6100 0446 2000 / BIC = CBAGAT2K

Rechtsform: Aktiengesellschaft, Firmensitz: Klagenfurt am Wörthersee, Firmenbuchgericht: LG Klagenfurt, FN 144801m, DVR: 0043123, BLZ: 20706

Credit Bank-internet

Ü b e r n a h m e b e s t ä t i g u n g

Empfänger/in:	e-mgm GmbH
BLZ / Kontonummer:	20510 / 130069854
Bank Empfänger/in:	Handelsbank AG
Auftraggeber/in:	COMPUTER POINT GmbH Bahnhofstraße 12, 9020 Klagenfurt a. W.
BLZ / Kontonummer:	20706 / 10004462000
Betrag:	2.675,40 EUR
Verwendungszweck:	R 2500160 EUR 2.730,00; Skonto EUR 54,60
Kundendaten:	20207

Verfüger/in: COMPUTER POINT GmbH **Datum:** 23.06.20 . . **Uhrzeit:** 10:45

Art: Inlandsüberweisung **TAN:** 45-K4JX2 **Bestandskontrollnummer:** POO1JL4

Credit Bank-internet

Übernahmebestätigung

Empfänger/in:	Computer Printex GmbH
BLZ / Kontonummer:	12000 / 408043000
Bank Empfänger/in:	UniCredit Bank Austria AG
Auftraggeber/in:	COMPUTER POINT GmbH Bahnhofstraße 12, 9020 Klagenfurt a. W.
BLZ / Kontonummer:	20706 / 10004462000
Betrag:	2.851,80 EUR
Verwendungszweck:	R 8907 EUR 2.940,00; Skonto EUR 88,20
Kundendaten:	20440

Verfüger/in: COMPUTER POINT GmbH **Datum:** 29.01.20 . . **Uhrzeit:** 10:52

Art: Inlandsüberweisung **TAN:** 49-K2M14 **Bestandskontrollnummer:** POO1JL4

Credit Bank-internet

Übernahmebestätigung

Empfänger/in:	nkpc KALHAMMER GmbH
BLZ / Kontonummer:	11000 / 02270066000
Bank Empfänger/in:	UniCredit Bank Austria AG
Auftraggeber/in:	COMPUTER POINT GmbH Bahnhofstraße 12, 9020 Klagenfurt a. W.
BLZ / Kontonummer:	20706 / 10004462000
Betrag:	4.158,00 EUR
Verwendungszweck:	R 2211196
Kundendaten:	20020523

Verfüger/in: COMPUTER POINT GmbH **Datum:** 30.01.20 . . **Uhrzeit:** 11:10

Art: Inlandsüberweisung **TAN:** 82-79JKL **Bestandskontrollnummer:** POO1JL4

6 Beispiele zum Lehrstoff des II. Jahrganges/der 2. Klasse

Ü 93: Identitätspreisverfahren

Der Gartengerätegroßmarkt Walter Srb GmbH, Wien, hat sich u.a. auf hochwertige Rasenmäher der Marke Honda spezialisiert. Im Jahr 20.. ergeben sich für den Artikel „Rasenmäher Honda HRH 536 QX" folgende Werte:

Anfangsbestand, Zukäufe Datum	 Menge	 Preis	Abfassungen (Entnahmen) Datum	 Menge	Ist-Endbestand laut Inventur
Anfangsbestand	20 Stk.	€ 840,00	8. 3. 19. 6.	8 Stk. 6 Stk.	6 Stk.
19. 3.	30 Stk.	€ 880,00	12. 5. 20.10.	22 Stk. 7 Stk.	1 Stk.
20. 8.	25 Stk.	€ 820,00	10.11.	15 Stk.	9 Stk.

Preis am Abschlussstichtag € 830,– / Stk.

Aufgabe: a) Berechnung des Bilanzansatzes und des Wareneinsatzes (= Summe der Abfassungen)
b) Ermittlung des Differenzbetrages zwischen Endbestand (Bilanzansatz) und Anfangsbestand
c) Aufstellung der Buchungsanweisungen per 31. Dez.
d) Sind die Buchungen vom 31. Dez. erfolgserhöhend (↑), erfolgsmindernd (↓) oder erfolgsneutral (Ø)? Die entsprechenden Vermerke sind neben die Buchungssätze zu setzen.

Ü 94: Fifo-Verfahren

Die Firma Sports4You GmbH, Bregenz, handelt mit Sportartikeln aller Art. Für den Artikel „EM-Fußball 2012" ergeben sich im Jahr 20.. folgende Werte:

Anfangsbestand		50 Stk.	à € 30,00
Zukäufe:	10. 2.	100 Stk.	à € 35,00
	18.10.	50 Stk.	à € 26,00

Abfassungen (lt. Lagerbuchführung): 160 Stk.
Ist-Endbestand laut Inventur: 37 Stk.
Preis am Abschlussstichtag: € 24,– / Stk.

Aufgabe: a) Berechnung des Bilanzansatzes und des Wareneinsatzes (= Summe der Abfassungen)
b) Ermittlung des Differenzbetrages zwischen Endbestand (Bilanzansatz) und Anfangsbestand
c) Aufstellung der Buchungsanweisungen per 31. Dez.
d) Sind die Buchungen vom 31. Dez. erfolgserhöhend (↑), erfolgsmindernd (↓) oder erfolgsneutral (Ø)? Die entsprechenden Vermerke sind neben die Buchungssätze zu setzen.

Ü 95: Gleitendes Durchschnittspreisverfahren

Das Papierfachgeschäft Karl Mercato e.U., Salzburg führt u.a. Kopierpapier A4, 80 g, weiß, in Paketen zu je 500 Blatt, in seinem Sortiment. Im Jahr 20.. ergeben sich folgende Werte:

Anfangsbestand		300 Pk.	à € 1,50
Zukäufe:	11.4.	1.200 Pk.	à € 1,40
	22.9.	2.400 Pk.	à € 1,60

Abfassungen (lt. Lagerbuchführung):	6. 2.	250 Pk.
	25. 3.	50 Pk.
	20. 4.	400 Pk.
	25. 5.	650 Pk.
	25. 9.	1.000 Pk.
	17.11.	1.150 Pk.

Ist-Endbestand laut Inventur: 395 Stk.
Preis am Abschlussstichtag: € 1,55 / Stk.

Aufgabe: a) Berechnung des Bilanzansatzes und des Wareneinsatzes (= Summe der Abfassungen)
b) Ermittlung des Differenzbetrages zwischen Endbestand (Bilanzansatz) und Anfangsbestand
c) Aufstellung der Buchungsanweisungen per 31. Dez.
d) Sind die Buchungen vom 31. Dez. erfolgserhöhend (↑), erfolgsmindernd (↓) oder erfolgsneutral (Ø)? Die entsprechenden Vermerke sind neben die Buchungssätze zu setzen.

Ü 96: **Verbuchung der Anlagenabschreibung**

1. Auszug aus der Saldenbilanz per 31. Dezember 20..:

Konto-Nr.	Kontobezeichnung	Saldenbilanz	
		Soll	Haben
0210	Bebaute Grundstücke	120.000,00	
0300	Gebäude	177.100,00	
0640	Fahrzeuge	50.375,00	
0660	Betriebs- und Geschäftsausstattung	68.986,00	

a) Anschaffungswert des Gebäudes € 385.000,–; Abschreibung 3 % p.a. direkt

b) Abschreibung der Fahrzeuge 25 % p.a. direkt. Die Fahrzeuge gliedern sich wie folgt:

	Anschaffungswert	Buchwert am 1. 1. des Abschlussjahres
Lkw 1 – W 4333 A	€ 15.000,00	€ 1.875,00
Lkw 2 – W 8874 X	€ 20.000,00	€ 12.500,00
Lkw 3 – W 2133 K	€ 36.000,00	€ 0,00

Der Lkw 1 verbleibt weiterhin im Betrieb; Abschreibung auf den Erinnerungs-Euro. Der Lkw 3 wurde am 31. Okt. des Abschlussjahres angeschafft und in Betrieb genommen.

c) Auf dem Konto 0660 Betriebs- und Geschäftsausstattung wurden im Abschlussjahr folgende Anlagenzugänge verbucht:

17. März	E 448	Laserdrucker HP Color € 1.600,–
28. April	K 332	Tastatur für den Firmen-PC € 10,–
12. Juni	E 821	Sony Laptop € 840,–
2. September	K 889	Aktenschrank € 255,–

Weitere Informationen:

Von der Möglichkeit des § 13 EStG ist Gebrauch zu machen.

Inbetriebnahme des Laserdruckers 17. März; Nutzungsdauer 4 Jahre

Inbetriebnahme des Sony Laptops 13. Juli; Nutzungsdauer 3 Jahre

Abschreibung der restlichen Geschäftsausstattung laut Anlagendatei € 5.450,–

Aufgabe: Aufstellung der Um- und Nachbuchungen

2. Im Abschlussjahr wurde eine Maschine selbst erstellt. Die aktivierungspflichtigen Herstellungskosten betragen € 41.000,–. Die Inbetriebnahme erfolgte am 15. Mai. Die Maschine wurde noch nicht verbucht. Nutzungsdauer der Maschine 5 Jahre

Aufgabe: Aufstellung der sich ergebenden Buchungsanweisungen

Ü 97: **Verbuchung der Anlagenabschreibung**

1. Konten per 31. Dez. 20 . .

Konto-Nr.	Kontobezeichnung	Saldenbilanz	
		Soll	Haben
0210	Bebaute Grundstücke	90.000,00	
0300	Betriebsgebäude	176.000,00	

Im Abschlussjahr wurde die Fassade des Betriebsgebäudes und das Dach erneuert. Im Rahmen dieser Baumaßnahmen wurde auch eine Lagerhalle zu Büroräumen umgebaut.

Die Rechnung des Baumeisters Günther Kavellar OG (33134) lautet auf:

Renovierungsarbeiten Fassade, Dach	€ 45.000,00	
Erstellung von Büroräumen	€ 80.000,00	€ 125.000,00
+ 20 % Umsatzsteuer		€ 25.000,00
		€ 150.000,00

Rechnungsdatum 31. Dez. des Abschlussjahres. Die Inbetriebnahme der Büroräumlichkeiten erfolgt mit 28. Dez. des Abschlussjahres.

Das Gebäude hat einen Anschaffungswert von € 440.000,–, und ist mit 3 % p.a direkt abzuschreiben. Restnutzungsdauer des Gebäudes ab Mitte des Abschlussjahres 12,83 Jahre.

Aufgabe: Aufstellung der sich ergebenden Buchungsanweisungen (auf € runden)

2. Konten per 1. Jänner 20..:

Konto-Nr.	Kontobezeichnung	Saldenbilanz	
		Soll	Haben
0640	Lkw	16.700,00	

Am 17. Juni 20.. wird der in der Saldenbilanz ausgewiesene Firmen-Lkw um € 8.000,– + € 1.600,– USt = € 9.600,– verkauft; AW € 83.500,–. Nutzungsdauer des Lkw 5 Jahre, bisherige Nutzung bis zum 1. Jan. des Abschlussjahres 4 Jahre. Der Verkaufserlös wird mittels Banküberweisung (B 55) bezahlt.

Aufgabe: a) Berechnung des Buchwertes zum Zeitpunkt des Verkaufes

b) Aufstellung der Buchungsanweisungen für den Verkauf sowie für die Ausbuchung des Lkw per 31. Dezember (einschließlich der Saldierungsbuchungen)

Ü 98: Rechnungsabgrenzung

Beim Jahresabschluss werden folgende Tatbestände festgestellt:

1. Die Versicherungsprämie (Feuer, Einbruch, Betriebsunterbrechung) für die Zeit vom 1. Sep. 20.. bis 31. Aug. n.J. in Höhe von € 2.370,– wurde am 3. Sep. des Abschlussjahres überwiesen (B 133). Die Verbuchung erfolgte auf dem Konto 7700 Versicherungsaufwand.
2. Unser Mieter Hans Maierhofer KG (20440) hat die Miete für November und Dezember in Höhe von € 1.200,– + € 240,– USt = € 1.440,– noch nicht bezahlt. (Hinweis: Verbuchung der Forderung auf dem Kundenkonto 20440 Hans Maierhofer KG)
3. Der Dienstgeberanteil der Sozialversicherung für die Angestellten für Dezember beträgt € 1.677,24. Der Gesamtbeitrag in Höhe von € 2.974,67 wird am 16. Jan. n.J. an die Krankenkasse überwiesen (B 10).
4. Für Arbeiten an der Betriebsheizungsanlage (Brennerservice, Kleinreparaturen, Tausch eines Thermostates) erhalten wir von der Engelbert Drechsler GmbH (33490) am 6. Jan. n.J. eine Rechnung über € 1.250,– – € 187,50 Rabatt = € 1.062,50 + € 212,50 USt = € 1.275,–. Das Rechnungsdatum lautet auf den 31. Dez. des Abschlussjahres (S 583).

Aufgabe: Stellen Sie die Um- und Nachbuchungen per 31. Dez. auf.

Ü 99: Rechnungsabgrenzung

1.	2.11.20..	B 125	Ein Geschäftsfreund gewährt uns ein Darlehen von € 50.000,– mit einer Laufzeit von sechs Monaten. Der Darlehensbetrag wird auf das Firmenbankkonto überwiesen.
	2. 5. n.J.	P 25	PSK-Ausgang € 53.000,–; Rückzahlung des Darlehens von € 50.000,–; sowie der Zinsen für sechs Monate von € 3.000,–
2.	10. 1. n.J.	K 23	Barzahlung der Miete für Büroräume für Dezember des Vorjahres in Höhe von € 600,– + € 120,– USt = € 720,–
3.	31.12.20..	S 203	Für die Vermittlung eines Geschäftes beträgt der Provisionsanspruch € 2.000,– + + € 400,– USt = € 2.400,–. Die Abrechnung erfolgt am 9. Jan. n.J. mit Datum 31. Dez. (Konto 2300 Sonstige Forderungen)
	9. 1. n.J.	B 6	Gutschrift der Vermittlungsprovision € 2.400,–
4.	1.12.20..	S 437	Verlängerung des Zahlungsziels einer am 6. Dez. des Abschlussjahres fälligen Forderung € 4.000,– gegen die Dr. Hilmar Suntinger GmbH (20222) um drei Monate. Das Kundenkonto der Dr. Suntinger GmbH wird mit € 120,– Stundungszinsen + € 24,– USt = € 144,– belastet.

Aufgabe: Aufstellung der Buchungssätze für das alte und das neue Jahr

Ü 100: Rückstellungen

Auszug aus der Saldenbilanz per 31. Dez. 20..:

Konto-Nr.	Kontobezeichnung	Saldenbilanz	
		Soll	Haben
3000	Rückstellungen für Abfertigungen		24.100,00
3040	Rückstellungen für Rechts- und Beratungsaufwand		
3045	Rückstellungen für Prozesskosten		
3060	Rückst. für Gewährleistungs- und Schadenersatzverpflichtungen		6.100,00
3090	Sonstige Rückstellungen		

1. Die fiktiven Abfertigungsansprüche betragen für das Abschlussjahr € 58.000,– (Satz einheitlich 45 %, das Höchstausmaß der Rückstellungsbildung ist bereits erreicht).
2. Die Honorarnote des Steuerberaters Mag. Saremba Wilfried für die Erstellung des Jahresabschlusses wird voraussichtlich € 5.500,– (exkl. 20 % USt) betragen. Am 18. April n. J. geht die Honorarnote über € 5.200,– + € 1.040,– USt = € 6.240,– ein; wir bezahlen bar (K 564).
3. Für Prozesskosten ist eine Rückstellung in Höhe von € 6.000,– zu bilden. Am 21. Juli. n. J. wird das Urteil gefällt, wir haben den Prozess gewonnen, jedoch ist der Kontrahent in Konkurs gegangen. Wir müssen den eigenen Rechtsanwalt bezahlen und überweisen am 25. Aug. € 6.000,– Anwaltskosten + € 1.200,– USt + € 1.000,– Gerichtsgebühren = € 8.200,– (P 166).
4. Die unter Garantie stehenden Leistungen des abgelaufenen Geschäftsjahres betragen € 290.000,–. In den letzten Jahren betrug der Garantieaufwand ca. 2 % der Garantiesumme.
5. Aufgrund einer Terminüberschreitung rechnen wir damit, dass wir eine Konventionalstrafe von € 1.500,– zahlen müssen (Konto 3090). Am 24. Mai n. J. werden der Kundin (20258 Christa Nagler e. U.) € 1.800,– gutgeschrieben (S 202).

Aufgabe: Bildung der Buchungssätze

Ü 101: Rückstellungen

Auszug aus der Saldenbilanz per 31. Dez. 20..:

Konto-Nr.	Kontobezeichnung	Saldenbilanz	
		Soll	Haben
3000	Rückstellungen für Abfertigungen		94.050,00

Die Abfertigungsrückstellung per 31. Dez. 20.. wurde im Höchstausmaß von 45 % gebildet.

Mit 30. Nov. n. J. wird dem Angestellten Günther Strauss eine Abfertigung von € 19.800,– – € 1.188,– Lohnsteuer = € 18.612,– ausbezahlt (B 128).

Die errechneten fiktive Abfertigungsansprüche per 31. Dez. n. J. betragen € 215.000,–.

Aufgabe: Aufstellung der Buchungsanweisungen

Ü 102: Einzelbewertung von Forderungen

31.12.20 . . Die Forderung gegen den Kunden Mag. Johann Wieser e. U. (20504) in Höhe von € 8.100,– (inkl. 20 % USt) ist zweifelhaft und voraussichtlich nur zu 60 % einbringlich. Auf dem Konto Einzelwertberichtigungen zu Lieferforderungen Inland sind € 2.100,– ausgewiesen.

Nächstes Jahr:

28. 2. n. J. Im Sanierungsverfahren mit Eigenverwaltung wird eine Quote von 30 % rechtskräftig festgelegt (S 99).

9. 9. n. J. Der Kunde Mag. Wieser e. U. überweist € 2.340,– (B 109).

31.12. n. J. Die Forderung gegen den Kunden Franz Böhm OG (20602) in Höhe von € 2.190,– (inklusive 20 % USt) ist zweifelhaft; voraussichtlich sind 20 % einbringlich.

Aufgabe: Bildung der Buchungssätze

Ü 103: **Einzel- und Pauschalbewertung von Forderungen**

Salden per 31. Dez. 20 . .

Konto-Nr.	Kontobezeichnung	Saldenbilanz	
		Soll	Haben
2000	Lieferforderungen	233.000,00	
2080	Einzelwertberichtigungen zu Lieferforderungen Inland		4.200,00
2090	Pauschalwertberichtigungen zu Lieferforderungen Inland		4.000,00

Die Forderung von € 6.600,– gegen die Kundin Heike Rosenzopf GmbH (20740) ist vollkommen uneinbringlich.

Die Forderung von € 2.160,– gegen den Kunden Willibald Wurm (20189) ist voraussichtlich nur zu 20 % einbringlich.

Für die übrigen Forderungen soll eine Wertberichtigung von 3 % gebildet werden.

Die Forderungen enthalten einheitlich 20 % USt.

Aufgabe: Aufstellung der Buchungen per 31. Dez. 20 . .

Ü 104: **Abschluss eines Einzelunternehmens**

Abschluss per 31. Dezember 20.. der Firma Edeltraud Kogler e. U., Wien

Konto-Nr.	Kontobezeichnung	Saldenbilanz	
		Soll	Haben
0660	Betriebs- und Geschäftsausstattung	36.540,00	
1600	HW-Vorrat	210.000,00	
2000	Lieferforderungen	69.390,00	
2080	Einzelwertberichtigungen zu Lieferforderungen Inland		3.000,00
2700, 2800	Kassa, Bank	42.300,00	
2900	Aktive Rechnungsabgrenzung		
3000	Rückstellungen für Abfertigungen		14.875,00
3040	Rückstellungen für Rechts- und Beratungsaufwand		
3060	Rückst. für Gewährleistungs- und Schadenersatzverpflichtungen		
3150, 3300	Darlehen, Lieferverbindlichkeiten		204.085,00
3500	Umsatzsteuer		
3520	USt-Zahllast		2.669,00
36 . .	Verschiedene Verbindlichkeiten		10.200,00
3900	Passive Rechnungsabgrenzung		
4000	HW-Erlöse		612.491,00
4600	Erlöse aus dem Abgang von Anlagen 20 %		100,00
4870	Erträge aus der Auflösung von WB zu Forderungen		
5010	HW-Einsatz	424.500,00	
Kl. 6	Personalaufwand	49.500,00	
7010	Abschreibungen von Sachanlagen		
7700	Versicherungen	5.625,00	
7750	Rechts- und Beratungsaufwand		
7800	Abschreibungen von Vorräten		
7802	Abschreibungen von Forderungen 20 %	3.600,00	
7805	Zuweisungen an WB zu Forderungen		
	Übertrag	841.455,00	847.420,00

Konto-Nr.	Kontobezeichnung	Saldenbilanz	
		Soll	Haben
	Übertrag	841.455,00	847.420,00
7819	Sonstige Schadensfälle		
7820	Buchwert abgegangener Anlagen		
7830	Verluste aus dem Abgang von Anlagen		
Div.	Diverse Aufwände	71.730,00	
8135	Sonstige Zinsenerträge 20 %		905,00
8290	Zinsenaufwand für Darlehen	2.700,00	
9000	Kapital		120.750,00
9600	Privat	53.190,00	
		969.075,00	969.075,00

Nicht gesondert angeführte Aufwandskonten sind in den „Diversen Aufwänden" enthalten. Die Kontierung ist exakt vorzunehmen.

Abschlussangaben:

1. Laut Inventur sind noch 500 Stück an Waren vorhanden. Der Wiederbeschaffungspreis dieser Waren beträgt am 31. Dez. des Abschlussjahres € 450,– pro Stück.
   Der letzte Zukauf von Waren erfolgte zu einem Preis von € 460,–.
2. Am 5. Mai wurde ein Personalcomputer um € 100,– + € 20,– USt = € 140,– verkauft. AW € 1.200,–, BW 1. Jan. des Abschlussjahres € 300,–, Abschreibung 25 %; Saldierungsbuchungen.
   Abschreibung der übrigen Geschäftsausstattung € 17.100,–
3. Für eine Betriebs-All-Risk-Versicherung wurden am 1. Okt. 20.. € 3.500,– für ein Jahr im Voraus bezahlt. Der gesamte Betrag wurde auf dem Konto 7700 verbucht.
4. Belastung des Kunden Walter Wimmer (20345) am 5. Dez. mit € 420,– Stundungszinsen + € 84,– USt = € 504,– zur Verlängerung des Zahlungsziels einer am 4. Nov. fälligen Lieferforderung bis 4. Feb.
5. Von der Forderung an die Christine Krassnitzer GmbH (20405) in Höhe von € 6.000,– (€ 5.000,– + + € 1.000,– USt), die im Vorjahr mit € 3.000,– wertberichtigt wurde, gingen am 20. Dez. des Abschlussjahres € 1.800,– (30 %) ein. Der Rest ist verloren. Bisher wurde nur die Zahlung verbucht.
   Die Forderung gegen die Firma Fritz Wolte KG (20444) in Höhe von € 7.440,– (€ 6.200,– + € 1.240,– USt) ist zweifelhaft und voraussichtlich zu 20 % einbringlich.
6. Rückstellung für die Honorarnote des Steuerberaters € 5.500,–.
7. Die fiktiven Abfertigungsansprüche betragen per 31. Dez. € 42.000,–; Dotierung der Abfertigungsrückstellung im Höchstausmaß von 45 %.
8. Umbuchung der Konten Privat und USt.
9. Gewinnermittlung mittels Plus-Minus-Rechnung und Aufstellung der erforderlichen Buchungsanweisung

Aufgabe: Aufstellung der Um- und Nachbuchungen samt allen Nebenrechnungen

Ü 105: Abschluss eines Einzelunternehmens

Abschluss per 31. Dezember 20.. der Firma Mag. Gisela Pontasch e. U., Linz

Konto-Nr.	Kontobezeichnung	Saldenbilanz	
		Soll	Haben
0300	Gebäude	23.400,00	
0640	Lkw	24.000,00	
0660	Betriebs- und Geschäftsausstattung	92.925,00	
1600	HW-Vorrat	160.000,00	
2000	Lieferforderungen	81.870,00	
	Übertrag	382.195,00	

Konto-Nr.	Kontobezeichnung	Saldenbilanz	
		Soll	Haben
	Übertrag	382.195,00	
2080	Einzelwertberichtigungen zu Lieferforderungen Inland		1.650,00
2090	Pauschalwertberichtigungen zu Lieferforderungen Inland		2.254,00
2700	Kassa	23.280,00	
2900	ARA		
3000	Rückstellungen für Abfertigungen		14.250,00
3040	Rückstellungen für Rechts- und Beratungsaufwand		
3045	Rückstellungen für Prozesskosten		285,00
3060	Rückst. für Gewährl. und Schadenersatzverpflichtungen		
3110	Bank		42.750,00
3300	Lieferverbindlichkeiten		132.915,00
3500	Umsatzsteuer		
3520	USt-Zahllast		3.230,00
36 . .	Verschiedene Verbindlichkeiten		8.075,00
4000	HW-Erlöse		711.700,00
4700	Erträge aus der Auflösung von Rückstellungen		
4820	Provisionserträge		3.800,00
4870	Erträge aus der Auflösung von WB zu Forderungen		
5010	HW-Einsatz	391.040,00	
Kl. 6	Personalaufwand	72.450,00	
7010	Abschreibungen von Sachanlagen		
7400	Mietaufwand	28.000,00	
7750	Rechts- und Beratungsaufwand		
7800	Abschreibungen von Vorräten		
7802	Abschreibungen von Forderungen 20 %	3.150,00	
7805	Zuweisungen an WB zu Forderungen		
7810	Garantieaufwand	6.300,00	
Div.	Diverse Aufwände	106.995,00	
8280	Zinsenaufwand für Bankkredite	3.675,00	
8310	Zinsenaufwand für Lieferantenkredite 20 %	525,00	
9000	Kapital		138.981,00
9600	Privat	42.280,00	
		1.059.890,00	1.059.890,00

Nicht gesondert angeführte Aufwandskonten sind in den „Diversen Aufwänden" enthalten. Die Kontierung ist exakt vorzunehmen.

Abschlussangaben:

1. Der Warenvorrat laut Inventur beinhaltet Waren mit einem Anschaffungspreis von € 144.900,–. Der Wiederbeschaffungspreis beträgt am 31. Dez. € 140.400,–
2. Abschreibung:
   AW des Gebäudes € 180.000,–, Abschreibung 3 % p.a
   AW des Lkw € 60.000,–, Nutzungsdauer 5 Jahre

   Abschreibung der Betriebs- und Geschäftsausstattung € 11.450,–
3. Entsprechend dem Mietvertrag wurde am 1. Dez. 20.. die Miete für eine Lagerhalle für drei Monate im Voraus an den Vermieter überwiesen € 6.000,– + € 1.200,– USt = € 7.200,–.

4. Für die Vermittlung eines Geschäftes besteht eine Forderung gegenüber Franz Dobrovnik e. U. (20887) über eine Provision in Höhe von € 500,– + € 100,– USt = € 600,–. Die Abrechnung erfolgt am 15. Jänner n. J. mit Datum 31. Dez.
5. Die Forderung gegenüber der Kundin Julia Kogler (20970) über € 3.300,– (€ 2.750,– + € 550,– USt) wurde im Vorjahr mit 60 % wertberichtigt. Am 29. Dez. des Abschlussjahres wurden von der Kundin € 330,– überwiesen. Der Rest ist verloren. Bisher wurde nur die Zahlung verbucht.
   Der Einzelunternehmer Firma Hermann Kaiser e. U. hat am 23. Dez. des Abschlussjahres den Ausgleich angemeldet. Unsere Forderung gegenüber Kaiser beläuft sich auf € 8.700,– (€ 7.250,– + + € 1.450,– USt); sie ist voraussichtlich zu 30 % einbringlich.
   Für die restlichen Forderungen ist eine pauschale WB von 1,8 % zu bilden. Die Forderungen enthalten einheitlich 20 % USt.
6. Für die Erstellung des Jahresabschlusses ist eine Rückstellung für Steuerberatungskosten von € 6.500,– zu bilden.
   Der Rückstellungsrest auf dem Konto 3045 ist aufzulösen.
   Eine Rückstellung für Gewährleistungsansprüche des Kunden Mag. Peter Kastmann e. U. in Höhe von € 3.000,– ist zu bilden.
7. Die fiktiven Abfertigungsansprüche per 31. Dez. betragen € 34.000,–; die Rückstellung ist bereits voll dotiert (Satz einheitlich 45 %).
8. Umbuchung des Kontos 9600 und 3500.
9. Gewinnermittlung mittels Plus-Minus-Rechnung und Aufstellung der erforderlichen Buchungsanweisung

Aufgabe: Aufstellung der Um- und Nachbuchungen samt allen Nebenrechnungen

7 Erweiterungslehrstoff

Die angeführten Übungsbeispiele beziehen sich auf nachstehende MANZ-Schülerbücher:

Schülerbuch	Kapitel
Rechnungswesen & Controlling HAK III	Kapitel 8

Lerneinheit 1: Kostenrechnung als Planungsinstrument

Ü 106: Erstellung eines Kostenplanes für eine Hauptkostenstelle

Die Frey Presstec GmbH, Gmunden, produziert Karosserieteile für die Autoindustrie. Im Rahmen der Kostenplanung werden für die einzelnen Kostenstellen detaillierte Kostenpläne erstellt. Für die Kostenstelle 949 – Vorbehandlung wird für August 20.. mit folgenden Daten geplant:

Planbezugsgröße 720 Maschinenstunden

600	Fertigungslöhne: 480 Stunden à € 15,–, variabel
601	Hilfslöhne: € 1.970,–, Variator 3
620	Gehälter: € 1.580,–, fix
650	Lohnnebenkosten der Fertigungslöhne 95 %
651	Lohnnebenkosten der Hilfslöhne 91 %
656	Gehaltsnebenkosten 62 %
550	Werkzeuge (variabel): bisherige Kosten bei einer Istbeschäftigung von 900 Stunden durchschnittlich € 600,–. Der Verbrauch soll um 2 % gesenkt werden.
563	Energie (variabel): bei 900 Stunden Planverbrauch 3.750 kWh; Plan-Entgelt für die Netznutzung € 0,08/kWh, Plan-Energiepreis € 0,20/kWh, Plan-Messpreis € 8,50/Monat
725	Instandhaltungen: 9 Stunden, Kosten pro Stunde lt. Kostenplan Instandhaltung € 12,50, Variator 7
790	Kalk. Abschreibung: € 102.500,– pro Jahr, fix
791	Kalk. Zinsen: 6 % p.a. von € 512.500,–, fix
Div.	Sonstige Kosten: € 3.450,–, Variator 3

Aufgabe: a) Erstellung des Kostenplanes für August 20.. (auf 10 Cent genau).
b) Errechnung des variablen Plankalkulationssatzes (€/Maschinenstunde, auf Cent genau) auf Basis der Maschinenstunden.

Ü 107: Plankalkulation

Die Isoflex GmbH, Graz, erzeugt Isolatoren. Der Bautyp Iso X9 verursacht folgende Plankosten:

Fertigungsmaterial:	Planmenge 25 kg, Planpreis € 15,55/kg
variable Materialgemeinkosten:	4,2 %
Fertigungskosten:	0,59 Maschinenstunden à € 94,55
variable Verwaltungs- und Vertriebsgemeinkosten:	12,9 %
Verkaufspreis:	€ 575,–/Stk., 3 % Skonto, 5 % Verkaufsprovision vom Verkaufspreis

Aufgabe: Errechnung des Plan-Deckungsbeitrages.

Ü 108: Ermittlung von Abweichungen

Die Goldmann KG in Schärding erzeugt Fruchtgummis. Für das Monat August 20.. plant sie mit einem Verbrauch von 1.200 kg Rohstoffen zu einem Preis von € 2,50/kg.
Im September 20.. ergibt sich folgende Datenlage für die Produktion im August:
Verbrauch 1.350 kg zu einem Preis von € 2,66/kg

Aufgabe: Berechnen Sie die Gesamtabweichung und spalten Sie diese in Mengen-, Preis- und gemischte Abweichung auf.

Ü 109: Ermittlung von Abweichungen

Die Rossi Fruchtsaft GmbH in Weiz erzeugt Fruchtsäfte. Für das erste Quartal 20.. plant sie mit einem Verbrauch von 125.000 l Fruchtsaftkonzentrat zu einem Preis von € 1,45/l.

Tatsächlich wurden im ersten Quartal 20.. 119.000 l Fruchtsaftkonzentrat zu einem Preis von € 1,76/l verbraucht.

Aufgabe: Berechnen Sie die Gesamtabweichung und spalten Sie diese in Mengen-, Preis- und gemischte Abweichung auf.

Teil B: Lösungen der Übungsbeispiele

Ü 1: Progressive Bezugskalkulation

			Soll	Haben
a)	1.9.20..	5010 Handelswareneinsatz (20 %)	332.390,00	
		2500 Vorsteuer	66.478,00	
		an 33142 ANMI		398.868,00
	5.9.20..	5010 Handelswareneinsatz (20 %)	2.850,00	
		2500 Vorsteuer	570,00	
		an 2700 Kassa		3.420,00
	10.9.20..	33142 ANMI	390.890,64	
		an 2800 Bank		390.890,64
	10.9.20..	33142 ANMI	7.977,36	
		an 5880 Lieferantenskonti (20 %)		6.647,80
		an 2500 Vorsteuer		1.329,56

		Aufgabe b) Fichte gehobelt		Aufgabe c) Fichte gehobelt
	Menge	25.000 m²		25.000 m²
	Nettopreis/m²	€ 14,40		€ 15,60
	Nettowert gesamt	€ 360.000,00		€ 390.000,00
–	8 % Rabatt	€ 28.800,00	10 %	€ 39.000,00
+	Verpackung	€ 1.190,00		€ 0,00
–	2 % Skonto	€ 6.647,80	2 %	€ 7.020,00
+	Transport	€ 2.850,00		€ 0,00
	Einstandspreis	€ 328.592,20		€ 343.980,00
	Gewichtsverlust	1,50 %		1,50 %
	Einstandspreis/m²	**€ 13,34**		**€ 13,97**

Das Angebot aus Aufgabe b) ist das günstigere, da sich bei diesem Angebot ein Einstandspreis je m² in Höhe von € 13,34 ergibt.

Ü 2: Progressive Bezugskalkulation

			Soll	Haben
a)	15.11.20..	5010 Handelswareneinsatz (20 %)	930,00	
		2500 Vorsteuer	186,00	
		an 33227 Kaiserschnitt		1.116,00
	20.11.20..	33227 Kaiserschnitt	1.093,68	
		an 2800 Bank		1.093,68
	20.11.20..	33227 Kaiserschnitt	22,32	
		an 5880 Lieferantenskonti (20 %)		18,60
		an 2500 Vorsteuer		3,72

b)

		Haarfarbe	Haarfestiger
	Menge	108 Stück	30 Stück
	Nettopreis/Stück	€ 6,00	€ 9,40
	Nettowert gesamt	€ 648,00	€ 282,00
–	2 % Skonto	€ 12,96	€ 5,64
	Einstandspreis	€ 635,04	€ 276,36
	Einstandspreis/Stück	**€ 5,88**	**€ 9,21**

Ü 3: Zusammengesetzte Bezugskalkulation

a)

		Stehpult		Sessel
Menge		50 Stück		60 Stück
Nettopreis/Stück		€ 1.020,00		€ 475,00
Nettowert gesamt		€ 51.000,00		€ 28.500,00
– Rabatt	7 %	€ 3.570,00	6 %	€ 1.710,00
		€ 47.430,00		€ 26.790,00
– Skonto	2 %	€ 948,60	2 %	€ 535,80
+ Bezugsspesen		€ 322,03		€ 57,97
Einstandspreis		€ 46.803,43		€ 26.312,17
Einstandspreis/EH		**€ 936,07**		**€ 438,54**

Spesenverteiler

Ware	Bruttogewicht	Summe Bruttogewicht	Spesenanteil
Stehpult	20	1.000	322,03
Sessel	3	180	57,97
		1.180	380,00

b) Angebot einer Mitbewerberin

		Stehpult		Sessel
Menge		50 Stück		60 Stück
Nettopreis/Stück		€ 970,00		€ 460,00
Nettowert gesamt		€ 48.500,00		€ 27.600,00
– Rabatt	5 %	€ 2.425,00	5 %	€ 1.380,00
		€ 46.075,00		€ 26.220,00
– Skonto	3 %	€ 1.382,25	3 %	€ 786,60
+ Bezugsspesen		€ 1.203,88		€ 266,12
+ Verpackung		€ 430,00		
Einstandspreis		€ 46.326,63		€ 25.699,52
Einstandspreis/Stk.		**€ 926,53**		**€ 428,33**

Spesenverteiler

Ware	Bruttogewicht	Summe Bruttogewicht	Spesenanteil
Stehpult	19,0	950	1.203,88
Sessel	3,5	210	266,12
		1.160	1.470,00

Das Angebot der Mitbewerberin ist günstiger!

Ü 4: Zusammengesetzte Bezugskalkulation

a)

	Eucarex	Eucaflit
Menge	4.000 kg	3.000 kg
Nettopreis/kg	€ 1,20	€ 0,90
Nettowert gesamt	€ 4.800,00	€ 2.700,00
– 8 % Rabatt	€ 384,00	€ 216,00
	€ 4.416,00	€ 2.484,00
– 2 % Skonto	€ 88,32	€ 49,68
+ Bezugsspesen	€ 240,00	€ 180,00
Einstandspreis	€ 4.567,68	€ 2.614,32
Einstandspreis/kg	**€ 1,14**	**€ 0,87**

Spesenverteiler

Ware	Nettogewicht	Spesenanteil
Eucarex	4.000	240,00
Eucaflit	3.000	180,00
	7.000	420,00

b) Angebot anderer Lieferant

	Eucarex	Eucaflit
Menge	4.000 kg	3.000 kg
Nettopreis/kg	€ 1,40	€ 1,10
Nettowert gesamt	€ 5.600,00	€ 3.300,00
– 10 % Rabatt	€ 560,00	€ 330,00
	€ 5.040,00	€ 2.970,00
– 3 % Skonto	€ 151,20	€ 89,10
+ Bezugsspesen	€ 125,71	€ 94,29
Einstandspreis	€ 5.014,51	€ 2.975,19
Einstandspreis/kg	**€ 1,25**	**€ 0,99**

Spesenverteiler

Ware	Nettogewicht	Spesenanteil
Eucarex	4.000	125,71
Eucaflit	3.000	94,29
	7.000	220,00

Das Hauptangebot ist günstiger!

Ü 5: **Import – Bezugskalkulation**

Einstandspreis – Drehmaschine

1. Faktura

1 Drehmaschine	CHF 114.800,00
+ Fracht – Schweiz	CHF 570,00
	CHF 115.370,00

2. Ausgleich

CHF (115.370,00 : 1,3789)	€ 83.668,14
+ Spesen	€ 200,00
	€ 83.868,14

3. Sonstige Spesen

+ Zoll (115.370 : 1,4043 · 0 %)	€ 0,00
+ Fracht – Österreich	€ 1.890,00
Einstandspreis	**€ 85.758,14**

Ü 6: **Import – Bezugskalkulation**

a) 25 Fernsehgeräte à USD 380,00	USD 9.500,00		
– 15 % Rabatt	USD 1.425,00		
rabattierter Preis (Zielpreis)	USD 8.075,00	€ 6.561,31	
– 3 % Skonto	USD 242,25		
Kassapreis	USD 7.832,75		
Kassapreis			€ 6.364,47
+ Bezugsspesen		€ 37,00	
+ Frachtspesen		€ 1.039,00	
+ Zoll lt. Berechnung		€ 921,08	€ 1.997,08
Gesamteinstandspreis (für 25 Stück)			**€ 8.361,55**
Einstandspreis für 1 Stück			**€ 334,46**

Umrechnung Kassapreis von USD in € mit Devisenkurs:

x = 7.832,75 : 1,2307 = **€ 6.364,47**

Berechnung Zoll

Umrechnung Fakturenbetrag von USD in € mit Zollwertkurs:

x = 7.832,75 : 1,3373 = € 5.857,14

	Fakturenbetrag	€ 5.857,14
+	Spesen bis EU-Außengrenze	€ 722,00
	Zollwert	€ 6.579,14
	Zollwert x Zollsatz	€ 6.579,14 x 14 % = **€ 921,08**

b)	8.8.20 . .	5010 Handelswareneinsatz (0 %)	6.561,31	
		an 33429 Johnson & Son		6.561,31
	15.8.20 . .	5010 Handelswareneinsatz (0 %)	1.039,00	
		an 33715 PANALPINA		1.039,00
	18.8.20 . .	33429 Johnson & Son	6.364,47	
		an 2800 Bank		6.364,47
	18.8.20 . .	33429 Johnson & Son	196,84	
		an 5880 Lieferantenskonti (0 %)		196,84
	18.8.20 . .	7790 Spesen des Geldverkehrs	37,00	
		an 2800 Bank		37,00
	20.8.20 . .	33715 PANALPINA	1.039,00	
		an 2800 Bank		1.039,00

Ü 7: Retrograde Bezugskalkulation

	Bruttorechnungspreis	€ 1,49	
–	5 % Rabatt	€ 0,07	+ i.h.
		€ 1,42	
–	2 % Sonderrabatt	€ 0,03	+ i.h.
	rabattierter Preis	€ 1,39	
–	2 % Skonto	€ 0,03	+ i.h.
	Kassapreis	€ 1,36	
+	Bezugsspesen (87 : 1.000)	€ 0,09	–
	Einstandspreis	**€ 1,45**	

Ü 8: Retrograde Bezugskalkulation

a) maximaler Einkaufspreis bei Taube:

	1200 Liter à **€ 0,46**	€ 552,12	
–	10 % Rabatt	€ 55,21	+ i.h.
		€ 496,91	
–	3 % Skonto	€ 14,91	+ i.h.
		€ 482,00	
+	Bezugsspesen	€ 58,00	–
	Einstandspreis für 1.200 Liter	€ 540,00	
	Einstandspreis pro Liter	€ 0,45	

b) maximaler Einkaufspreis Hillerus:

	1.200 Liter à **€ 0,48**	€ 578,94	
–	14 % Rabatt	€ 81,05	+ i.h.
		€ 497,89	
–	5 % Skonto	€ 24,89	+ i.h.
		€ 473,00	
+	Bezugsspesen	€ 67,00	–
	Einstandspreis für 1.200 Liter	€ 540,00	
	Einstandspreis pro Liter	€ 0,45	

c) Preisvergleich:

Einkaufspreis Hillerus	€ 0,48
Einkaufspreis Taube	€ 0,46
Preisspielraum	€ 0,02
Preisspielraum	**4,63%**

Ü 9: Fallbeispiel Bezugskalkulation

a) Einstandspreis für eine Präsentationsausstattung:

Beamer

1. Faktura

20 Beamer à USD 900,00	USD 18.000,00
– 15% Rabatt	USD 2.700,00
+ Luftfracht	USD 461,00
	USD 15.761,00

2. Ausgleich

USD 15.761,00 : 1,2407	€ 12.703,31
+ Spesen	€ 57,00
	€ 12.760,31

3. Sonstige Spesen

+ 14% Zoll, Zollwertkurs 1,2270	€ 1.798,32
+ Fracht – Österreich	€ 279,00
Einstandspreis	€ 14.837,63
Einstandspreis/Stk.	**€ 741,88**

Laptop

Faktura

20 Laptops à € 790,00	€ 15.800,00
– 10% Rabatt	€ 1.580,00
+ Transport	€ 633,00
Einstandspreis	€ 14.853,00
Einstandspreis/Stk.	**€ 742,65**

Flipchart

Faktura

20 Flipcharts à € 52,50	€ 1.050,00
– 5% Mengenrabatt	€ 52,50
– 5% Sonderrabatt	€ 49,88
+ Transport	€ 288,00
	€ 1.235,62
– 3% Skonto	€ 37,07
Einstandspreis	€ 1.198,55
Einstandspreis/Stk	**€ 59,93**

Einstandspreis je Präsentationsausstattung € 1.544,46

b) max. Einkaufspreis für 1 Laptop

Reduktionsbedarf	€ 44,46	
Einstandspreis/Laptop	€ 698,19	(742,65 – 44,46)

1 Laptop	**€ 740,60**	↑
20 Laptops	€ 14.812,00	
– 10% Rabatt	€ 1.481,20	+ i.h.
	€ 13.330,80	
+ Transport	€ 633,00	–
Einstandspreis	€ 13.963,80	
Einstandspreis/Stk.	€ 698,19	

Ü 10: Abgrenzung – Aufwand – Kosten

1	Aufwand gleich Kosten	Stromverbrauch für Betriebsvermögen
2	Aufwand keine Kosten	Spende für karitative Zwecke
3	Kosten kein Aufwand	UnternehmerInnenlohn
4	kein Aufwand, keine Kosten	Bezahlung von Lieferverbindlichkeiten

Ü 11: Abgrenzung – Auszahlung – Aufwand – Kosten

Geschäftsfall	Auszahlung	Aufwand	Kosten
1. Handelswaren		5.456,00	5.456,00
2. Überweisung Lieferant	7.350,00		
3. Verzinsung Eigenkapital			200,00
4. Briefmarkenkauf	150,00	150,00	150,00
5. Bezahlung Lkw-Reparatur	897,00	897,00	1.000,00
6. Anzahlung Grundstück	10.000,00		
7. Lebensversicherung	1.700,00		
Summe	**20.097,00**	**6.503,00**	**6.806,00**

Ü 12: Zeitliche Abgrenzung der Lohnkosten

Berechnung der Leistungswochen pro Jahr:

	52 Wochen	im Jahr
–	5 Wochen	Urlaub
–	3 Wochen	Krankheit
–	2 Wochen	Feiertage und Sonstiges
	42 Wochen	

Berechnung der bezahlten Nichtleistungswochen:

	5 Wochen	Urlaub
+	3 Wochen	Krankheit
+	2 Wochen	Feiertage und Sonstiges
+	4 Wochen	Weihnachtsremuneration
+	4 Wochen	Urlaubsbeihilfe
	18 Wochen	

Anteil der Nichtleistungswochen an den Leistungswochen: 18 : 42 · 100 = **42,86%**

Berechnung der durchschnittlichen monatlichen Gesamtlohnkosten:

Brutto-Monatslohn	€ 1.510,30
+ 42,86 % Nichtleistungslöhne	€ 647,31
	€ 2.157,61
+ 32 % Lohnnebenkosten	€ 690,44
monatl. Gesamtlohnkosten	**€ 2.848,05**

Ü 13: Kalkulatorische Abschreibung

kalkulatorische Abschreibung 2007:

$$\frac{45.000,00 \text{ (AW)} + 1.500,00 \text{ (Aufst., Inbetriebn.)} - 2.000,00 \text{ (RW)}}{10 \text{ (ND)}} = \textbf{€ 4.450,00}$$

kalkulatorische Abschreibung 2009:

$$\frac{(45.000,00 \text{ [AW]} + 1.500,00 \text{ [Aufst., Inbetriebn.]} - 2.000,00 \text{ [RW]}) \cdot 205}{10 \text{ (ND)} \cdot 190} = \textbf{€ 4.801,00}$$

Ü 14: Kalkulatorische Abschreibung

1. Gebäude:

Anschaffungswert	€ 200.000,00
Index Anschaffung	120
Index heute	140
Nutzungsdauer	25 Jahre

kalk. Abschreibung Gebäude $\left(200.000 \cdot \frac{140}{25 \cdot 120}\right)$ **€ 9.333,33**

2. Maschine:

Anschaffungswert	€ 35.000,00
Tageswert	€ 45.000,00
Nutzungsdauer	5 Jahre

kalk. Abschreibung Maschine (45.000 : 5) **€ 9.000,00**

3. Geringwertige Wirtschaftsgüter:

Anschaffungswert 2007	€ 5.300,00	Index 2007	100
Anschaffungswert 2008	€ 8.200,00	Index 2008	101,5
Anschaffungswert 2009	€ 3.400,00	Index 2009	103,7
Nutzungsdauer	3 Jahre		

kalk. Abschreibung GWG

2007	$\left(5.300 \cdot \frac{103,70}{100 \cdot 3}\right)$	€ 1.832,03
2008	$\left(8.200 \cdot \frac{103,70}{101,50 \cdot 3}\right)$	€ 2.792,58
2009	(3.400 : 3 : 2)	€ 566,67

Summe kalk. Abschreibung geringwertige Wirtschaftsgüter **€ 5.191,28**

kalkulatorische Abschreibung 2009 **€ 23.524,61**

Ü 15: Kalkulatorische Zinsen

a) **zinsberechtigtes berichtigtes Eigenkapital in 1.000 €**

Bilanzsumme			198
Abgrenzungen und Umwertungen:			
Grundstück (stille Reserven)			+ 4
Gebäude (52 · 9.400 / 7.600) – 52			+ 12,3
Maschinen (Anpassung Preissenkung)	10 %		– 6,4
GWG	3	2,4	+ 0,8
BGA (stille Reserven)			+ 8
Vorräte			– 4
Fremdkapital/Abzugskapital:			
Rückstellungen	6		
Darlehen	56		
Lieferverbindlichkeiten	60		
USt-Zahllast	1		
sonstige Verbindlichkeiten	16		– 139
nicht zinsberechtigtes Vermögen			
Lieferforderungen			– 14
zinsberechtigtes Eigenkapital			**59,70**

b) **kalkulatorische Zinsen**

Zinsen für das Fremdkapital	€ 3.500,00
kalk. Zinsen für EK: € 59.700 · 5 %	€ 2.985,00
kalkulatorische Zinsen	€ 6.485,00
kalkulatorische Zinsen p.a gerundet	**€ 6.500,00**

Ü 16: Kalkulatorische Zinsen

a) zinsberechtigtes berichtigtes Eigenkapital in 1.000 €

Bilanzsumme			1.908
Abgrenzungen und Umwertungen:			
Grundstück (bewertet und abgegrenzt)	180	135	– 45
Gebäude (ausscheiden betriebsfremd)	378	90	– 90
(Indexanpassung für den Rest)	288	140/120	+ 48
Maschinen (Anpassung Preissteigerung)	60 %		+ 151,2
GWG (Ausweis von ½ AW – 2 J. ND)	2		+ 3,8
BGA (Tageswertanpassung)	108		+ 18
Beteiligungen (Verzinsung über Gewinnanteil)			– 70
Fremdkapital/Abzugskapital:			
Rückstellungen	46		
Darlehen	72		
Bankverbindlichkeiten	605		
Kundenanzahlungen	126		
Lieferverbindlichkeiten	360		–1.209
nicht zinsberechtigtes Vermögen			
Lieferforderungen			– 144
zinsberechtigtes Eigenkapital			**571**

b) kalkulatorische Zinsen

Zinsen für das Fremdkapital	€ 52.320,00
kalk. Zinsen für EK: € 571.000 · 4,5 %	€ 25.695,00
kalkulatorische Zinsen	€ 78.015,00
kalkulatorische Zinsen p.a gerundet	**€ 78.000,00**

Ü 17: Kalkulatorische Wagnisse

Anlagenwagnis: 4,5 % von € 500.000,00	€ 22.500,00
Gewährleistungswagnis: 2,1 % von € 956.000,00	€ 20.076,00
Vertriebswagnis: 1,5 % von € 1.255.000,00	€ 18.825,00
Materialwagnis: 1,85 % von € 920.000,00	€ 17.019,52
kalkulatorische Wagnisse 2009	**€ 78.420,52**

Berechnung des durchschnittlichen Materialwagnisses:

Jahr	2005	2006	2007	2008	2009	Durchschnitt
Wagnissatz	2,7 %	1,4 %	2 %	1,6 %	1,5 %	1,85 %

Ü 18: Fallbeispiel kalkulatorische Kosten

1. kalkulatorischer Unternehmerlohn:

für Geschäftsführer	€ 30.000,00	
für Halbtagskraft	€ 9.600,00	€ 39.600,00

2. kalkulatorische Abschreibungen:

$$\frac{100.000 \cdot 180}{40 \cdot 120} = 3.750,00$$ € 3.750,00

3. kalkulatorische Zinsen:

betriebsnotwendiges Vermögen	€ 439.000,00	
+ stille Reserven	€ 146.000,00	
	€ 585.000,00	
– Lieferverbindlichkeiten	€ 77.000,00	
– sonstiges Fremdkapital	€ 80.000,00	
zinsberechtigtes ber. Eigenkapital	**€ 428.000,00**	
5 % von € 428.000,00 =		€ 21.400,00

4. kalkulatorische Wagnisse:

2,5 % von € 96.000,00 =	€ 2.400,00
kalkulatorische Kosten 20 . .	**€ 67.150,00**

Ü 19: Zeitliche und betriebliche Abgrenzung

Konto-Nr.	Aufwands-/Kostenart	Aufwendungen	Zeitliche Abgrenzung –	Zeitliche Abgrenzung +	Betriebliche Abgrenzung –	Betriebliche Abgrenzung +	Kosten
5100	Fertigungsmaterial	440.000				44.000	484.000
5300	Hilfsmaterial	152.000		28.000	5.400		174.600
6000	Fertigungslöhne	862.000	129.000				733.000
6010	Hilfslöhne	226.000					226.000
6200	Gehälter	320.000					320.000
Div.	gesetzliche Lohnabgaben (zusammengefasst)	374.000	374.000				
Div.	gesetzliche Gehaltsabgaben (zusammengefasst)	96.000	96.000				
7700	Versicherungsaufwand	46.000	36.660				9.340
78 . .	Schadensfälle (zusammengefasst)	86.000			86.000		
Div.	sonstige Aufwände	464.000					464.000
8280	Zinsenaufwand für Bankkredite	18.000			18.000		
	Lohnnebenkosten der FL					703.680	703.680
	Lohnnebenkosten der HL					207.920	207.920
	Gehaltsnebenkosten					198.400	198.400
	kalk. Zinsen					55.065	55.065
	kalk. Wagnisse					61.930	61.930
	kalk. Abschreibungen					207.000	207.000
	kalk. Unternehmerlohn					8.000	8.000
	Summen	**3.084.000**	**635.660**	**28.000**	**109.400**	**1.485.995**	**3.852.935**

Lohnnebenkosten der FL = € 733.000 · 96 % = € 703.680,00

Lohnnebenkosten der HL = € 226.000 · 92 % = € 207.920,00

Gehaltsnebenkosten = € 320.000 · 62 % = € 198.400,00

Schadensfälle Material:

Fertigungsmaterial	€ 484.000		
Hilfsmaterial	€ 174.600		
	€ 658.600 · 0,9 % =		€ 5.927,40
Kreditverluste:		€ 1.936.700 · 1,3 % =	€ 25.177,10
Anlagenwagnis:		€ 249.900 : 12 =	€ 20.825,00
sonstige Schadensfälle:		€ 120.000 : 12 =	€ 10.000,00
			€ 61.929,50

Ü 20: Zeitliche und betriebliche Abgrenzung

Konto-Nr.	Aufwands-/Kostenart	Aufwendungen	Zeitliche Abgrenzung		Betriebliche Abgrenzung		Kosten
			–	+	–	+	
5100	Rohstoffe	209.000				20.900	229.900
56 . .	Energieverbrauch	10.000					10.000
6000	Fertigungslöhne	411.000					411.000
6010	Hilfslöhne	18.500					18.500
6020	Nichtleistungslöhne	79.700		110.526			190.226
Div.	gesetzlicher Sozialaufwand u. lohnabhängige Abgaben	150.900		32.725			183.625
6200	Gehälter	61.600		15.400			77.000
Div.	gesetzlicher Sozialaufwand u. gehaltsabhängige Abgaben zu Gehältern	14.300		3.572			17.872
7010	Abschreibungen	23.500			23.500		
8280	Zinsen	58.500			58.500		
Div.	sonstige Aufwendungen	70.930			940		69.990
	kalk. Zinsen					116.400	116.400
	kalk. Abschreibungen					20.833	20.833
	Summen	**1.107.930**	**0**	**162.223**	**82.940**	**158.133**	**1.345.346**

Punkt 1: Rohstoffverbrauch: 209.000 : 4 · 4,40 = 229.900

Punkt 2: Berechnung der Leistungswochen pro Jahr:

	52,0 Wochen	im Jahr
–	5,0 Wochen	Urlaub
–	3,0 Wochen	Krankheit
–	2,0 Wochen	Feiertage und Sonstiges
	42,0 Wochen	

Berechnung der bezahlten Nichtleistungswochen:

	5,0 Wochen	Urlaub
+	3,0 Wochen	Krankheit
+	2,0 Wochen	Feiertage und Sonstiges
+	4,3 Wochen	Weihnachtsremuneration
+	4,3 Wochen	Urlaubsbeihilfe
	18,6 Wochen	

Anteil der Nichtleistungswochen an den Leistungswochen:

18,6 : 42 · 100 = **44,29%**

(411.000 + 18.500) · 44,29% = 190.226

%-Satz gesetzlicher Sozialaufwand und lohnabhängige Abgaben:

(150.900 : [411.000 + 18.500 + 79.700]) = **29,63%**

(411.000 + 18.500 + 190.226) · 29,63% = 183.625

Punkt 3: Gehälter: (61.600 · 15 : 12) = 77.000

%-Satz gesetzlicher Sozialaufwand und gehaltsabhängige Abgaben:

(14.300 : 61.600) · 100 = **23,21%**

77.000 · 23,21% = 17.872

Punkt 4: Abschreibungen

(3.000.000 · 1,25 : [15 · 12]) = 20.833

Punkt 5: Zinsen

Zinsen Eigenkapital: (694.800 : 12) =	57.900
+ Zinsen Fremdkapital:	58.500
	116.400

Ü 21: Betriebsabrechnungsbogen

Nr.	Kostenart	Gesamtkosten	Kostenstellen				
			Material	Fertigung	Nachbearbeitung	Verwaltung	Vertrieb
1.	Fertigungsmaterial	1.040.000	1.040.000				
2.	Fertigungslöhne	720.000		465.000	255.000		
3.	Hilfsstoffverbrauch	164.000	4.000	106.000	45.000	5.000	4.000
4.	Hilfslöhne	170.000	32.000	74.000	64.000		
5.	Gehälter	402.000		60.000		142.000	200.000
6.	Lohnnebenkosten der FL	705.600		455.700	249.900		
7.	Lohnnebenkosten der HL	161.500	30.400	70.300	60.800		
8.	Gehaltsnebenkosten	253.260		37.800		89.460	126.000
9.	kalk. Zinsen	302.000	24.160	181.200	21.140	36.240	39.260
10.	kalk. Abschreibung	864.400	31.200	532.800	44.200	115.200	141.000
11.	kalk. Wagnisse	70.000	16.000	4.000	4.000	2.000	44.000
12.	kalk. Unternehmerlohn	65.000		6.500	3.250	19.500	35.750
13.	sonstige Kosten	388.800	20.200	96.600	56.000	76.000	140.000
	Gemeinkostensummen	**3.546.560**	**157.960**	**1.624.900**	**548.290**	**485.400**	**730.010**
	Zuschlagsbasen		1.040.000	36.000 h	255.000	4.091.150	4.091.150
	Gemeinkostenzuschlagssätze		**15,2%**	**45,14/h**	**215,0%**	**11,9%**	**17,8%**

Berechnung der variablen Herstellkosten (in €):

Fertigungsmaterial	1.040.000,00
+ variable Materialgemeinkosten	157.960,00
+ Fertigungslöhne	465.000,00
+ variable Fertigungsgemeinkosten	1.624.900,00
+ Fertigungslöhne Nachbearbeitung	255.000,00
+ variable Fertigungsgemeinkosten Nachbearbeitung	548.290,00
	4.091.150,00

Ü 22: Betriebsabrechnungsbogen

a)

Nr.	Kostenart	Gesamtkosten	Kostenstellen			
			Material	Walzwerk	Wellblechproduktion	Verw.- u. Vertrieb
1.	Fertigungsmaterial	25.200	25.200			
2.	Fertigungslöhne	62.400		29.000	33.400	
3.	Hilfsstoffe	6.000	2.000	3.500	500	
4.	Energie	3.200	200	1.400	1.300	300
5.	Hilfslöhne	19.200	3.000	6.100	10.100	
6.	Gehälter	39.000		7.500	9.500	22.000
7.	Lohnnebenkosten FL	61.152		28.420	32.732	
8.	Lohnnebenkosten HL	18.240	2.850	5.795	9.595	
9.	Gehaltsnebenkosten	24.960		4.800	6.080	14.080
10.	diverse Gemeinkosten	5.400	1.400	2.000	800	1.200
11.	kalk. Zinsen	12.200	18	3.890	5.658	2.634
12.	kalk. Abschreibung	4.900	700	1.600	2.000	600
13.	kalk. Schadensfälle	960	150	200	310	300
	Gemeinkostensummen	**195.212**	**10.318**	**65.205**	**78.575**	**41.114**
	Zuschlagsbasen		25.200	29.000	33.400	241.698
	Gemeinkostenzuschlagssätze		**40,9%**	**224,8%**	**235,3%**	**17,0%**

Berechnung der variablen Herstellkosten (in €):

	Fertigungsmaterial	25.200,00
+	variable Materialgemeinkosten	10.318,00
+	Fertigungslöhne Walzwerk	29.000,00
+	variable Fertigungsgemeinkosten Walzwerk	65.205,00
+	Fertigungslöhne Wellblechproduktion	33.400,00
+	variable Fertigungsgemeinkosten Wellblechprod.	78.575,00
		241.698,00

b)

Nr.	Kostenart	Gesamt-Kosten	Kostenstellen			
			Material	Walzwerk	Wellblech-produktion	Verw.- u. Vertrieb
1.	Fertigungsmaterial	25.200	25.200			
2.	Fertigungslöhne	62.400		29.000	33.400	
3.	Hilfsstoffe	6.000	2.000	3.500	500	
4.	Energie	3.200	200	1.400	1.300	300
5.	Hilfslöhne	19.200	3.000	6.100	10.100	
6.	Gehälter	39.000		7.500	9.500	22.000
7.	Lohnnebenkosten FL	59.280		27.550	31.730	
8.	Lohnnebenkosten HL	17.472	2.730	5.551	9.191	
9.	Gehaltsnebenkosten	24.180		4.650	5.890	13.640
10.	diverse Gemeinkosten	5.400	1.400	2.000	800	1.200
11.	kalk. Zinsen	12.200	18	3.890	5.658	2.634
12.	kalk. Abschreibung	4.900	700	1.600	2.000	600
13.	kalk. Schadensfälle	960	150	200	310	300
	Gemeinkostensummen	**191.792**	**10.198**	**63.941**	**76.979**	**40.674**
	Zuschlagsbasen		25.200	29.000	33.400	238.718
	Gemeinkostenzuschlagssätze		**40,5%**	**220,5%**	**230,5%**	**17,0%**

Berechnung der variablen Herstellkosten (in €):

	Fertigungsmaterial	25.200,00
+	variable Materialgemeinkosten	10.198,00
+	Fertigungslöhne Walzwerk	29.000,00
+	variable Fertigungsgemeinkosten Walzwerk	63.941,00
+	Fertigungslöhne Wellblechproduktion	33.400,00
+	variable Fertigungsgemeinkosten Wellblechprod.	76.979,00
		238.718,00

Ü 23: Betriebsabrechnungsbogen

a)

Nr.	Kostenart	Gesamt-Kosten	Kostenstellen				
			Material	Fertigung 1	Fertigung 2	Verwaltung	Vertrieb
1.	Fertigungsmaterial	109.620	109.620				
2.	Fertigungslöhne	68.900		37.894	31.006		
3.	Hilfsstoffe	10.720		1.311	9.409		
4.	Energie	4.371	144	1.710	2.176	235	106
5.	Gehälter	45.200	9.600			20.400	15.200
6.	Lohnnebenkosten FL	67.522		37.136	30.386		
7.	Gehaltsnebenkosten	27.120	5.760			12.240	9.120
8.	Reinigung durch Dritte	800	400	170	130	58	42
9.	Betriebskosten Lkw	3.600	1.152				2.448
10.	Betriebskosten Pkw	2.800					2.800
11.	Kopien	630	32	25	17	455	101
12.	Fortbildungskosten	600					600
13.	diverse Kosten	13.180	1.318	3.954	3.954	1.977	1.977
14.	kalk. Abschreibung	12.800	2.134	3.733	4.444	889	1.600
15.	kalk. Zinsen	7.200	1.200	2.100	2.500	500	900
16.	kalk. Schadensfälle	1.600	320	480	480	320	320
	Gemeinkostensummen	**198.143**	**22.060**	**50.619**	**53.496**	**36.754**	**35.214**
	Zuschlagsbasen		109.620	37.894	772	304.695	304.695
	Gemeinkostenzuschlagssätze		**20,1 %**	**133,6 %**	**69,30/h**	**12,1 %**	**11,6 %**

Berechnung der variablen Herstellkosten (in €):

	Fertigungsmaterial	109.620,00
+	variable Materialgemeinkosten	22.060,00
+	Fertigungslöhne 1	37.894,00
+	variable Fertigungsgemeinkosten 1	50.619,00
+	Fertigungslöhne 2	31.006,00
+	variable Fertigungsgemeinkosten 2	53.496,00
		304.695,00

b)

Nr.	Kostenart	Gesamt-Kosten	Kostenstellen				
			Material	Fertigung 1	Fertigung 2	Verwaltung	Vertrieb
1.	Fertigungsmaterial	109.620	109.620				
2.	Fertigungslöhne	68.900		37.894	31.006		
3.	Hilfsstoffe	10.720		1.311	9.409		
4.	Energie	4.371	144	1.710	2.176	235	106
5.	Gehälter	29.120	9.600			**4.320**	15.200
6.	Lohnnebenkosten FL	67.522		37.136	30.386		
7.	Gehaltsnebenkosten	17.472	5.760			2.592	9.120
8.	Reinigung durch Dritte	800	400	170	130	58	42
9.	Betriebskosten Lkw	3.600	1.152				2.448
10.	Betriebskosten Pkw	2.800					2.800
11.	Kopien	630	32	25	17	455	101
12.	Fortbildungskosten	600					600
13.	diverse Kosten	13.180	1.318	3.954	3.954	1.977	1.977
14.	kalk. Abschreibung	12.800	2.134	3.733	4.444	889	1.600
15.	kalk. Zinsen	7.200	1.200	2.100	2.500	500	900
16.	kalk. Schadensfälle	1.600	320	480	480		320
	Gemeinkostensummen	**172.415**	**22.060**	**50.619**	**53.496**	**11.026**	**35.214**
	Zuschlagsbasen		109.620	37.894	772	304.695	304.695
	Gemeinkostenzuschlagssätze		**20,1 %**	**133,6 %**	**69,30/h**	**3,6 %**	**11,6 %**

Berechnung der variablen Herstellkosten (in €):

Fertigungsmaterial	109.620,00
+ variable Materialgemeinkosten	22.060,00
+ Fertigungslöhne 1	37.894,00
+ variable Fertigungsgemeinkosten 1	50.619,00
+ Fertigungslöhne 2	31.006,00
+ variable Fertigungsgemeinkosten 2	53.496,00
	304.695,00

Ü 24: Betriebsabrechnungsbogen mit Hilfskostenstellen

a)

Kostenart/Kostenstelle	Kosten-summe	Fuhrpark	Material	Fert. 1	Fert. 2	Verw.-Vertr.
Fertigungsmaterial	28.800		28.800			
Fertigungslöhne	49.000			26.000	23.000	
sonst. Personalkosten	30.000	8.000	1.200	2.500	2.300	16.000
Energie und Kraftstoffe	8.600	4.300	200	1.600	1.500	1.000
Instandhaltung	7.400	500	2.000	1.000	1.600	2.300
sonstige Kosten	23.000	3.000	7.000	6.000	3.000	4.000
Summe Gemeinkosten	**69.000**	**15.800**	**10.400**	**11.100**	**8.400**	**23.300**
Umlage Fuhrpark		– 15.800	3.192	958	1.436	10.214
Summe Gemeinkosten		**0**	**13.592**	**12.058**	**9.836**	**33.514**
Zuschlagsbasis			28.800	26.000	150	113.286
Sätze			**47,19 %**	**46,38 %**	**65,57/Std.**	**29,58 %**

b)

Fertigungsmaterial	€ 320,00
+ 47,19 % Materialgemeinkosten	€ 151,01
+ Fertigungslöhne 1	€ 700,00
+ 46,38 % Fertigungsgemeinkosten 1	€ 324,66
+ Fertigungslöhne 2	€ 650,00
+ Fertigungsgemeinkosten 2 (2 · 65,57)	€ 131,14
Herstellkosten	€ 2.276,81
+ 29,58 % Verw.- u. Vertr.-Gemeinkosten	€ 673,48
Selbstkosten	**€ 2.950,29**

Ü 25: Betriebsabrechnungsbogen mit Hilfskostenstellen

a) Innerbetriebliche Verrechnungspreise für Strom und Reparatur:

	Reparatur	Material	Fert. 1	Fert. 2	Verw.-Vertr.	Summe
Strom	50.000	60.000	120.000	130.000	40.000	400.000
Reparatur		20.000	80.000	70.000	30.000	200.000

1 kWh € 0,38
1 Rmin € 1,17

b)

Kostenart/Kostenstelle	Summe	Strom	Reparatur	Material	Fert. 1	Fert. 2	Verw.-Vertr.
Fertigungsmaterial	420.000			420.000			
Fertigungslöhne	380.000				200.000	180.000	
Hilfsmaterial	100.000	15.000	20.000	10.000	20.000	20.000	15.000
Gehälter	80.000	11.000	14.000	5.000	4.000	6.000	40.000
Abschreibungen	147.000	10.000	70.000	8.000	17.000	30.000	12.000
div. Kosten	833.000	116.000	111.000	40.000	173.000	220.000	173.000
Summe Gemeinkosten	**1.160.000**	**152.000**	**215.000**	**63.000**	**214.000**	**276.000**	**240.000**
Umlage Strom	152.000	– 152.000	19.000	22.800	45.600	49.400	15.200
Umlage Reparatur	234.000		– 234.000	23.400	93.600	81.900	35.100
Summe Gemeinkosten				**109.200**	**353.200**	**407.300**	**290.300**
Zuschlagsbasis				420.000	200.000	180.000	1.669.700
Zuschlagssätze				**26%**	**176,6%**	**226,28%**	**17,39%**

Ü 26: Differenzierende Zuschlagskalkulation

a)

	Fertigungsmaterial	€ 130,00	
+	20 % MaterialGK	€ 26,00	€ 156,00
	Fertigungslöhne A	€ 5,00	
+	200 % FertigungsGK A	€ 10,00	€ 15,00
	Fertigungslöhne B	€ 3,00	
+	190 % FertigungsGK B	€ 5,70	€ 8,70
+	1 Maschinenstunde C		€ 30,00
	Herstellkosten		**€ 209,70**
+	20 % Vw- u. VtGK		€ 41,94
	Selbstkosten		**€ 251,64**
+	10 % Gewinnaufschlag		€ 25,16
	Nettoverkaufspreis für 1 Stück		**€ 277,00**
	Nettoverkaufspreis für 1.000 Stück		**€ 277.000,00** = **Angebotspreis**

b)

	Fertigungsmaterial	€ 124,95	
+	20 % MaterialGK	€ 24,99	€ 149,94
	Fertigungslöhne A	€ 5,00	
+	200 % FertigungsGK A	€ 10,00	€ 15,00
	Fertigungslöhne B	€ 3,00	
+	190 % FertigungsGK B	€ 5,70	€ 8,70
+	1 Maschinenstunde C		€ 30,00
	Herstellkosten		**€ 203,64**
+	20 % Vw- u. VtGK		€ 40,73
	Selbstkosten		**€ 244,37**
+	10 % Gewinnaufschlag		€ 24,44
	Nettoverkaufspreis für 1 Stück		**€ 269,00**
	Nettoverkaufspreis für 1.000 Stück		**€ 269.000,00** = **Angebotspreis**

Ü 27: Differenzierende Zuschlagskalkulation

a) Ermittlung des Gemeinkostenzuschlagssatzes:

Ermittlung der Einzelkosten:

Hauptzutaten	€ 508.710,00
Zutaten für Beilagen etc.	€ 327.030,00
	€ 835.740,00

Ermittlung der Gemeinkosten:

Personalkosten Küche	€ 363.400,00
Personalkosten Bedienung	€ 58.130,00
Abschreibungen für Speisesaal und Küche:	
$\frac{727.700 \cdot 175}{140 \cdot 50} =$	€ 18.192,50
Abschreibung Ausstattung Küche u. Speisesaal	€ 36.336,00
Sonstige Gemeinkosten	€ 49.247,00
	€ 525.305,50

Gemeinkostenzuschlagssatz:

$\frac{525.305,50 \cdot 100}{835.740} = \mathbf{62,86\,\%}$

b) Kalkulation:

	Wareneinsatz	€ 2,40
+	62,86 % Gemeinkosten	€ 1,51
	Selbstkosten	€ 3,91
+	100 % Gewinnaufschlag	€ 3,91
	Verkaufspreis exkl. USt	€ 7,82
+	10 % USt	€ 0,78
	Verkaufspreis inkl. USt	**€ 8,60**

c) Kalkulation:

	Wareneinsatz	€ 2,75
+	62,86 % Gemeinkosten	€ 1,73
	Selbstkosten	€ 4,48
+	100 % Gewinnaufschlag	€ 4,48
	Verkaufspreis exkl. USt	€ 8,96
+	10 % USt	€ 0,90
	Verkaufspreis inkl. USt	**€ 9,86**

	Wareneinsatz	€ 2,75	
+	62,86 % Gemeinkosten	€ 1,73	v. h. ↓
	Selbstkosten	€ 4,48	
+	74,55 % Gewinnaufschlag	€ 3,34	
	Verkaufspreis exkl. USt	€ 7,82	
+	10 % USt	€ 0,78	a. h. ↑
	Verkaufspreis inkl. USt	**€ 8,60**	

Der Gewinnaufschlag müsste auf 74,55 % reduziert werden, um die Biospeise zum gleichen Bruttoverkaufspreis anbieten zu können.

Ü 28: Differenzierende Zuschlagskalkulation

a)

	Stoff 5,50 · 4,40	€ 24,20	
+	Futter 2 · 1,90	€ 3,80	
+	Fontfixierung	€ 2,40	
	Materialeinzelkosten	€ 30,40	
+	9 % MaterialGK	€ 2,74	€ 33,14
+	Zuschneiden 6 · 0,60	€ 3,60	
+	Nähen 109 · 0,40	€ 43,60	
+	Säubern 30 · 0,25	€ 7,50	€ 54,70
	Herstellkosten ohne Sonderkosten		€ 87,84
+	Sondereinzelkosten Fert. 15 % von € 320,00		€ 48,00
	Herstellkosten inkl. Sonderkosten		€ 135,84
+	8 % VerwaltungsGK von € 87,84		€ 7,03
+	4 % VertriebsGK von € 87,84		€ 3,51
	Selbstkosten		**€ 146,38**
+	**Gewinn**		**€ 154,42**
	Nettoerlös		€ 300,80
+	Provision 6 % von € 320,00		€ 19,20
	Verkaufspreis		€ 320,00

b)

Stoff 5,50 · 3,98	€ 21,89	
+ Futter 2 · 1,90	€ 3,80	
+ Fontfixierung	€ 2,40	
Materialeinzelkosten	€ 28,09	
+ 9 % MaterialGK	€ 2,53	€ 30,62
+ Zuschneiden 6 · 0,60	€ 3,60	
+ Nähen 109 · 0,40	€ 43,60	
+ Säubern 30 · 0,25	€ 7,50	€ 54,70
Herstellkosten ohne Sonderkosten		€ 85,32
+ Sondereinzelko. Fert. 15 % v. € 320,00		€ 48,00
Herstellkosten inkl. Sonderkosten		€ 133,32
+ 8 % VerwaltungsGK v. € 85,32		€ 6,83
+ 4 % VertriebsGK v. € 85,32		€ 3,41
Selbstkosten		**€ 143,56**

Ü 29: Summarische Zuschlagskalkulation

a)

1. auf Basis der Fertigungslöhne:

GK-Zuschlagssatz = 317.400 : 122.400 · 100 = 259,31 %

2. auf Basis der gesamten Einzelkosten:

GK-Zuschlagssatz = 317.400 : (122.400 + 100.640) · 100 = 142,31 %

b)

1. auf Basis der Fertigungslöhne:

Fertigungsmaterial	€ 1.440,00
+ Fertigungslöhne	€ 2.200,00
+ 259,31 % Gemeinkosten von € 2.200,00	€ 5.704,80
Selbstkosten	€ 9.344,80
+ 20 % Gewinn	€ 1.869,00
Verkaufspreis exkl. USt	€ 11.213,80
+ 3 % Skonto	€ 346,80
Bruttoverkaufspreis exkl. USt	**€ 11.560,60**

2. auf Basis der gesamten Einzelkosten:

Fertigungsmaterial	€ 1.440,00
+ Fertigungslöhne	€ 2.200,00
+ 142,31 % Gemeinkosten von € 3.640,00	€ 5.180,10
Selbstkosten	€ 8.820,10
+ 20 % Gewinn	€ 1.764,00
Verkaufspreis exkl. USt	€ 10.584,10
+ 3 % Skonto	€ 327,30
Bruttoverkaufspreis exkl. USt	**€ 10.911,40**

Ü 30: Summarische Zuschlagskalkulation

a) Berechnung der Herstellkosten 2009:

Materialeinzelkosten	€ 50.000,00
+ Materialgemeinkosten	€ 6.000,00
+ Fertigungseinzelkosten	€ 40.000,00
+ Fertigungsgemeinkosten	€ 34.000,00
Herstellkosten	**€ 130.000,00**

b) Berechnung der Kalkulationssätze für 2010:

	Material	Fertigung	Verwaltung und Vertrieb
Gemeinkosten	6.000,00	34.000,00	13.000,00
Zuschlagsbasen	50.000,00	40.000,00	130.000,00
Kalkulationssätze	12%	85%	10%

Ü 31: Einfache Divisionskalkulation

a) Herstellkosten pro Liter: 49.050 : 15.000 = **€ 3,27**

b) Ermittlung des Verkaufspreises inkl. USt:

	Herstellkosten (0,75 Liter)	€ 2,45
+	25,3 % Vw- und VtGk	€ 0,62
	Selbstkosten	€ 3,07
+	25 % Gewinn	€ 0,77
	Verkaufspreis exkl. USt	€ 3,84
+	10 % USt	€ 0,38
	Verkaufspreis inkl. USt	**€ 4,22**

Ü 32: Einfache Divisionskalkulation

a) Herstellkosten pro Packung:

92.800 : 2.475.000 · 20 = **€ 0,75**

b) Ermittlung des Verkaufspreises inkl. USt:

	Herstellkosten (1 Packung)	€ 0,75
+	29,3 % Vw- und VtGK	€ 0,22
	Selbstkosten	€ 0,97
+	35 % Gewinn	€ 0,34
	Verkaufspreis exkl. USt	€ 1,31
+	10 % USt	€ 0,13
	Verkaufspreis inkl. USt	**€ 1,44**

Ü 33: Fallbeispiel Kostenträgerrechnung

Gemeinkosten:

	Miete	900
+	Hilfsmaterial	70
+	Farbe	40
+	Strom	100
+	Heizung	120
		1.230

a) nach der Anzahl der erzeugten Weberzeugnisse:

Produkt	Set	Handtuch	Schal	Saunatuch	Summe
Einzelkosten Material	400,00	150,00	80,00	400,00	1.030,00
Gemeinkosten	683,33	170,83	34,17	341,67	1.230,00
Selbstkosten	1.083,33	320,83	114,17	741,67	2.260,00
Selbstkosten/Stk.	**5,42**	**6,42**	**11,42**	**7,42**	

b) Maßgabe der Einzelkosten für das Material:

Produkt	Set	Handtuch	Schal	Saunatuch	Summe
Einzelkosten Material	400,00	150,00	80,00	400,00	1.030,00
Gemeinkosten	477,67	179,13	95,53	477,67	1.230,00
Selbstkosten	877,67	329,13	175,53	877,67	2.260,00
Selbstkosten/Stk.	**4,39**	**6,58**	**17,55**	**8,78**	

c) nach Maßgabe des Zeitbedarfs:

Produkt	Set	Handtuch	Schal	Saunatuch	Summe
Einzelkosten Material	400,00	150,00	80,00	400,00	1.030,00
Gemeinkosten	167,35	125,51	100,41	836,73	1.230,00
Selbstkosten	567,35	275,51	180,41	1.236,73	2.260,00
Selbstkosten/Stk.	**2,84**	**5,51**	**18,04**	**12,37**	

d) maximale Selbstkosten:

Produkt	Set	Handtuch	Schal	Saunatuch	Summe
Verkaufspreis	5,42	6,58	18,04	12,37	
abgesetzte Menge	200	50	10	100	
Materialkosten/Stk.	2,00	3,00	8,00	4,00	
Erlöse	**1.084,00**	**329,00**	**180,40**	**1.237,00**	**2.830,40**
– Materialkosten	400,00	150,00	80,00	400,00	1.030,00
= DB	**684,00**	**179,00**	**100,40**	**837,00**	**1.800,40**
– Gemeinkosten					1.230,00
Gewinn					**570,40**

minimale Selbstkosten:

Produkt	Set	Handtuch	Schal	Saunatuch	Summe
Verkaufspreis	2,84	5,51	11,42	7,42	
abgesetzte Menge	200	50	10	100	
Materialkosten/Stk.	2,00	3,00	8,00	4,00	
Erlöse	**568,00**	**275,50**	**114,20**	**742,00**	**1.699,70**
– Materialkosten	400,00	150,00	80,00	400,00	1.030,00
= DB	**168,00**	**125,50**	**34,20**	**342,00**	**669,70**
– Gemeinkosten					1.230,00
Verlust					**– 560,30**

mittlere Selbstkosten:

Produkt	Set	Handtuch	Schal	Saunatuch	Summe
Verkaufspreis	4,39	5,51	11,42	7,42	
abgesetzte Menge	200	50	10	100	
Materialkosten/Stk.	2,00	3,00	8,00	4,00	
Erlöse	**878,00**	**275,50**	**114,20**	**742,00**	**2.009,70**
– Materialkosten	400,00	150,00	80,00	400,00	1.030,00
= DB	**478,00**	**125,50**	**34,20**	**342,00**	**979,70**
– Gemeinkosten					1.230,00
Verlust					**– 250,30**

Sowohl bei Heranziehen der mittleren als auch der niedrigsten Selbstkosten/Produkt als Verkaufspreis würde für den Webverein ein Verlust entsehen, dh nicht einmal die Selbstkosten könnten gedeckt werden. Bei Verrechnung der maximalen Selbstkosten/Produkt ergäbe sich ein Gewinn für den Webvereein, der jedoch aufgrund der wohltätigen Aktion nicht angestrebt wird.

Grundsätzlich führen Verteilungsschlüssel, wie sie im Beispiel verwendetet wurden, zu keiner verursachungsgerechten Zurechnung der Kosten, dh einzelne Produkte werden mit geringeren Gemeinkosten belastet, andere dafür mit zu hohen (sogen. Quersubventionierung). Einen Lösungsansatz dieser Problematik stellt die Prozesskostenrechnung dar

Ü 34: Progressive Absatzkalkulation

a)

Selbstkosten	€ 29,50	
+ 75 % Gewinn	€ 22,13	v. h.
Nettoverkaufspreis	€ 51,63	
+ Transportkosten	€ 5,20	
	€ 56,83	
+ 15 % Verkaufsprovision	€ 10,03	i. h.
Kassapreis	€ 66,86	
+ 2 % Skonto	€ 1,36	i. h.
Zielpreis	€ 68,22	
+ 5 % Mengenrabatt	€ 3,59	i. h.
Bruttoverkaufspreis exkl. USt	**€ 71,81**	

b)

19.9.20..	20059 Alfred Moser EU	1.227,95	
	an 4000 Handelswarenerlöse (20 %)		1.023,29
	an 3500 Umsatzsteuer		204,66
26.9.20..	2800 Bank	1.203,39	
	an 20059 Alfred Moser EU		1.203,39
26.9.20..	4410 Kundenskonti 20 %	20,47	
	3500 Umsatzsteuer	4,09	
	an 20059 Alfred Moser EU		24,56

c)

Preis	€ 75,00	
+ 30 % Einzelhandelsspanne	€ 32,14	i. h.
Einzelhandelspreis exkl. USt	€ 107,14	
+ 20 % USt	€ 21,43	v. h.
Einzelhandelspreis inkl. USt	€ 128,57	
Einzelhandelspreis inkl. USt (gerundet)	**€ 128,60**	

Ü 35: Progressive Absatzkalkulation

a)

Selbstkosten	€ 514,48	
+ 15 % Gewinn	€ 77,17	v. h.
Nettoverkaufspreis	€ 591,65	
+ 3 % Skonto	€ 18,30	i. h.
Zielpreis	€ 609,95	
+ 1,5 % (30 % · 5 %) Mengenrabatt	€ 9,29	i. h.
Bruttoverkaufspreis exkl. USt	€ 619,24	
+ 20 % USt	€ 123,85	v. h.
Bruttoverkaufspreis inkl. USt	**€ 743,09**	

b)

Selbstkosten	€ 505,25	
+ 15 % Gewinn	€ 75,79	v. h.
Nettoverkaufspreis	€ 581,04	
+ 3 % Skonto	€ 17,97	i. h.
Zielpreis	€ 599,01	
+ 1,5 % (30 % · 5 %) Mengenrabatt	€ 9,12	i. h.
Bruttoverkaufspreis exkl. USt	€ 608,13	
+ 20 % USt	€ 121,63	v. h.
Bruttoverkaufspreis inkl. USt	**€ 729,76**	

Ü 36: Progressive Absatzkalkulation

a)

	Bruttorechnungspreis	€ 931,00	
–	3 % Skonto	€ 27,93	v. h.
	Einstandspreis	€ 903,07	
+	40 % Gewinn	€ 361,23	v. h.
	Nettoverkaufspreis	€ 1.264,30	
+	3 % Skonto	€ 39,10	i. h.
	Zielpreis	€ 1.303,40	
+	10 % Rabatt	€ 144,82	i. h.
	Bruttoverkaufspreis exkl. USt	€ 1.448,22	
+	20 % USt	€ 289,64	v. h.
	Bruttoverkaufspreis inkl. USt	**€ 1.737,86**	

b)

15.3.20 . .	20015 PaperBox GmbH.	3.128,16	
	an 4000 Handelswarenerlöse (20 %) .		2.606,80
	an 3500 Umsatzsteuer		521,36
5.4.20 . .	2800 Bank	3.128,16	
	an 20015 PaperBox GmbH		3.128,16

c)

	Bruttorechnungspreis	€ 931,00	
–	3 % Skonto	€ 27,93	v. h.
	Einstandspreis	€ 903,07	
+	32,90 % Gewinn	€ 297,30	
	Nettoverkaufspreis	€ 1.200,37	
+	3 % Skonto	€ 37,13	v. h.
	Zielpreis	€ 1.237,50	
+	10 % Rabatt	€ 137,50	v. h.
	Bruttoverkaufspreis exkl. USt	€ 1.375,00	
+	20 % USt	€ 275,00	a. h.
	Bruttoverkaufspreis inkl. USt	**€ 1.650,00**	

Ü 37: Retrograde Absatzkalkulation

	Selbstkosten	**€ 8,23**	
+	15 % Gewinn	€ 1,24	a. h.
	Nettoverkaufspreis	€ 9,47	
+	3 % Verkaufsprovision	€ 0,29	v. h.
	Kassapreis	€ 9,76	
+	2 % Skonto	€ 0,20	v. h.
	Zielpreis	€ 9,96	
+	9 % durchschnittl. Mengenrabatt	€ 0,99	v. h.
		€ 10,95	
+	40 % Einzelhandelsspanne	€ 7,30	v. h.
	Einzelhandelspreis exkl. USt	€ 18,25	
+	20 % USt	€ 3,65	a. h.
	Einzelhandelspreis inkl. USt	**€ 21,90**	

Ü 38: Retrograde Absatzkalkulation

a)

Nettoverkaufspreis	**€ 5,76**	
+ 2 % Verkaufsprovision	€ 0,12	v. h.
Kassapreis	€ 5,88	
+ 1 % Skonto	€ 0,06	v. h.
Zielpreis	€ 5,94	
+ 40 % Einzelhandelsrohaufschlag	€ 2,38	a. h.
Einzelhandelspreis exkl. USt	€ 8,32	
+ 20 % USt	€ 1,67	a. h.
Einzelhandelspreis inkl. USt	**€ 9,99**	

b)

Nettoverkaufspreis	**€ 4,76**	
+ 40 % Einzelhandelsrohaufschlag	€ 1,90	a. h.
Einzelhandelspreis exkl. USt	€ 6,66	
+ 20 % USt	€ 1,33	a. h.
Einzelhandelspreis inkl. USt	**€ 7,99**	

Ü 39: Differenzkalkulation (Kostenträgererfolgsrechnung)

a)

Rechnungspreis pro Stück	€ 49,00	
– 5 % Mengenrabatt	€ 2,45	v. h.
	€ 46,55	
+ Bezugskosten	€ 4,90	
Einstandspreis	€ 51,45	
+ **26,72 % Bruttogewinn**	**€ 13,75**	
Nettoerlös	€ 65,20	
+ 2 % Verkaufsprovision	€ 1,33	v. h.
Kassapreis	€ 66,53	
+ 2 % Skonto	€ 1,36	v. h.
Zielpreis	€ 67,89	
+ 5 % Mengenrabatt	€ 3,57	v. h.
	€ 71,46	
+ 30 % Einzelhandelsspanne	€ 30,62	v. h.
Einzelhandelspreis exkl. USt	€ 102,08	
+ 20 % USt	€ 20,42	a. h.
Einzelhandelspreis inkl. USt	**€ 122,50**	

b)

Rechnungspreis pro Stück	€ 49,00	
– 5 % Mengenrabatt	€ 2,45	v. h.
	€ 46,55	
+ Bezugskosten	€ 4,90	
Einstandspreis	€ 51,45	
+ 14,7 % Gemeinkosten	€ 7,56	v. h.
Selbstkosten	€ 59,01	
+ **10,49 % Nettogewinn**	**€ 6,19**	
Nettoerlös	€ 65,20	
+ 2 % Verkaufsprovision	€ 1,33	v. h.
Kassapreis	€ 66,53	
+ 2 % Skonto	€ 1,36	v. h.
Zielpreis	€ 67,89	
+ 5 % Mengenrabatt	€ 3,57	v. h.
	€ 71,46	
+ 30 % Einzelhandelsspanne	€ 30,62	v. h.
Einzelhandelspreis exkl. USt	€ 102,08	
+ 20 % USt	€ 0,42	a. h.
Einzelhandelspreis inkl. USt	**€ 122,50**	

c)

	Rechnungspreis pro Stück	€ 39,00	
–	10 % Mengenrabatt	€ 3,90	v. h.
		€ 35,10	
+	Bezugskosten	€ 4,90	
	Einstandspreis	€ 40,00	
+	**52,88 % Bruttogewinn**	**€ 21,15**	
	Nettoerlös	€ 61,15	
+	2 % Verkaufsprovision	€ 1,25	v. h.
	Kassapreis	€ 62,40	
+	2 % Skonto	€ 1,27	v. h.
	Zielpreis	€ 63,67	
+	5 % Mengenrabatt	€ 3,35	v. h.
		€ 67,02	
+	30 % Einzelhandelsspanne	€ 28,73	v. h.
	Einzelhandelspreis exkl. USt	€ 95,75	
+	20 % USt	€ 19,15	a. h.
	Einzelhandelspreis inkl. USt	**€ 114,90**	

Ü 40: **Differenzkalkulation (Kostenträgererfolgsrechnung)**

a)

	Bruttorechnungspreis pro Packung	€ 0,93	(1.860 : 2.000)
+	Bezugskosten	€ 0,05	(96,39 : 2.000)
	Einstandspreis	€ 0,98	
+	**14,29 % Gewinn**	**€ 0,14**	
	Nettoverkaufspreis	€ 1,12	
+	3 % Skonto	€ 0,03	v. h.
	Zielpreis	€ 1,15	
+	5 % Mengenrabatt	€ 0,06	v. h.
	Bruttoverkaufspreis exkl. USt	€ 1,21	
+	20 % USt	€ 0,24	a. h.
	Bruttoverkaufspreis inkl. USt	**€ 1,45**	

b)

	Bruttorechnungspreis pro Packung	€ 0,93	(1.860 : 2.000)
+	Bezugskosten	€ 0,05	(96,39 : 2.000)
	Einstandspreis	€ 0,98	
+	10 % Gewinn	€ 0,10	v. h.
	Nettoverkaufspreis	€ 1,08	
+	3 % Skonto	€ 0,03	i. h.
	Zielpreis	€ 1,11	
+	5 % Mengenrabatt	€ 0,06	i. h.
	Bruttoverkaufspreis exkl. USt	€ 1,17	
+	20 % USt	€ 0,23	v. h.
	Bruttoverkaufspreis inkl. USt	**€ 1,40**	

Ü 41: Fallbeispiel Differenz-, Absatz- und retrograde Bezugskalkulation

a)

	Bruttorechnungspreis pro Stück	€ 171,51	
–	15 % Treuerabatt	€ 25,73	v. h.
	Zielpreis	€ 145,78	
–	3 % Skonto	€ 4,37	v. h.
	Kassapreis	€ 141,41	
+	Bezugskosten	€ 12,21	(122,09 : 10)
	Einstandspreis	€ 153,62	
+	50 % Gemeinkosten	€ 76,81	v. h.
	Selbstkosten	€ 230,43	
+	20 % Gewinn	€ 46,09	v. h.
	Nettoverkaufspreis	€ 276,52	
+	2 % Skonto	€ 5,64	i. h.
	Zielpreis	€ 282,16	
+	2,5 % (50 % · 5 %) Treuerabatt	€ 7,23	i. h.
	Bruttoverkaufspreis exkl. USt	€ 289,39	
+	20 % USt	€ 57,88	v. h.
	Bruttoverkaufspreis inkl. USt	**€ 347,27**	

b)

	Bruttorechnungspreis pro Stück	€ 156,87	
–	15 % Treuerabatt	€ 23,53	i. h.
	Zielpreis	€ 133,34	
–	3 % Skonto	€ 4,00	i. h.
	Kassapreis	€ 129,34	
+	Bezugskosten	€ 12,21	(122,09 : 10)
	Einstandspreis	€ 141,55	
+	50 % Gemeinkosten	€ 70,78	a. h.
	Selbstkosten	€ 212,33	
+	20 % Gewinn	€ 42,47	a. h.
	Nettoverkaufspreis	€ 254,80	
+	2 % Skonto	€ 5,20	v. h.
	Zielpreis	€ 260,00	
+	2,5 % (50 % · 5 %) Treuerabatt	€ 6,67	v. h.
	Bruttoverkaufspreis exkl. USt	€ 266,67	
+	20 % USt	€ 53,33	a. h.
	Bruttoverkaufspreis inkl. USt	**€ 320,00**	

c)

	Bruttorechnungspreis pro Stück	€ 160,00	
+	Bezugskosten	€ 7,50	
	Einstandspreis	€ 167,50	
+	50 % Gemeinkosten	€ 83,75	v. h.
	Selbstkosten	€ 251,25	
+	1,41 % Gewinn	€ 3,55	
	Nettoverkaufspreis	€ 254,80	
+	2 % Skonto	€ 5,20	v. h.
	Zielpreis	€ 260,00	
+	2,5 % (50 % · 5 %) Treuerabatt	€ 6,67	v. h.
	Bruttoverkaufspreis exkl. USt	€ 266,67	
+	20 % USt	€ 53,33	a. h.
	Bruttoverkaufspreis inkl. USt	**€ 320,00**	

Ü 42: Fallbeispiel zur Istkostenrechnung, Absatzkalkulation

Betriebsabrechnungsbogen I. Quartal:

Kostenart	Summe	Kostenstellen				
		Reparatur	Material	Fert. I	Fert. II	Vw u. Vt
Fertigungsmaterial	80.000		80.000			
Fertigungslöhne	50.000			30.000	20.000	
Betriebsstoffe	36.000	10.000	3.000	10.000	8.000	5.000
Gehälter	44.000	2.000	5.000	7.000	6.000	24.000
Nichtleistungslöhne	45.000			27.000	18.000	
Energie	22.000	1.100	4.400	6.600	6.600	3.300
sonstige Kosten	10.000	500	1.000	3.000	3.500	2.000
Summe Gemeinkosten	**157.000**	**13.600**	**13.400**	**53.600**	**42.100**	**34.300**
Umlage Reparatur		–13.600	2.720	4.080	6.800	0
Summe Gemeinkosten			**16.120**	**57.680**	**48.900**	**34.300**
Zuschlagsbasis			80.000	30.000	3.000	252.700
Zuschlagssätze			**20,20%**	**192,30%**	**16,30/h**	**13,60%**

	Fertigungsmaterial	€ 30,00
+	20,20% MaterialGK	€ 6,06
+	Fertigungslöhne 1	€ 10,00
+	192,30% FertigungsGK 1	€ 19,23
+	Fertigungslöhne 2	€ 9,00
+	1 Maschinenstunde	€ 16,30
	Herstellkosten	€ 90,59
+	13,60% Vw- u. VtGK	€ 12,32
	Selbstkosten	**€ 102,91**
+	27% Gewinn	€ 27,79
	Nettoverkaufspreis	€ 130,70
+	2% Skonto	€ 2,67
	Zielpreis	€ 133,37
+	10% Mengenrabatt	€ 14,82
	Bruttoverkaufspreis exkl. USt	**€ 148,19**
+	35% Einzelhandelsspanne	€ 51,87
	Einzelhandelspreis exkl. USt	€ 200,06
+	20% USt	€ 40,01
	Einzelhandelspreis inkl. USt	**€ 240,00**

Betriebsabrechnungsbogen II. Quartal:

Kostenart	Summe	Kostenstellen				
		Reparatur	Material	Fert. I	Fert. II	Vw u. Vt
Fertigungsmaterial	100.000		100.000			
Fertigungslöhne	70.000			40.000	30.000	
Betriebsstoffe	46.000	13.000	4.000	12.000	11.000	6.000
Gehälter	50.000	3.000	6.000	8.000	7.000	26.000
Nichtleistungslöhne	63.000			36.000	27.000	
Energie	32.000	1.600	6.400	9.600	9.600	4.800
sonstige Kosten	15.000	750	1.500	4.500	5.250	3.000
Summe Gemeinkosten	**206.000**	**18.350**	**17.900**	**70.100**	**59.850**	**39.800**
Umlage Reparatur		–18.350	5.505	5.505	5.505	1.835
Summe Gemeinkosten		**0**	**23.405**	**75.605**	**65.355**	**41.635**
Zuschlagsbasis			100.000	40.000	3.500	334.365
Zuschlagssätze			**23,40%**	**189,00%**	**18,67/h**	**12,50%**

	Fertigungsmaterial	€ 30,00
+	23,40 % MaterialGK	€ 7,02
+	Fertigungslöhne 1	€ 15,00
+	189,00 % FertigungsGK	€ 28,35
+	Fertigungslöhne 2	€ 11,00
+	1,5 Maschinenstunden	€ 28,00
	Herstellkosten	€ 119,37
+	12,50 % Vw- u. VtGK	€ 14,92
	Selbstkosten	**€ 134,29**

	Selbstkosten	**€ 134,29**
+	20 % Gewinn	€ 26,86
	Nettoverkaufspreis	€ 161,15
+	2 % Skonto	€ 3,29
	Zielpreis	€ 164,44
+	5 % Mengenrabatt	€ 8,65
	Bruttoverkaufspreis exkl. USt	**€ 173,09**
+	35 % Einzelhandelsspanne	€ 60,58
	Einzelhandelspreis exkl. USt	€ 233,67
+	20 % USt	€ 46,73
	Einzelhandelspreis inkl. USt	**€ 280,00**

Ü 43: Einteilung der Kosten

	Aufwand	Überleitung	Kosten	Kosten	
				fix	variabel
Reifen	2.400,00	– 800,00	1.600,00		1.600,00
Versicherung Steuer	2.860,00		2.860,00	2.860,00	
Service	3.264,00		3.264,00		3.264,00
Treibstoff, Öl	14.850,00		14.850,00		14.850,00
Abschreibung	15.000,00	– 3.000,00	12.000,00	6.000,00	6.000,00
Garage	2.120,00		2.120,00	2.120,00	
Mautgebühr einzeln	250,00		250,00		250,00
Strafen	346,00	104,00	450,00		450,00
Blechschäden	1.590,00	410,00	2.000,00		2.000,00
Jahresvignetten	1.163,00		1.163,00	1.163,00	
Summe	43.843,00	– 3.286,00	40.557,00	12.143,00	28.414,00

Ü 44: Einstufiges Direct Costing – Kostenstellenrechnung

Kostenart	Gesamt-kosten	Fix-kosten	Proport. Kosten	Kostenstellen			
				Material	Fert. 1	Fert. 2	Vw-Vt
Fertigungsmaterial	50.400	0	50.400	50.400			
Fertigungslöhne	124.800	0	124.800		74.100	50.700	
Hilfslöhne	38.400	6.740	31.660	10.500	12.200	8.960	
Gehälter	78.000	78.000	0				
Lohnnebenko. der Fertigungslöhne	118.560	0	118.560		70.395	48.165	
Lohnnebenko. der Hilfslöhne	35.328	6.201	29.127	9.660	11.224	8.243	
Gehaltsnebenkosten	49.920	49.920	0				
Hilfsstoffe	18.000	2.300	15.700	2.500	6.000	7.200	
Energiekosten	6.400	2.200	4.200	400	1.680	1.820	300
diverse Gemeinkosten	10.800	4.630	6.170	1.680	1.000	900	2.590
kalk. Zinsen	24.400	24.400	0				
kalk. Abschreibung	9.800	7.210	2.590	160	1.230	1.200	
kalk. Schadensfälle	1.920	326	1.594	240	320	434	600
Summe Gemeinkosten	391.528	181.927	209.601	25.140	104.049	76.922	3.490
Zuschlagsbasen				50.400	74.100	50.700	381.311
Zuschlagssätze				49,9 %	140,4 %	151,7 %	0,9 %

Berechnung der variablen Herstellkosten:

	Fertigungsmaterial	€ 50.400,00
+	variable Materialgemeinkosten	€ 25.140,00
+	Fertigungslöhne 1	€ 74.100,00
+	variable Fertigungsgemeinkosten 1	€ 104.049,00
+	Fertigungslöhne 2	€ 50.700,00
+	variable Fertigungsgemeinkosten 2	€ 76.922,00
		€ 381.311,00

Ü 45: Einstufiges Direct Costing – Kostenstellenrechnung

Kostenart	Gesamt-kosten	Fix-kosten	Proport. Kosten	Kostenstellen			
				Material	Fert. 1	Fert. 2	Vw-Vt
Fertigungsmaterial	132.000	0	132.000	132.000			
Fertigungslöhne	156.000	0	156.000		66.900	89.100	
Hilfsmaterial	29.700	8.700	21.000	700	9.800	10.500	
sonstiges Material	14.100	2.370	11.730	2.880	2.970	3.780	2.100
Hilfslöhne	81.300	18.570	62.730	10.920	21.630	18.480	11.700
Gehälter	123.000	123.000	0				
Lohnnebenko. der Fertigungslöhne	151.320	0	151.320		64.893	86.427	
Lohnnebenko. der Hilfslöhne	73.170	16.713	56.457	9.828	19.467	16.632	10.530
Gehaltsnebenkosten	76.260	76.260	0				
sonstige Kosten	120.000	49.520	70.480	5.460	9.560	13.600	41.860
kalk. Zinsen	45.000	45.000	0				
kalk. Abschreibung	87.000	64.500	22.500	1.800	12.000	8.700	
kalk. Wagnisse	29.100	2.280	26.820	4.240	5.220	5.760	11.600
kalk. Unternehmerlohn	96.000	96.000	0				
Summe Gemeinkosten	**925.950**	**502.913**	**423.037**	**35.828**	**145.540**	**163.879**	**77.790**
Zuschlagsbasen				132.000	66.900	89.100	633.247
Zuschlagssätze				**27,14%**	**217,55%**	**183,93%**	**12,28%**

Berechnung der variablen Herstellkosten:

Fertigungsmaterial	€ 132.000,00
+ variable Materialgemeinkosten	€ 35.828,00
+ Fertigungslöhne 1	€ 66.900,00
+ variable Fertigungsgemeinkosten 1	€ 145.540,00
+ Fertigungslöhne 2	€ 89.100,00
+ variable Fertigungsgemeinkosten 2	€ 163.879,00
	€ 633.247,00

Ü 46: Einstufiges Direct Costing – Kostenträgerstück- und Kostenträgererfolgsrechnung

a) Ermittlung der variablen Herstellkosten:

	PS 1027	PS 3014	PS 2515
Fertigungsmaterial	€ 500,00	€ 240,00	€ 390,00
+ 8,05 % MaterialGK	€ 40,25	€ 19,32	€ 31,40
+ Fertigungslöhne	€ 120,00	€ 74,00	€ 155,00
+ 171 % FertigungsGK	€ 205,20	€ 126,54	€ 265,05
variable Herstellkosten	€ 865,45	€ 459,86	€ 841,45
+ 6,95 % Vw- u. VtGK	€ 60,15	€ 31,96	€ 58,48
variable Selbstkosten je Stk.	**€ 925,60**	**€ 491,82**	**€ 899,93**

	PS 1027	PS 3014	PS 2515
Erlös je Stk.	€ 900,00	€ 850,00	€ 1.100,00
– variable Selbstkosten je Stk.	€ 925,60	€ 491,82	€ 899,93
Deckungsbeitrag je Stk.	**– € 25,60**	**€ 358,18**	**€ 200,07**
b) abgesetzte Menge in Stk.	2.500	1.000	3.200
Gesamtdeckungsbeiträge	**– € 64.000,00**	**€ 358.180,00**	**€ 640.224,00**

Deckungsbeitrag (Unternehmen)	€ 934.404,00
– Fixkosten	€ 947.000,00
Verlust	**– € 12.596,00**

c) Das Produkt PS 1027 erwirtschaftet einen negativen Deckungsbeitrag und wirkt sich insgesamt negativ auf das Betriebsergebnis aus. Würde Produkt PS 1027 aus dem Sortiment gestrichen werden, verringert sich der Verlust bzw. es entsteht ein Gewinn in Höhe von € 51.404,– (– € 12.596,– + + € 64.000,–). Das Produkt PS 3014 erwirtschaftet den höchsten DB und daher sollte der Absatz dieses Produktes besonders gefördert werden.

Ü 47: Einstufiges Direct Costing

Einstufiges Direct Costing – I. Quartal:

a) DB-Rechnung:

Produkte	Blues	Star	Stone
Fertigungsmaterial	€ 300,00	€ 320,00	€ 450,00
+ 6,23 % MaterialGK	€ 18,69	€ 19,94	€ 28,04
+ Fertigungslöhne	€ 250,00	€ 280,00	€ 340,00
+ 104,23 % FertigungsGK	€ 260,58	€ 291,84	€ 354,38
Herstellkosten	€ 829,27	€ 911,78	€ 1.172,42
+ 3,78 % Vw- u. VtGK	€ 31,35	€ 34,47	€ 44,32
variable Selbstkosten	**€ 860,62**	**€ 946,25**	**€ 1.216,74**
Direct Costing:			
Erlös je Stk.	€ 1.600,00	€ 1.800,00	€ 2.600,00
– variable Kosten je Stk.	€ 860,62	€ 946,25	€ 1.216,74
DB je Stk.	**€ 739,38**	**€ 853,75**	**€ 1.383,26**

b) Kostenträgererfolgsrechnung:

Erzeugte und abgesetzte Mengen	4.000	4.500	5.000
Summe DB der Produkte	€ 2.957.520,00	€ 3.841.875,00	€ 6.916.300,00
Gesamt DB		€ 13.715.695,00	
– Fixkosten		€ 7.500.000,00	
Betriebsergebnis		**€ 6.215.695,00**	

c) Zusätzlicher Gewinn:

Nachdem alle fixen Kosten bereits gedeckt sind, entspricht der DB dem Gewinn pro zusätzlich verkaufte Einheit der Produkte.

Einstufiges Direct Costing – II. Quartal:

a) DB-Rechnung:

Produkte	Blues	Star	Stone
Fertigungsmaterial	€ 330,00	€ 340,00	€ 470,00
+ 6,23 % MaterialGK	€ 20,56	€ 21,18	€ 29,28
+ Fertigungslöhne	€ 290,00	€ 300,00	€ 360,00
+ 104,23 % FertigungsGK	€ 302,27	€ 312,69	€ 375,23
Herstellkosten	€ 942,83	€ 973,87	€ 1.234,51
+ 3,78 % Vw- u. VtGK	€ 35,64	€ 36,81	€ 46,66
variable Selbstkosten	**€ 978,47**	**€ 1.010,68**	**€ 1.281,17**
Direct Costing:			
Erlös je Stk.	€ 1.000,00	€ 2.100,00	€ 2.900,00
– variable Kosten je Stk.	€ 978,47	€ 1.010,68	€ 1.281,17
DB je Stk.	**€ 21,53**	**€ 1.089,32**	**€ 1.618,83**

b) Kostenträgererfolgsrechnung:

Erzeugte und abgesetzte Mengen	6.000	5.500	4.000
Summe DB der Produkte	€ 129.180,00	€ 5.991.260,00	€ 6.475.320,00
Gesamt DB		€ 12.595.760,00	
– Fixkosten		€ 7.500.000,00	
Betriebsergebnis		**€ 5.095.760,00**	

c) Zusätzlicher Gewinn:

Nachdem alle fixen Kosten bereits gedeckt sind, entspricht der DB dem Gewinn pro zusätzlich verkaufte Einheit der Produkte.

Ü 48: Einstufiges Direct Costing

a) Berechnung der monatlichen Backstubenkosten:

		fix	variabel
Abschreibung Backofen (49.000 : 4 : 12)	1.021	1.021	
+ Lohn für Bäcker	1.500		1.500
+ sonstige Backstubenkosten	500		500
	3.021	1.021	2.000

Berechnung der vollen Backstubenkosten:

(3.021 : [800 · 3 + 400 · 6 + 1.000 · 8 + 400 · 10 + 800 · 4]) = 0,15/min

Berechnung der variablen Backstubenkosten:

(2.000 : [800 · 3 + 400 · 6 + 1.000 · 8 + 400 · 10 + 800 · 4]) = 0,10/min

b)

Baguettesorte	Provence	Hawaii	Mozarella	Tonno	Verde
volle Backstubenkosten	0,45	0,90	1,20	1,50	0,60
+ Kosten Belag und Teig	0,95	1,10	0,69	1,57	1,39
volle Selbstkosten	**1,40**	**2,00**	**1,89**	**3,07**	**1,99**
variable Backstubenkosten	0,30	0,60	0,80	1,00	0,40
+ Kosten Belag und Teig	0,95	1,10	0,69	1,57	1,39
variable Selbstkosten	**1,25**	**1,70**	**1,49**	**2,57**	**1,79**

c) Gewinn bei Produktion des Baguettes Mozarella:

Baguettesorte	Provence	Hawaii	Mozarella	Tonno	Verde
Erlös	2,90	3,20	1,75	3,90	3,15
– variable Selbstkosten	1,25	1,70	1,49	2,57	1,79
Deckungsbeitrag/Stk.	1,65	1,50	0,26	1,33	1,36
× Absatzmenge	800	400	1.000	400	800
Deckungsbeitrag/Sorte	1.320,00	600,00	260,00	532,00	1.088,00
Gesamtdeckungsbeitrag			3.800,00		
– Fixkosten			1.021,00		
Gewinn			**2.779,00**		

Gewinn bei Streichung des Baguettes Mozarella:

Baguettesorte	Provence	Hawaii	Mozarella	Tonno	Verde
Erlös	2,90	3,20		3,90	3,15
– variable Selbstkosten	1,25	1,70		2,57	1,79
Deckungsbeitrag/Stk.	1,65	1,50		1,33	1,36
× Absatzmenge	800	400		400	800
Deckungsbeitrag/Sorte	1.320,00	600,00		532,00	1.088,00
Gesamtdeckungsbeitrag			3.540,00		
– Fixkosten			1.021,00		
Gewinn			**2.519,00**		

Die Baguettesorte Mozarella erzielt zwar bei Berücksichtigung der vollen Selbstkosten einen Verlust, jedoch weist sie einen positiven Deckungsbeitrag auf, weshalb das Produkt zu produzieren ist. Man sieht dies auch beim Ergebnis: Wird das Baguette Mozarella produziert, dann hat die Macher KG einen um € 260,00 höheren Gewinn.

Ü 49: Mehrstufiges Direct Costing

Fixkosten	Produktfixkosten	Produktgruppen-fixkosten	Bereichs fixkosten	Unternehmens-fixkosten
Einkauf				x
Montagebereich I				x
Montagebereich II		x (Kids)		
Design		x (Kids)		
Export	x (LapTop LT55XL)			
Fuhrpark		x (Usual)		
PR-Aktivitäten				x
Marktforschung			x (Neue Produkte)	
Werbung	x (First Step 29)			
Verpackung				x
Verkauf Usual		x (Usual)		
Verkauf Strong		x (Strong)		
Verkauf Kids		x (Kids)		
Verwaltung				x

Ü 50: Mehrstufiges Direct Costing

a)

	West		Ost	
	Holzspielzeug	Plastikspielzeug	Holzspielzeug	Plastikspielzeug
Erlöse	196.000,00	467.290,00	569.274,00	283.496,00
– variable Kosten	137.600,00	470.300,00	501.727,00	216.801,00
Deckungsbeitrag 1	58.400,00	– 3.010,00	67.547,00	66.695,00
	55.390,00		134.242,00	
– Bereichsfixkosten	240.000,00		95.450,00	
Deckungsbeitrag 2	– 184.610,00		38.792,00	
	– 145.818,00			
– Unternehmensfixkosten	254.050,00			
Betriebsverlust	**– 399.868,00**			

b) Die Berger SpielwarenGmbH weist einen Verlust auf. Bei näherer Analyse sieht man, dass der Bereich West Verlust bringend ist, hier insbesondere der Bereich Plastikspielzeug. Zwar erwirtschaftet der Bereich Ost einen positiven Deckungsbeitrag 2 (Bereichsdeckungsbeitrag), jedoch reicht dieser nicht aus, um die Unternehmensfixkosten zu decken. Empfehlenswert für die Berger SpielwarenGmbH wäre daher ein allgemeines Kostensenkungsprogramm und eine nähere Analyse des Bereiches West.

Ü 51: Mehrstufiges Direct Costing

a)

	INDOOR				OUTDOOR			
	Bälle		Matten		Kugeln		Speere	
	Medizin	Gymnastik	Sprung	Gymnastik	2,5 kg	5 kg	Jugend	Wettkampf
Erlöse	120.000	80.000	69.000	106.800	90.600	62.400	69.200	34.000
– variable Herstellkosten	60.000	50.000	49.000	77.400	42.600	34.000	40.000	10.800
– variable Vertriebskosten	5.000	4.000	4.000	3.500	2.000	1.580	2.400	1.200
Deckungsbeitrag 1	**55.000**	**26.000**	**16.000**	**25.900**	**46.000**	**26.820**	**26.800**	**22.000**
– produktfixe Kosten	7.000	2.000	5.000	2.000	4.740			
Deckungsbeitrag 2	**48.000**	**24.000**	**11.000**	**23.900**	**41.260**	**26.820**	**26.800**	**22.000**
– produktgruppenfixe Kosten	22.000		12.000		24.000		6.000	
Deckungsbeitrag 3	**50.000**		**22.900**		**44.080**		**42.800**	
– Bereichsfixkosten	111.400				30.000			
Deckungsbeitrag 4	**– 38.500**				**56.880**			
– Unternehmensfixkosten	149.000							
Verlust	**–130.620**							

b) Der Unternehmensbereich Indoor weist einen negativen Deckungsbeitrag aus, d.h., der Deckungsbeitrag der beiden Produktgruppen Bälle und Matten reicht nicht aus, um die Fixkosten des Bereichs Indoor zu decken. Man sollte daher versuchen, die Fixkosten des Bereichs Indoor zu reduzieren. Der Deckungsbeitrag des Bereichs Outdoor ist jedoch zu niedrig, um die gesamten Unternehmensfixkosten zu decken und dazu noch den Verlust vom Bereich Indoor abzudecken. Es müssten daher zum einen die Fixkosten reduziert und zum anderen die einzelnen Deckungsbeiträge erhöht werden.

Ü 52: **Anwendungsmöglichkeiten – Allgemeines Beispiel**

a) **Kaufentscheidung:**

	Kopierer 1		Kopierer 2
Kosten fix (2.910 : 5)	582,00	(2.350 : 5)	470,00
Kosten variabel (0,04 · 8.000)	320,00	(0,05 · 8.000)	400,00
Vollkosten	**902,00**		**870,00**

Kopierer 2 soll bei einem Volumen von 8.000 Seiten jährlich angeschafft werden.

b) **kritische Menge:**

Gleichung $582 + 0{,}04\,x = 470 + 0{,}05\,x$

$x = 11.200$

	Kopierer 1	Kopierer 2
Kosten fix	582,00	470,00
Kosten variabel	448,00	560,00
Vollkosten (bei 11.200 Stk.)	**1.030,00**	**1.030,00**

— **Bis zu** einer **Menge von 11.200 Seiten** jährlich ist es besser, ein Gerät mit höheren variablen Kosten und niedrigeren fixen Kosten anzuschaffen (Kopierer 2).

— **Ab** einer **Menge von 11.200 Seiten** jährlich ist es besser, ein Gerät mit niedrigeren variablen Kosten und höheren fixen Kosten anzuschaffen (Kopierer 1, Fixkostendegression).

Ü 53: Anwendungsmöglichkeiten, Allgemeines Beispiel

Lösung a) bis c)

	Pkw LO	Pkw XLO
Benzinpreis je Liter	€ 1,203	€ 1,203
durchschnittlicher Verbrauch	6	5
gefahrene km	2.500	3.000
Treibstoffkosten/Monat	**€ 180,45**	**€ 180,45**
Wartung, Reparatur	€ 175,00	€ 180,00
Versicherung	€ 69,83	€ 47,67
Betriebskosten/Monat	**€ 425,28**	**€ 408,12**
Abschreibung	€ 583,33	€ 750,00
Gesamtkosten/Monat	**€ 1.008,61**	**€ 1.158,12**
Gesamtkosten je km	**€ 0,40**	**€ 0,39**

Lösung a) bis c)

	Lkw VO	Lkw VOX
Dieselpreis je Liter	€ 1,116	€ 1,116
durchschnittlicher Verbrauch	26	30
gefahrene km	2.000	1.000
Treibstoffkosten/Monat	**€ 580,32**	**€ 334,80**
Wartung, Reparatur	€ 300,00	€ 500,00
Versicherung	€ 218,33	€ 179,33
Betriebskosten/Monat	**€ 1.098,65**	**€ 1.014,13**
Abschreibung	€ 1.250,00	€ 833,33
Gesamtkosten/Monat	**€ 2.348,65**	**€ 1.847,46**
Gesamtkosten je km	**€ 1,17**	**€ 1,85**

Lösung d)

Pkw:

		Pkw LO		Pkw XLO
Fixkosten:	Versicherung	69,83		47,67
	+ Abschreibung	583,33		750,00
		653,16		797,67
variable Kosten:	Treibstoffkosten	180,45		180,45
	+ Wartung, Reparatur	175,00		180,00
	für 2.500 km	355,45	für 3.000 km	360,45
	pro km	0,14		0,12

$0{,}14 \cdot x + 653{,}16 = 0{,}12 \cdot x + 797{,}67$

$\mathbf{x = 7.225{,}50}$

Bei einer monatlichen Kilometerleistung von 7.226 km verursachen beide Pkw die gleichen Kosten.

Lkw:

		Lkw VO		Lkw VOX
Fixkosten:	Versicherung	218,33		179,33
	+ Abschreibung	1.250,00		833,33
		1.468,33		1.012,66
variable Kosten:	Treibstoffkosten	580,32		334,80
	+ Wartung, Reparatur	300,00		500,00
	für 2.000 km	880,32	für 1.000 km	834,80
	pro km	0,44		0,83

$0{,}44 \cdot x + 1.468{,}33 = 0{,}83 \cdot x + 1.012{,}66$

$\mathbf{x = 1.168{,}38}$

Bei einer monatlichen Kilometerleistung von 1.168 km verursachen beide Lkw die gleichen Kosten.

Ü 54: Break-even-Analyse

a) Berechnung der monatlichen Break-even-Menge:

$$\text{Break-even-Menge} = \frac{3.270}{0{,}29 - 0{,}17} = \mathbf{27.250\ km}$$

b) Berechnung des kalkulatorischen Planergebnisses für Juni 20 . . :

Kilometerleistung für Juni 20 . . : 50.000 · 1,1 · 1,05 = **57.750 km**

Erlöse	€ 16.747,50	(57.750 · 0,29)
– variable Kosten	€ 9.817,50	(57.750 · 0,17)
Deckungsbeitrag	€ 6.930,00	
– Fixkosten	€ 3.270,00	
Gewinn	**€ 3.660,00**	

c) Berechnung des kalkulatorischen Planergebnisses für das Kalenderjahr 20 . . :

Erlöse	€ 210.250,00	(725.000 · 0,29)
– variable Kosten	€ 123.250,00	(725.000 · 0,17)
Deckungsbeitrag	€ 87.000,00	
– Fixkosten	€ 39.240,00	(3.270 ·12)
Gewinn	**€ 47.760,00**	

Ü 55: Break-even-Analyse

a) Ermittlung der Fixkosten:

Abschreibung/Jahr	€ 1.000,00	(5.000 : 5)
+ Raumkosten	€ 12.000,00	(1.000 · 12)
+ Lohnkosten	€ 4.620,00	(330 · 14)
+ sonstige Fixkosten	€ 25.000,00	
Fixkosten	**€ 42.620,00**	

Ermittlung der variablen Kosten:

Kleiderbügel	€ 0,30
+ Plastiksack	€ 0,20
+ Chemikalien	€ 3,00
variable Kosten	**€ 3,50**

$$\text{Break-even-Point} = \frac{42.620}{36 - 3{,}5} = \mathbf{1.312\ Kostüme}$$

b) DBU-Faktor:

$$\frac{90{,}27}{100} = \mathbf{0{,}9027}$$

Break-even-Umsatz:

$$\frac{42.620{,}00}{0{,}9027} = \mathbf{47.213{,}91}$$

Ü 56: Break-even-Analyse

a) Berechnung der Mindestmenge:

Jahresfixkosten: 4 · € 5.500,00 = € 22.000,00

$$\text{Break-even-Menge} = \frac{22.000}{0{,}36 - 0{,}18} = \mathbf{122.222\ Stück}$$

b) Berechnung des kalkulatorischen Planergebnisses:

Erlöse	€ 67.600,00	(160.000 · 0,36 + 40.000 · 0,25)
– variable Kosten	€ 36.000,00	(200.000 · 0,18)
Deckungsbeitrag	€ 31.600,00	
– Fixkosten	€ 22.000,00	
Gewinn	**€ 9.600,00**	

c) **Berechnung der Absatzsteigerung beim Produkt Mia:**

Berechnung des Gewinns für die Ausgangssituation (Absatzmenge 160.000 Stk.):

	Erlöse	€ 57.600,00	(160.000 · 0,36)
–	variable Kosten	€ 28.800,00	(160.000 · 0,18)
	Deckungsbeitrag	€ 28.800,00	
–	Fixkosten	€ 22.000,00	
	Gewinn	**€ 6.800,00**	

neuer Verkaufspreis:	0,36 · 0,80	= 0,29
neuer Deckungsbeitrag:	0,29 – 0,18	= 0,11
notwendige Absatzmenge:	28.800 : 0,11	= 261.819

	Erlöse	€ 75.927,27	(261.819 · 0,29)
–	variable Kosten	€ 47.127,27	(261.819 · 0,18)
	Deckungsbeitrag	€ 28.800,00	
–	Fixkosten	€ 22.000,00	
	Gewinn	**€ 6.800,00**	

Es kommt zu einem Kapaztätenengpass, da die Maximalkapazität von 200.000 Stk. überschritten wird.

Ü 57: Break-even-Analyse

a) **Break-even-Point:**

	Fertigungsmaterial	€ 5,00	
+	4 % variable Materialgemeinkosten	€ 0,20	
+	Fertigungslöhne	€ 8,00	
+	80 % variable Fertigungsgemeinkosten	€ 6,40	
+	Sonderkosten der Fertigung	€ 2,40	
	Herstellkosten	€ 22,00	
+	Sonderkosten des Vertriebs	€ 2,00	
	variable Selbstkosten	€ 24,00	
	Verkaufspreis	€ 50,00	
–	variable Selbstkosten	€ 24,00	
	Deckungsbeitrag	€ 26,00	
	kritische Menge (Break-even-Point)	**7.000 Stk.**	(182.000 : 26)

DBU-Faktor:

$$\frac{52{,}00}{100} = \mathbf{0{,}52}$$

Break-even-Umsatz:

$$\frac{182.000{,}00}{0{,}52} = \mathbf{350.000{,}–}$$

b) Wie hoch ist die Break-even-Menge, damit ein Gewinn von € 39.000,00 erzielt wird?

(39.000 = 50 x – 182.000 – 24 x)

gesuchte Menge: **8.500 Stück**

Ü 58: Kurzfristige Preisuntergrenze

	1 Stück	20.000 Stück
Vollkosten	€ 162,00	€ 3.240.000,00
variable Kosten	€ 73,00	€ 1.460.000,00
Erlös Zusatzauftrag	€ 79,00	€ 1.580.000,00
Deckungsbeitrag	**€** 6,00	**€** 120.000,00

Der Auftrag soll angenommen werden, da er einen positiven Deckungsbeitrag in Höhe von € 120.000,00 für die Abdeckung der Fixkosten bringt.

Ü 59: Kurzfristige Preisuntergrenze

a) Annahme des Zusatzauftrages – Entscheidung

	Materialkosten	€ 90.900,00
+	Materialgemeinkosten	€ 18.430,00
+	Fertigungslöhne	€ 243.650,00
+	Fertigungsgemeinkosten	€ 397.394,00
	variable Herstellkosten für 720.000 Stück	€ 750.374,00

variable Herstellkosten pro Stück = kurzfristige Preisuntergrenze **€ 0,08** (750.374 : 9.000.000)

Ja, der Auftrag soll angenommen werden. Die kurzfristige Preisuntergrenze liegt unter dem Preis des Auftrages des Büroartikelgroßhändlers von € 0,14/Stk.

b) Annahme des Zusatzauftrages – Auswirkung auf Erfolgssituation:

Erfolgssituation des Zusatzauftrages:

	Erlöse	€ 140.000,00	(1.000.000 · 0,14)
–	variable Kosten	€ 80.000,00	(1.000.000 · 0,08)
	Deckungsbeitrag	€ 60.000,00	

Durch die Annahme des Zusatzauftrages erhöht (verringert) sich der Gewinn (Verlust) um € 60.000,00.

Ü 60: Kurzfristige Preisuntergrenze

a) Ermittlung der Zuschlagssätze bzw. Maschinenstunden

Kostenstelle	Lager	Tischlerei 1	Tischlerei 2	Verwalt.	Vertrieb
variable Gemeinkosten	50.000,00	160.000,00	320.000,00	56.000,00	45.000,00
Bezugsgröße	250.000,00	200.000,00	2.000	980.000,00	980.000,00
Zuschlagssätze	20,0 %	80,0 %	160,0/h	5,7 %	4,6 %

Berechnung der variablen Herstellkosten:

	Materialeinzelkosten	€ 250.000,00
+	variable Materialgemeinkosten	€ 50.000,00
+	Fertigungslöhne	€ 200.000,00
+	variable Fertigungsgemeinkosten 1	€ 160.000,00
+	variable Fertigungsgemeinkosten 2	€ 320.000,00
	variable Herstellkosten	€ 980.000,00

	Materialeinzelkosten	€ 5.000,00	
+	20,0 % variable Materialgemeinkosten	€ 1.000,00	€ 6.000,00
+	Tischlerei 1	€ 20.000,00	
+	80,0 % variable Fertigungsgemeinkosten	€ 16.000,00	€ 36.000,00
+	Tischlerei 2: 230 Maschinenstunden		€ 36.800,00
	variable Herstellkosten		€ 78.800,00
+	5,7 % variable Verwaltungsgemeinkosten		€ 4.491,60
+	4,6 % variable Vertriebsgemeinkosten		€ 3.624,80
	variable Selbstkosten = kurzfristige Preisuntergrenze		**€ 86.916,40**

b) Ermittlung der kurzfristigen Preisuntergrenze für Auftrag B:

	Materialeinzelkosten	€ 15.000,00	
+	20,0 % variable Materialgemeinkosten	€ 3.000,00	€ 18.000,00
+	Tischlerei 1	€ 12.500,00	
+	80,0 % variable Fertigungsgemeinkosten	€ 10.000,00	€ 22.500,00
+	Tischlerei 2: 180 Maschinenstunden		€ 28.800,00
	variable Herstellkosten		€ 69.300,00
+	5,7 % variable Verwaltungsgemeinkosten		€ 3.950,10
+	4,6 % variable Vertriebsgemeinkosten		€ 3.187,80
	Variable Selbstkosten = kurzfristige Preisuntergrenze		**€ 76.437,90**

Ermittlung des Deckungsbeitrags von Auftrag A:

	Erlös	€ 95.000,00
–	variable Selbstkosten	€ 86.916,40
	Deckungsbeitrag Auftrag A	**€ 8.083,60**

Ermittlung des Deckungsbeitrags von Auftrag B:

	Erlös	€ 80.000,00
–	variable Selbstkosten	€ 76.437,90
	Deckungsbeitrag Auftrag B	**€ 3.562,10**

Annahme von Auftrag A, da ein höherer Deckungsbeitrag erwirtschaftet wird als bei Auftrag B.

Ü 61: Produktionsprogrammplanung ohne Engpass

	Erna	Olga	Raisa	Linda
Erlöse/Stk.	1.600,00	2.040,00	625,00	1.600,00
– variable Stückkosten	1.450,00	2.000,00	1.000,00	1.300,00
Deckungsbeitrag/Stk.	150,00	40,00	– 375,00	300,00

Das Produkt Raisa soll in der nächsten Periode nicht mehr produziert werden, da nicht einmal die variablen Stückkosten durch den Erlös gedeckt sind. Der Deckungsbeitrag von Raisa ist – € 375,00.

Ü 62: Produktionsprogrammplanung ohne Engpass

a) Betriebsergebnis zu Voll- und Teilkosten

	Kalkulation – Vollkosten		
	Xeron	Ylax	Zaurus
Fertigungsmaterial	48.000,00	72.000,00	54.000,00
+ 9 % MaterialGK	4.320,00	6.480,00	4.860,00
+ Fertigungslöhne	52.000,00	58.000,00	56.000,00
+ 270 % FertigungsGK	140.400,00	156.600,00	151.200,00
Herstellkosten	244.720,00	293.080,00	266.060,00
+ 31 % Vw- u. VtGK	75.863,20	90.854,80	82.478,60
Selbstkosten	320.583,20	383.934,80	348.538,60
volle Selbstkosten/Stk.	**100,18**	**95,98**	**139,42**

	Kalkulation – Teilkosten		
	Xeron	Ylax	Zaurus
Fertigungsmaterial	48.000,00	72.000,00	54.000,00
+ 3 % MaterialGK	1.440,00	2.160,00	1.620,00
+ Fertigungslöhne	52.000,00	58.000,00	56.000,00
+ 112 % FertigungsGK	58.240,00	64.960,00	62.720,00
Herstellkosten	159.680,00	197.120,00	174.340,00
+ 5 % Vw- u. VtGK	7.984,00	9.856,00	8.717,00
Selbstkosten	167.664,00	206.976,00	183.057,00
var. Selbstkosten/Stk.	**52,40**	**51,74**	**73,22**

	Erfolg – Vollkostenrechnung		
	Xeron	Ylax	Zaurus
Verkaufspreis/Stk.	121,00	94,00	142,00
– Selbstkosten/Stk.	100,18	95,98	139,42
Erfolg/Stk.	**20,82**	**– 1,98**	**2,58**
	66.624,00	– 7.920,00	6.450,00
Gesamterfolg	**65.154,00**		

	Deckungsbeitrag		
	Xeron	Ylax	Zaurus
Verkaufspreis/Stk.	121,00	94,00	142,00
– var. Kosten/Stk.	52,40	51,74	73,22
DB/Stk.	**68,60**	**42,26**	**68,78**
	219.520,00	169.040,00	171.950,00
GesamtDB	**560.510,00**		

b) **Zusatzauftrag Zaurus:**

Verkaufspreis Zaurus	€ 125,00	
– variable Selbstkosten Zaurus	€ 73,22	
DB-Zaurus neu	€ 51,78	
Menge	400 Stück	zusätzl. DB: **€ 20.712,00**

Der Zusatzauftrag für 400 Stk. Zaurus soll angenommen werden, da er einen zusätzlichen DB in Höhe von € 20.712,00 bringt.

c) **Preissenkung und Absatzsteigerung Zaurus:**

Verkaufspreis Zaurus	€ 125,00	
– variable Selbstkosten Zaurus	€ 73,22	
DB-Zaurus neu	€ 51,78	
neue Menge	2.900 Stück	
Summe DB neu	€ 150.162,00	2900 Stk.
Summe DB alt	€ 171.950,00	2500 Stk.
Differenz	**– € 21.788,00**	

Die Preissenkung für Zaurus hat zu einem Rückgang des DB in Höhe von – **€ 21.788,00** geführt.

d) **Preissenkung und Absatzsteigerung von Ylax:**

Variable Selbstkosten Ylax	€ 51,74		
Verkaufspreis Ylax alt	€ 94,00	Menge alt	4.000 Stk.
Verkaufspreis Ylax neu	€ 91,00	Menge neu	4.600 Stk.
DB Ylax alt	€ 42,26		
DB Ylax neu	€ 39,26		
Summe DB neu	€ 180.596,00		
Summe DB alt	€ 169.040,00		
Differenz	**€ 11.556,00**		

Die Preissenkung für Ylax kann vorgenommen werden, da durch die gleichzeitige Erhöhung der Absatzmenge eine Steigerung des DB in Höhe von **€ 11.556,00** erzielt werden kann.

Ü 63: Produktionsprogrammplanung ohne Engpass

a) **Gemeinkostenzuschlagssätze zu Vollkosten und Teilkosten:**

	Vollkosten	Variable Kosten	Fixe Kosten
Fertigungsmaterial	430.000,00	430.000,00	
Fertigungslöhne	1.170.000,00	1.170.000,00	
Summe Einzelkosten	1.600.000,00	1.600.000,00	
MaterialGK	1.093.000,00	198.000,00	895.000,00
MaterialGK-Zuschlagssatz	**254%**	**46%**	
Fertigungsgemeinkosten	1.970.000,00	327.000,00	1.643.000,00
FertigungsGK-Zuschlagssatz	**168%**	**28%**	
Summe Gemeinkosten	3.063.000,00	525.000,00	

b) Gewinn und Verlust zu Vollkosten:

	Race	Fun	Win
Fertigungsmaterial	150.000,00	120.000,00	160.000,00
+ volle MaterialGK	381.000,00	304.800,00	406.400,00
+ Fertigungslöhne	300.000,00	190.000,00	680.000,00
+ volle FertigungsGK	504.000,00	319.200,00	1.142.400,00
volle Selbstkosten	1.335.000,00	934.000,00	2.388.800,00
Erlös	1.722.000,00	1.148.000,00	2.296.000,00
Gewinn/Verlust	387.000,00	214.000,00	– 92.800,00
Gewinn/Verlust je Paar	**129,00**	**107,00**	**– 23,20**

DB der einzelnen Produkte:

	Race	Fun	Win
Fertigungsmaterial	150.000,00	120.000,00	160.000,00
+ variable MaterialGK	69.000,00	55.200,00	73.600,00
+ Fertigungslöhne	300.000,00	190.000,00	680.000,00
+ variable FertigungsGK	84.000,00	53.200,00	190.400,00
variable Selbstkosten	603.000,00	418.400,00	1.104.000,00
Erlös	1.722.000,00	1.148.000,00	2.296.000,00
DB	1.119.000,00	729.600,00	1.192.000,00
DB je Paar	**373,00**	**364,80**	**298,00**

c) Artikel auflassen?

Aufgrund der Vollkostenrechnung wäre der Ski Win aufzulassen, da er einen Verlust je Paar von € 23,20 bringt. Die Teilkostenrechnung zeigt aber, dass Win einen positiven Deckungsbeitrag von € 298,00 je verkauftes Paar zur Abdeckung der Fixkosten bringt.

Ü 64: Produktionsprogrammplanung mit einem Engpass

	Navigation	Lotgerät	Steuerung	
Preis/Stk.	1.500,00	630,00	1.485,00	
– var. Kosten/Stk.	1.350,00	460,00	1.431,87	
DB/Stk.	**150,00**	**170,00**	**53,13**	
Summe DB	750.000,00	425.000,00	425.000,00	Mindest-DB für Steuerung
Engpass in Min.	30	60	15	
engpassbezogener DB	5,00	2,83	3,54	
Reihung – I	**1.**	**2.**	–	
Reihung – II (inkl. Steuerung)	**1.**	**3.**	**2.**	

Die speziellen integrierten Steuerungsgeräte müssen mindestens einen Gesamt-DB von € 425.000,00 bringen, da sonst die beiden bestehenden Aufträge für die Kornati lukrativer sind. Das heißt, die variablen Selbstkosten für ein integriertes Steuerungsgerät dürfen maximal **€ 1.431,87** betragen.

Ü 65: Produktionsprogrammplanung mit einem Engpass

a) Ermittlung des engpassbezogenen Deckungsbeitrages:

	Xenos	Xenos forte	Xenophil
Nettoerlös/Packung	€ 215,00	€ 304,00	€ 427,00
variable Kosten XS 1217	€ 23,00	€ 64,00	€ 246,00
sonstige variable Kosten/Packung	€ 23,00	€ 28,00	€ 37,00
Deckungsbeitrag/Stück	**€ 69,00**	**€ 112,00**	**€ 144,00**
benötigte Menge an XS1217 (in g)	1,5	2	3
engpassbezogener DB	**€ 46,00**	**€ 56,00**	**€ 48,00**
Reihung	**3.**	**1.**	**2.**

Ermittlung des deckungsbeitragsoptimalen Produktions- und Absatzprogramms:

	höchstmögliche Kapazität im Engpass	12.000 g
–	Engpassbeanspruchung für Xenos forte (1.800 Pkg. · 2 g)	3.600 g
	verbleibende Kapazität im Engpass	8.400 g
–	Engpassbeanspruchung für Xenophil (2.200 Pkg. · 3 g)	6.600 g
	verbleibende Kapazität im Engpass	1.800 g
–	Engpassbeanspruchung für Xenos (1.200 Pkg. · 1,5 g)	1.800 g
	verbleibende Kapazität im Engpass	0 g

b) Ermittlung des Deckungsbeitrages:

	Xenos	Xenos forte	Xenophil
geplanter Absatz/Pkg.	2.000	1.800	2.200
gewinnoptimale Produktionsmenge (Pkg.)	**1.200**	**1.800**	**2.200**
Deckungsbeitrag pro Produkt	**€ 82.800,00**	**€ 201.600,00**	**€ 316.800,00**
Deckungsbeitrag gesamt		**€ 601.200,00**	

Ü 66: Produktionsprogrammplanung mit einem Engpass

a) Ermittlung des engpassbezogenen Deckungsbeitrages

	Enzianblick	Waldgeist	Kräuterfee
Nettoerlös/Liter	€ 12,00	€ 9,50	€ 10,40
variable Kosten/Liter	€ 10,00	€ 8,00	€ 9,00
Deckungsbeitrag/Liter	**€ 2,00**	**€ 1,50**	**€ 1,40**
benötigte Menge an Extrakt (in Liter)	0,50	0,30	0,70
engpassbezogener DB	**€ 4,00**	**€ 5,00**	**€ 2,00**
Reihung	**2.**	**1.**	**3.**

Ermittlung des deckungsbeitragsoptimalen Produktions- und Absatzprogrammes:

	höchstmögliche Kapazität im Engpass	12.000 l
–	Engpassbeanspruchung für Waldgeist (20.000 Fl. · 0,3)	6.000 l
	verbleibende Kapazität im Engpass	6.000 l
–	Engpassbeanspruchung für Enzianblick (12.000 Fl. · 0,5)	6.000 l
	verbleibende Kapazität im Engpass	0 l

	Enzianblick	Waldgeist	Kräuterfee
geplanter Absatz/Stück	30.000	20.000	20.000
gewinnoptimale Produktionsmenge (Stück)	**12.000**	**20.000**	**0**
Deckungsbeitrag pro Produkt	**€ 24.000,00**	**€ 30.000,00**	**€ 0,00**
Deckungsbeitrag gesamt		**€ 54.000,00**	

b)

	Enzianblick	Waldgeist	Kräuterfee	Kräuterfee extra
Nettoerlös/Liter	€ 12,00	€ 9,50	€ 10,40	€ 12,00
variable Kosten/Liter	€ 10,00	€ 8,00	€ 9,00	€ 9,00
Deckungsbeitrag/Liter	**€ 2,00**	**€ 1,50**	**€ 1,40**	**€ 3,00**
benötigte Menge an				
Extrakt (in Liter)	0,50	0,30	0,70	0,70
engpassbezogener DB	**€ 4,00**	**€ 5,00**	**€ 2,00**	**€ 4,29**
Reihung	**3.**	**1.**	**4.**	**2.**

Ermittlung des deckungsbeitragsoptimalen Produktions- und Absatzprogrammes:

	höchstmögliche Kapazität im Engpass	12.000 l
–	Engpassbeanspruchung für Waldgeist (20.000 Fl. · 0,3)	6.000 l
	verbleibende Kapazität im Engpass	6.000 l
–	Engpassbeanspruchung für Kräuterfee extra (400 Fl. · 0,7)	280 l
	verbleibende Kapazität im Engpass	5.720 l
–	Engpassbeanspruchung für Enzianblick (11.440 Fl. · 0,5)	5.720 l
	verbleibende Kapazität im Engpass	0 l

	Enzianblick	Waldgeist	Kräuterfee	Kräuterfee extra
geplanter Absatz/Flaschen	30.000	20.000	20.000	400
gewinnoptimale Produktionsmenge (Stück)	**11.440**	**20.000**	**0**	**400**
Deckungsbeitrag pro Produkt	**€ 22.880,00**	**€ 30.000,00**	**€ 0,00**	**€ 1.200,00**
Deckungsbeitrag gesamt	**€ 54.080,00**			

Ü 67: Eigenfertigung oder Fremdbezug

a) Kurzfristige Preisuntergrenze:

	Auftrag 005	Auftrag 008
Fertigungsmaterial	900,00	885,00
+ 20 % MaterialGK	180,00	177,00
+ Fertigungslohn A	200,00	300,00
+ 80 % FertigungsGK A	160,00	240,00
+ Fertigungslohn B	300,00	360,00
Herstellkosten	1.740,00	1.962,00
+ 10 % Vw- u. VtGK	174,00	196,20
var. Selbstkosten	**1.914,00**	**2.158,20**

b) Halbfabrikat – Fremdfertigung:

	Auftrag 005	Auftrag 008
+ FertigungsGK A	1.440,00	1.602,00
+ Fremdbearbeitung	300,00	650,00
Herstellkosten	1.740,00	2.252,00
+ Vw- u. VtGK	159,00	192,70
var. Selbstkosten	**1.899,00**	**2.444,70**

c) Produktionsentscheidung:

Für Auftrag 005 sollte das Halbfabrikat fremd vergeben werden, da dadurch geringere variable Selbstkosten entstehen. Auftrag 008 sollte selbst hergestellt werden, da hiermit geringere variable Selbstkosten entstehen.

Ü 68: Eigenfertigung oder Fremdbezug

Teilkosten Eigenfertigung:

	Fertigungsmaterial	€ 100,00
+	150 % Fertigungsmaterialgemeinkosten variabel	€ 150,00
+	Fertigungslöhne	€ 150,00
+	100 % Fertigungslohngemeinkosten variabel	€ 150,00
	variable Selbstkosten	€ 550,00

Der Auftrag soll selbst gefertigt werden (€ 550,–). Er soll nicht über die Unterlieferantin Masnie Lea bezogen werden (€ 580,00); Eigenfertigung ist günstiger, da die anteiligen fixen Kosten auch bei Fremdfertigung anfallen.

Ü 69: Unternehmensentscheidungen – Fallbeispiel

Unternehmensentscheidung I. Quartal:

a) variable Kosten und Vollkosten, Deckungsbeitrag und Nettoergebnis, Betriebsergebnis

	Langfristige Preisuntergrenze		
Produkte	Alberta	Bolivia	Chile
Fertigungsmaterial	€ 15,00	€ 18,00	€ 21,60
+ 9 % MaterialGK	€ 1,35	€ 1,62	€ 1,94
+ Fertigungslohn	€ 16,25	€ 14,50	€ 22,40
+ 270 % FertigungsGK	€ 43,88	€ 39,15	€ 60,48
Herstellkosten	€ 76,48	€ 73,27	€ 106,42
+ 31 % Vw- u. VtGK	€ 23,71	€ 22,71	€ 32,99
volle Selbstkosten	€ 100,19	€ 95,98	€ 139,41
Netto-VKP	€ 121,00	€ 94,00	€ 142,00
– volle Selbstkosten	€ 100,19	€ 95,98	€ 139,41
Nettoergebnis/Stk.	€ 20,81	– € 1,98	€ 2,59
Nettoergebnis gesamt	€ 66.592,00	– € 7.920,00	€ 6.475,00
Betriebsergebnis		**€ 65.147,00**	

	Kurzfristige Preisuntergrenze		
Produkte	Alberta	Bolivia	Chile
Fertigungsmaterial	€ 15,00	€ 18,00	€ 21,60
+ 3 % MaterialGK	€ 0,45	€ 0,54	€ 0,65
+ Fertigungslohn	€ 16,25	€ 14,50	€ 22,40
+ 112 % FertigungsGK	€ 18,20	€ 16,24	€ 25,09
Herstellkosten	€ 49,90	€ 49,28	€ 69,74
+ 5 % Vw-VtGK	€ 2,50	€ 2,46	€ 3,49
variable Selbstkosten	€ 52,40	€ 51,74	€ 73,23
Netto-VKP	€ 121,00	€ 94,00	€ 142,00
– var. Selbstkosten	€ 52,40	€ 51,74	€ 73,23
DB/Stk.	€ 68,60	€ 42,26	€ 68,77
DB gesamt	€ 219.520,00	€ 169.040,00	€ 171.925,00
– Fixkosten		€ 495.338,00	
Betriebsergebnis		**€ 65.147,00**	

b) **Zusatzauftrag für Chile:**

Menge	400 Stück
Erlös	€ 125,00
– variable Kosten	€ 73,23
DB/Stk.	€ 51,77
DB für 400 Stk.	**€ 20.708,00**

Durch den Zusatzauftrag wird ein zusätzlicher Gewinn erwirtschaftet, der Auftrag ist daher anzunehmen!

c) **Preissenkung für Bolivia und Auftragssteigerung:**

Menge	4.600 Stück
Erlös	€ 91,00
– variable Kosten	€ 51,74
DB/Stk.	€ 39,26
DB neu	**€ 180.596,00**
DB alt	€ 169.040,00
zusätzliches Ergebnis	**€ 11.556,00**

Durch die Preissenkung wird ein zusätzlicher Gewinn erwirtschaftet, die Preise sind daher zu senken!

Unternehmensentscheidung II. Quartal:

a) variable Kosten und Vollkosten, Deckungsbeitrag und Nettoergebnis, Betriebsergebnis

	Langfristige Preisuntergrenze		
Produkte	Alberta	Bolivia	Chile
Fertigungsmaterial	€ 12,40	€ 13,17	€ 16,94
+ 11 % MaterialGK	€ 1,36	€ 1,45	€ 1,86
+ Fertigungslohn	€ 11,60	€ 10,16	€ 18,89
+ 288 % FertigungsGK	€ 33,41	€ 29,26	€ 54,40
Herstellkosten	€ 58,77	€ 54,04	€ 92,09
+ 37 % Vw-VtGK	€ 21,74	€ 19,99	€ 34,07
volle Selbstkosten	€ 80,51	€ 74,03	€ 126,16
Netto-VKP	€ 80,00	€ 85,00	€ 120,00
– volle Selbstkosten	€ 80,51	€ 74,03	€ 126,16
Nettoergebnis/Stk.	– € 0,51	€ 10,97	– € 6,16
Nettoergebnis ges.	– € 2.550,00	€ 69.111,00	– € 22.176,00
Betriebsergebnis		**€ 44.385,00**	

	Kurzfristige Preisuntergrenze		
Produkte	Alberta	Bolivia	Chile
Fertigungsmaterial	€ 12,40	€ 13,17	€ 16,94
+ 5 % MaterialGK	€ 0,62	€ 0,66	€ 0,85
+ Fertigungslohn	€ 11,60	€ 10,16	€ 18,89
+ 115 % FertigungsGK	€ 13,34	€ 11,68	€ 21,72
Herstellkosten	€ 37,96	€ 35,67	€ 58,40
+ 7 % Vw- u. VtGK	€ 2,66	€ 2,50	€ 4,09
variable Selbstkosten	€ 40,62	€ 38,17	€ 62,49
Netto-VKP	€ 80,00	€ 85,00	€ 120,00
– variable Selbstkosten	€ 40,62	€ 38,17	€ 62,49
DB/Stk.	€ 39,38	€ 46,83	€ 57,51
DB gesamt	€ 196.900,00	€ 295.029,00	€ 207.036,00
– Fixkosten		€ 654.580,00	
Betriebsergebnis		**€ 44.385,00**	

b) Zusatzauftrag für Chile:

Menge	600 Stück
Erlös	€ 105,00
– variable Kosten	€ 62,49
DB/Stk.	€ 42,51
DB für 600 Stk.	**€ 25.506,00**

Durch den Zusatzauftrag wird ein zusätzlicher Gewinn erwirtschaftet, der Auftrag ist daher anzunehmen!

c) Preissenkung für Bolivia und Auftragssteigerung:

Menge	7.500 Stück	
Erlös	€ 76,00	
– variable Kosten	€ 38,17	
DB/Stk.	€ 37,83	
DB neu		**€ 283.725,00**
DB alt		€ 295.029,00
zusätzliches Ergebnis		**– € 11.304,00**

Durch die Preissenkung wird kein zusätzlicher Gewinn erwirtschaftet, die Preise sind daher **nicht** zu senken!

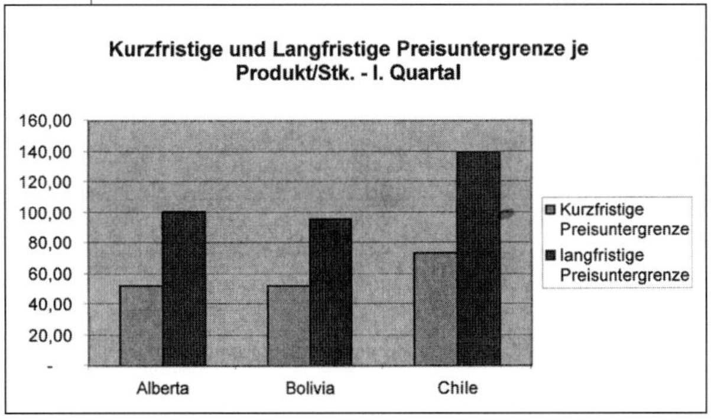

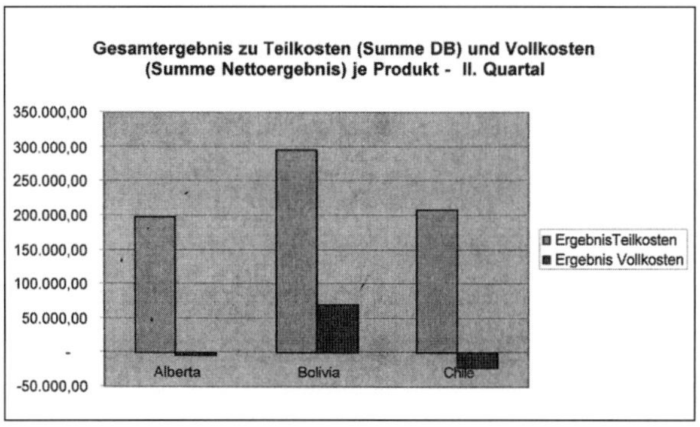

Ü 70: Fallbeispiel Deckungsbeitragsrechnung

a) Anzahl der Aufträge: (7.000.000 : 140.000) = 50

	Vermittlungsprovision (140.000 · 0,02 · 50)	€ 140.000,00
+	sonstige variable Kosten (700 · 50)	€ 35.000,00
		€ 175.000,00
	Erlöse (7.000.000 · 0,05)	€ 350.000,00
–	variable Kosten	€ 175.000,00
	Deckungsbeitrag	€ 175.000,00
–	Fixkosten	€ 70.000,00
	Gewinn	**€ 105.000,00**

b) DB/Auftrag: (175.000 : 50) = € 3.500,00

Break-even-Menge $= \frac{70.000,00}{3.500,00} =$ **20 Aufträge**

DBU-Faktor:

$\frac{50\,\%}{100} =$ **0,5**

Break-even-Umsatz $= \frac{70.000,00}{0,5} =$ **140.000/Auftrag**

mindester Objektumsatz: (20 · 140.000) = **€ 2.800.000,00**

c)

	Erlöse (1.400.000 · 0,04)	€ 56.000,00
	variable Kosten (10 · 1.400 + 1.400.000 · 0,02)	€ 42.000,00
	Deckungsbeitrag 1	€ 14.000,00
–	kundenfixe Kosten	€ 7.000,00
	Deckungsbeitrag 2	**€ 7.000,00**

DB/Auftrag: (14.000 : 10) = € 1.400,00

Break-even-Menge $= \frac{7.000}{1.400} =$ **5 Aufträge**

mindester Objektumsatz: (5 · 140.000) = **€ 700.000,00**

Ü 71: Fallbeispiel Deckungsbeitragsrechnung

Ermittlung der variablen Herstellkosten/Paar:

			Tourenski „Yeti"		Allroundski „Praktika"
	Fertigungsmaterial	(2 · 90)	€ 180,00	(1,3 · 90)	€ 117,00
+	MaterialGK	(180 · 0,10)	€ 18,00	(117 · 0,12)	€ 14,04
+	Fertigungslohn		€ 25,00		€ 10,00
+	FertigungsGK	(25 · 1,85)	€ 46,25	(10 · 1,90)	€ 19,00
+	Sondereinzelkosten Fertigung		€ 0,00		€ 20,00
			€ 269,25		€ 180,04

Ermittlung der produktgruppenfixen Kosten:

	Wartungskosten	€ 30.500,00
+	Kosten für Vw u. Vt	€ 19.500,00
+	Abschreibung ([400.000 + 50.000] : 10)	€ 45.000,00
+	kalk. Zinsen	€ 15.000,00
		€ 110.000,00

	Tourenski „Yeti"		Allroundski „Praktika"
Erlöse – variable Kosten	€ 56.000.000,00 € 53.850.000,00		€ 36.000.000,00 € 28.806.400,00
Deckungsbeitrag 1 – produktfixe Kosten	**€ 2.150.000,00** € 62.220,00		**€ 7.193.600,00** € 24.960,00
Deckungsbeitrag 2 – produktgruppenfixe Kosten	**€ 2.087.780,00**	€ 110.000,00	**€ 7.168.640,00**
Deckungsbeitrag 3		**€ 9.146.420,00**	

Ü 72: Fallbeispiel Unternehmerentscheidungen

a) Berechnung des Deckungsbeitrages pro Packung Murkiesel und des Betriebsergebnisses:

	Erlös	€ 5,00
–	variable Kosten	€ 3,00
	Deckungsbeitrag	**€ 2,00**
	Nettoerlös für 75.000 Pkg.	€ 375.000,00
–	variable Selbstkosten	€ 225.000,00
	Deckungsbeitrag	€ 150.000,00
–	Fixkosten	€ 165.500,00
	Betriebsverlust	**– € 15.500,00**

b) Mehrstufiges Direct Costing:

	Marzipanprodukte		Kürbiskerne	
	Murkiesel	Murtaler	Vollmilch-schokolade	weiße Schokolade
Nettoerlöse – variable Herstellkosten	375.000,00 225.000,00	88.000,00 55.000,00	60.000,00 36.000,00	10.000,00 9.500,00
Deckungsbeitrag 1 – Erzeugnisfixkosten	150.000,00 25.000,00	33.000,00 22.500,00	24.000,00 0,00	500,00 5.000,00
Deckungsbeitrag 2	125.000,00	10.500,00	24.000,00	– 4.500,00
 – Bereichfixkosten	135.500,00 0,00		19.500,00 28.000,00	
Deckungsbeitrag 3	135.500,00		– 8.500,00	
 – Unternehmensfixkosten	127.000,00 113.000,00			
Betriebsgewinn	**14.000,00**			

Das Unternehmen weist einen Betriebsgewinn von € 14.000,– aus. Der Deckungsbeitrag 2 der mit weißer Schokolade überzogenen Kürbiskerne und der Bereichsdeckungsbeitrag – Kürbiskernprodukte – ist mit insgesamt € 8.500,– negativ. Die ungünstige Kostenentwicklung beim Produkt „mit weißer Schokolade überzogene Kürbiskerne" ist näher zu analysieren.

c) Zusatzauftrag

	Erlöse	€ 3,50
–	variable Kosten	€ 3,00
	Deckungsbeitrag pro Packung	**€ 0,50**

Gesamtdeckungsbeitrag = € 0,50 · 25.000 Pkg. = **€ 12.500,–**

Der Auftrag kann angenommen werden, da sich ein zusätzlicher DB von € 0,50 pro Pkg. und in Summe von € 12.500,– ergibt.

d) Gewinnoptimales Produktions- und Absatzprogramm

	Murkiesel	Murtaler	Vollmilch-schokolade	weiße Schokolade
Nettoerlös/Pkg.	€ 5,00	€ 4,00	€ 2,00	€ 2,00
variable Kosten/Pkg.	€ 3,00	€ 2,50	€ 1,20	€ 1,90
Deckungsbeitrag/Pkg.	**€ 2,00**	**€ 1,50**	**€ 0,80**	**€ 0,10**
benötigte in dag/Pkg.	25	15	12	12
engpassbezogener DB	**€ 0,08**	**€ 0,10**	**€ 0,07**	**€ 0,01**
Reihung	**2.**	**1.**	**3.**	**4.**

	höchstmögliche Kapazität im Engpass	2.000.000 dag
–	Engpassbeanspruchung – Murtaler (22.000 · 15 dag)	330.000 dag
	verbleibende Kapazität im Engpass	1.670.000 dag
–	Engpassbeanspruchung – Murkiesel (66.800 · 25 dag)	1.670.000 dag
	verbleibende Kapazität im Engpass	0 dag

	Murkiesel	Murtaler	Vollmilch-schokolade	weiße Schokolade
geplanter Absatz/Stück	75.000	22.000	30.000	5.000
gewinnoptimale Produktionsmenge (Pkg.)	**66.800**	**22.000**	**0**	**0**
Deckungsbeitrag/Produkt	**€ 133.600,00**	**€ 33.000,00**	**€ 0,00**	**€ 0,00**
Deckungsbeitrag gesamt	€ 166.600,00			
– Fixkosten	– € 193.500,00			
Betriebsergebnis	**– € 26.900,00**			

Die Kapazitätseinschränkungen aufgrund der Knappheit beim Kakao verursacht ein Sinken des Ergebnisses um € 40.900,–.

Ü 73: Ermittlung des Betriebserfolges

a) Gesamtdeckungsbeitrag:

		Kosten			Erlöse
	Aufwendungen	377.000,00		Erträge	394.000,00
–	neutrale Aufwendungen	51.000,00	–	neutrale Erträge	32.000,00
+	Anderskosten	28.000,00	+	Andersleistungen	36.000,00
+	Zusatzkosten	3.000,00		Erlöse	398.000,00
	Kosten	357.000,00			
	fixe Kosten (davon 70 %)	249.900,00			
	variable Kosten (davon 30 %)	107.100,00			
	Erlöse	398.000,00			
–	variable Kosten	107.100,00			
	Gesamtdeckungsbeitrag	**290.900,00**			

b) Bedeutung Deckungsbeitrag:

Der Deckungsbeitrag gibt an, wie viel zur Abdeckung der fixen Kosten beigetragen wird bzw. wie viel zur Erreichung eines Gewinns bzw. zur Verbesserung des Betriebsergebnisses beigetragen wird.

c) Ermittlung Unternehmensergebnis und Betriebsergebnis:

Unternehmensergebnis:			Betriebsergebnis:		
	Erträge	€ 394.000,00		Erlöse	€ 398.000,00
–	Aufwendungen	€ 377.000,00	–	Kosten	€ 357.000,00
	Unternehmensergebnis:	**€ 17.000,00**		**Betriebsergebnis:**	**€ 41.000,00**

Ü 74: Ermittlung des Betriebserfolges (Gesamtkostenverfahren)

a) Ermittlung des Unternehmensgewinnes:

	Periodenerträge (abgegrenzt)		€ 1.779.494,00
–	Bestandsveränd. fertige und unfertige Erzeugnisse:		
	Endbestand	€ 374.846,00	
	– Anfangsbestand	€ 424.729,00	– € 49.883,00
			€ 1.729.611,00
–	Periodenaufwendungen (abgegrenzt)		€ 1.094.950,00
	Unternehmensgewinn		**€ 634.661,00**

b) Ermittlung des Betriebsgewinnes:

	Periodenerträge (abgegrenzt)		€ 1.779.494,00
–	Bestandsveränd. fertige und unfertige Erzeugnisse:		
	Endbestand	€ 374.846,00	
	– Anfangsbestand	€ 424.729,00	– € 49.883,00
			€ 1.729.611,00
–	Periodenkosten		€ 997.472,00
	Betriebsgewinn		**€ 732.139,00**

Ü 75: Ermittlung des Betriebserfolges (Umsatzkostenverfahren)

	MP3 SA 2910	MP3 SA 2930	MP3 SA 2950
Periodenabsatz/Stück	4.000	2.000	1.000
Verkaufspreis	€ 64,00	€ 90,00	€ 54,00
– Selbstkosten/Stück	€ 60,00	€ 98,00	€ 48,00
Gewinn (Verlust)/Stück	**€ 4,00**	**– € 8,00**	**€ 6,00**
Gesamtgewinn(-verlust)/Produkt	€ 16.000,00	– € 16.000,00	€ 6.000,00
Betriebsgewinn	€ 6.000,00		

Ü 76: Ermittlung des Betriebserfolges (Umsatzkostenverfahren – Gesamtkostenverfahren)

a) Ermittlung der variablen Herstellkosten/kg:

		V	variable Kosten	Fixkosten
Materialeinzelkosten	€ 20.000,00	10	€ 20.000,00	
Materialgemeinkosten	€ 5.000,00	5	€ 2.500,00	€ 2.500,00
Fertigungseinzelkosten	€ 25.000,00	10	€ 25.000,00	
Fertigungsgemeinkosten	€ 25.000,00	8	€ 20.000,00	€ 5.000,00
Verwaltungsgemeinkosten	€ 15.000,00	0		€ 15.000,00
Vertriebsgemeinkosten	€ 10.000,00	0		€ 10.000,00
			€ 67.500,00	€ 32.500,00

variable Herstellkosten/kg: (67.500 : 10.000) = € 67,50

b) Gesamtkostenverfahren:

	Erlöse	€ 720.000,00
–	variable Herstellkosten (10.000 · 67,50)	€ 675.000,00
+	Bestandsveränderung (1.000 · 67,50)	€ 67.500,00
	Deckungsbeitrag	€ 112.500,00
–	Fixkosten	€ 32.500,00
	Betriebsgewinn	**€ 80.000,00**

c) Umsatzkostenverfahren:

	Erlöse	€ 720.000,00
–	variable Herstellkosten (9.000 · 67,50)	€ 607.500,00
	Deckungsbeitrag	€ 112.500,00
–	Fixkosten	€ 32.500,00
	Betriebsgewinn	**€ 80.000,00**

Ü 77: Ermittlung des Betriebserfolges (Umsatzkostenverfahren – Gesamtkostenverfahren)

a) Ermittlung der variablen Kosten/Stk. für 20..:

	Fertigungsmaterial	€ 6,00
+	Fertigungslohn	€ 10,00
+	120 % FertigungsGK	€ 12,00
	variable Herstellkosten/Stk.	**€ 28,00**

Ermittlung Deckungsbeitrag/Stk. für 2020..:

	Erlös	€ 59,43
–	variable Kosten/Stk.	€ 28,00
	Deckungsbeitrag/Stk.	**€ 31,43**

Umsatzkostenverfahren:

	Erlöse	€ 624.000,00	(10.500 · 59,43)
–	variable Herstellkosten	€ 294.000,00	(10.500 · 28)
	Deckungsbeitrag	€ 330.000,00	
–	Fixkosten	€ 270.000,00	
	Betriebserfolg	**€ 60.000,00**	

Ermittlung der abgesetzten Menge für 20..:

Gesamtdeckungsbeitrag : Deckungsbeitrag/Stk. = abgesetzte Menge

330.000 : 31,43 = **10.500 Stk.**

b)

	Anfangsbestand	2.500 Stk.
–	Endbestand	1.500 Stk.
+	Absatz	10.500 Stk.
	Produktion 20..	**11.500 Stk.**

Gesamtkostenverfahren:

	Erlöse	€ 624.000,00	(10.500 · 59,43)
–	variable Herstellkosten	€ 322.000,00	(11.500 · 28)
+	Bestandsveränderung	€ 28.000,00	(1.000 · 28)
	Deckungsbeitrag	€ 330.000,00	
	Fixkosten	€ 270.000,00	
	Betriebserfolg	**€ 60.000,00**	

c) Break-even-Menge = $\frac{270.000}{31,43}$ = **8.591 Stk.**

Ü 78: Bewertung von unfertigen und fertigen Erzeugnissen

		AIIX	OMX
	Fertigungsmaterial	€ 8.000,00	€ 14.000,00
+	10 % MaterialGK	€ 800,00	€ 1.400,00
+	Fertigungslohn	€ 5.000,00	€ 7.000,00
+	150 % FertigungsGK	€ 7.500,00	€ 10.500,00
+	Sonderkosten der Fertigung	€ 2.000,00	€ 2.000,00
	Herstellungskosten	€ 23.300,00	€ 34.900,00
	Endbestand 31. Dez. 20..		
	100 Stk. AIIX (100 · 23.300)	€ 2.330.000,00	
+	150 Stk. OMX (150 · 34.900)	€ 5.235.000,00	€ 7.565.000,00
–	Anfangsbestand 1. Jan. 20..		€ 5.000.000,00
	Bestandserhöhung		€ 2.565.000,00

1500 Fertige Erzeugnisse / 4500 Bestandsveränderungen 2.565.000,–

Ü 79: Bewertung von unfertigen und fertigen Erzeugnissen

	Material	Fertigung
Summe Gemeinkosten	560	9.350
– kalk. Abschreibungen	10	260
– kalk. Zinsen	15	180
– kalk. Wagnisse	20	10
– kalk. Unternehmerlohn		100
+ ordentl. Abschreibungen	515	8.800
+ durchschn. Schadensfälle		220
	20	10
	535	9.030
Fertigungsmaterial	3.500	
Fertigungslöhne		7.000
Zuschlagssätze	**15,3%**	**129,0%**

Fertigungsmaterial	€ 105.300,00
+ 15,3% MatGK	€ 16.111,00
+ Fertigungslohn	€ 158.690,00
+ 129,0% FertGK	€ 204.710,00
Herstellungskosten	**€ 484.811,00**

Ü 80: Kalkulation im Handel

Karl Steiner e.U., Handel mit Geschenkartikel, Tamsweg

a)

Summe der Aufwendungen (= Kosten)	€ 642.800,00
– Wareneinsatz	€ 421.000,00
Gemeinkosten	€ 221.800,00

$$\text{Gemeinkostenzuschlagssatz} = \frac{\text{Gemeinkosten}}{\text{Wareneinsatz}} \cdot 100 = \frac{221.800}{421.000} \cdot 100 = \mathbf{52{,}7\,\%}$$

b)

Erlöse exkl. USt	€ 743.000,00
– Wareneinsatz	€ 421.000,00
Bruttogewinn	€ 322.000,00

$$\text{Rohaufschlag exkl. USt} = \frac{\text{Bruttogewinn}}{\text{Wareneinsatz}} \cdot 100 = \frac{322.000}{421.000} \cdot 100 = \mathbf{76{,}5\,\%}$$

Erlöse inkl. USt	€ 891.600,00
– Wareneinsatz	€ 421.000,00
Bruttogewinn	€ 470.600,00

$$\text{Rohaufschlag inkl. USt} = \frac{\text{Bruttogewinn}}{\text{Wareneinsatz}} \cdot 100 = \frac{470.600}{421.000} \cdot 100 = \mathbf{111{,}8\,\%}$$

c) $$\text{Handelsspanne exkl. USt} = \frac{\text{Bruttogewinn}}{\text{Erlöse (exkl. USt)}} \cdot 100 = \frac{322.000}{743.000} \cdot 100 = \mathbf{43{,}3\,\%}$$

$$\text{Handelsspanne inkl. USt} = \frac{\text{Bruttogewinn}}{\text{Erlöse (inkl. USt)}} \cdot 100 = \frac{470.600}{891.600} \cdot 100 = \mathbf{52{,}8\,\%}$$

d) $$\text{Kalkulationsfaktor inkl. USt} = \frac{100 + \text{Rohaufschlag inkl. USt}}{100} = \frac{100 + 111{,}8}{100} = \mathbf{2{,}12}$$

e) Verkaufspreis = 10,50 · 2,12 = **€ 22,30**

Ü 81: Differenzierte Kalkulation im Handel

Baustoffhandel Paul Ulbel KG, Jennersdorf

a)

	Rechnungspreis Scheibtruhe „Hobby"	€ 40,00	
–	25 % Wiederverkäuferrabatt	€ 10,00	
	Einstandspreis	**€ 30,00**	
	Erlös (netto)	€ 50,00	(60 : 1,20 = € 50,00)
–	Einstandspreis	€ 30,00	
	Bruttogewinn	**€ 20,00**	

$$\text{Handelsspanne exkl. 20 \% USt} = \frac{\text{Bruttogewinn}}{\text{Erlöse (exkl. USt)}} \cdot 100 = \frac{20}{50} \cdot 100 = \mathbf{40{,}0\,\%}$$

b) $$\text{Rohaufschlag inkl. 20 \% USt} = \frac{\text{Bruttogewinn}}{\text{Einstandspreis}} \cdot 100 = \frac{60 - 30}{30} \cdot 100 = \mathbf{100{,}0\,\%}$$

Ü 82: Direct Costing im Handel

Thunfischkonserve

a)

bisheriger Absatz:
€ 47.987,94 : 1,19 = 40.326 Konservendosen

DB vor Preissenkung:

	Erlöse	€ 40.326 · € 1,08*	€ 43.552,08	*(1,19 : 1,10 = € 1,08)
–	variable Kosten	€ 40.326 · € 0,79	€ 31.857,54	
=	DB		**€ 11.694,54**	

DB nach Preissenkung:

	Netto-Erlös nach Preissenkung	€ 0,90	(0,99 : 1,10 = € 0,90)
–	variable Kosten	€ 0,79	
=	DB neu/Stk.	**€ 0,11**	

Neue Absatzmenge: € 11.694,54 : € 0,11 **€ 106.314,00**
Prozentuelle Steigerung des mengenmäßigen Umsatzes **264 %**

	Erlöse	€ 106.314 · € 0,90	€ 95.682,60
–	variable Kosten	€ 106.314 · € 0,79	€ 83.988,06
=	DB		**€ 11.694,54**

b)

Höhe des neuen Umsatzes:
106.317 · € 0,90 = **€ 95.682,60**

Ü 83: Direct Costing im Handel

Müsli „Vital 50+"

Erlös für 1 kg:
€ 3.30 : 1,10 · 2 = € 6,00

DB vor Preissenkung:

	Erlöse	200 kg · € 6,00	€ 1.200,00
–	variable Kosten	200 kg · € 3,60	€ 720,00
=	DB		**€ 480,00**
	DB neu/kg	€ 480,00 : 250 kg	**€ 1,92**
	Erlös neu/kg	€ 2,86 : 1,10 · 2	€ 5,20
–	variable Kosten neu/kg		**€ 3,28**
=	DB neu/kg		€ 1,92

Der Einstandspreis nach Durchführung der Preissenkung darf maximal 3,28/kg sein, wenn die Absatzmenge/Woche auf 250 kg steigt.

DB nach Preissenkung und Steigerung der Absatzmenge:

	Erlöse	250 kg · € 5,20	€ 1.300,00
–	variable Kosten	250 kg · € 3,28	€ 820,00
=	DB		**€ 480,00**

Ü 84: **Kostenstellenrechnung in einem Hotel**

Schlosshotel Zwettl

a), b) Aufstellung des BAB, Berechnung des Betriebserfolges und der Nettorohaufschläge

Nr.	Kostenarten – Erlöse	Summen	Verwaltung	Verpflegung (F&B) Küche	Keller	Restaurant	Logis
1/2	Lebensmittel-, Getränkeeinsatz	220,5		148,2	72,3	220,5	
3	Energiekosten	23,2	1,4	4,6	1,2	3,5	12,5
4	Personalkosten	365,4	64,8	122,4	32,4	61,2	84,6
5	Diverse Kosten	191,9	25,4	32,4	6,3	69,5	58,3
6	Kalkulatorische Kosten	253,8	14,4	26,9	8,3	35,5	168,7
7	Gemeinkostensummen	834,3	106,0	186,3	48,2	169,7	324,1
8	Umlage Verwaltung		–106,0	21,2	10,6	19,1	55,1
9	Umlage Küche–Keller auf Restaurant			–207,5	–58,8	266,3	
10	**Gemeinkosten Verkaufskostenstellen**	**834,3**				**455,1**	**379,2**
11	Wareneinsatz (Einzelkosten)	220,5		148,2	72,3	220,5	
12	Selbstkosten Verkaufskostenstellen	1.054,8				675,6	379,2
13	Erlöse Verkaufskostenstellen	1.102,4		350,0	262,4	612,4	490,0
14	**Betriebserfolg**	**47,6**				**–63,2**	**110,8**
15	**Nettorohaufschlag in €**			**201,8**	**190,1**	**391,9**	
16	**NRA in %, Selbstkosten pro Nacht**			**136,2 %**	**262,9 %**	**177,7 %**	**€ 47,90**

Erläuterungen zum BAB:

Punkt 9:

Übertragung der Gemeinkosten der Produktionskostenstellen Küche und Keller auf die Verkaufskostenstelle Restaurant (Summe F&B-Bereich) zur Ermittlung der Betriebsergebnisse der Bereiche F&B und Logis.

Punkt 11:

Übernahme des Lebensmittel- und Getränkeeinsatzes (Einzelkosten) zur Ermittlung der Selbstkosten.

Punkt 12:

Die Summe aus Gemein- und Einzelkosten ergeben die Selbstkosten der Verkaufskostenstellen.

Punkt 14:

Subtraktion der entsprechenden Selbstkosten von den Erlösen aus den Bereichen (Profit-Center) F&B bzw. Logis zur Ermittlung der Betriebsergebnisse.

Punkt 15:

	Küche (Speisen)	Keller (Getränke)	Restaurant (Summe F&B)
Erlöse	350,0	262,4	612,4
– Wareneinsatz	148,2	72,3	220,5
NRA in €	201,8	190,1	391,9

Punkt 16:

z.B. NRA für Speisen $= \frac{\text{NRA}}{\text{WES}} \cdot 100 = \frac{201{,}8}{148{,}2} \cdot 100 = 136{,}2\,\%$

Durchschnittliche Selbstkosten pro Nacht $= \frac{379.200}{7.920}$ = € 47,88, gerundet € 47,90

Beurteilung der Ergebnisse:

Das Schlosshotel hat einen Betriebsgewinn von insgesamt € 47.600,– erreicht. Die Verkaufskostenstelle (Profit-Center) F&B hat mit einem negativen Ergebnis von € 63.200,– abgeschlossen, während die Verkaufskostenstelle (Profit-Center) Logis ein positives Ergebnis von € 110.800,– erzielt hat.

Der durchschnittliche Nettorohaufschlag (NRA) im F&B-Bereich deckt die Gemeinkosten nicht ab; er ist zu niedrig angesetzt. Das Betriebsgewinn wird durch das positive Ergebnis im Bereich Logis erzielt.

Mit der Kostenstellenrechnung kann eine Beurteilung der Wirtschaftlichkeit von Kostenstellen durchgeführt werden. Sie ist damit, im Besonderen im Kosten- und Ertragsvergleich mit den Vorjahren bzw. mit der Planung (Soll-Ist-Vergleich), ein aussagefähiges Instrument der Kostenrechnung.

Ü 85: Kalkulation von Speisen und Getränken

Restaurant „Am Wörthersee", Velden

a) Verkaufspreis Menü

	Wareneinsatz	€ 4,00
+	160,0 % NRA	€ 6,40
	Grundpreis	€ 10,40
+	10,5 % Bedienungsgeld	€ 1,09
		€ 11,49
+	10 % Umsatzsteuer	€ 1,15
	Verkaufspreis	€ 12,64
	Verkaufspreis aufgerundet	**€ 12,70**

b) Wareneinsatz Menü

€ 3,45
€ 5,52
€ 8,97
€ 0,94
€ 9,91
€ 0,99
€ 10,90

Die Kalkulation mit dem Nettorohaufschlag von 160,0 % ergibt einen (auf 10 Cent aufgerundeten) Verkaufspreis (Abgabepreis, Kartenpreis, Inklusivpreis) von € 12,70/Menü. Die Preisfestsetzung erfolgt im Allgemeinen jedoch nicht durch die progressive Kalkulation, sondern z. B. unter Berücksichtigung der Konkurrenzpreise.

Wird der Verkaufspreis für das Menü mit € 10,90 angesetzt und erfolgt die Kalkulation mit dem Nettorohaufschlag von 160 %, so muss der Wareneinsatz auf € 3,45 reduziert werden (= retrograde Kalkulation). Eine Reduktion des Wareneinsatzes kann einerseits durch günstigere Einkaufskonditionen, andererseits durch z. B. Verringerung der Portionsgröße erreicht werden.

c) Verkaufspreis Flasche Wein

	Wareneinsatz	€ 5,90
+	300,0 % NRA	€ 17,70
	Grundpreis	€ 23,60
+	10,5 % Bedienungsgeld	€ 2,48
		€ 26,08
+	20 % Umsatzsteuer	€ 5,22
	Verkaufspreis	€ 31,30
	Verkaufspreis aufgerundet	**€ 31,30**

d) Wareneinsatz Flasche Wein

	€ 5,90
269,3% NRA	**€ 15,89**
	€ 21,79
	€ 2,29
	€ 24,08
	€ 4,82
	€ 28,90

Die Kalkulation mit dem Nettorohaufschlag von 300,0 % ergibt einen Verkaufspreis von € 31,30/Flasche (= progressive Kalkulation).

Bei einem Verkaufspreis von € 28,90 und dem vorgegebenen Wareneinsatz von € 5,90 wird ein Nettorohaufschlag von € 15,89 bzw. 269,3 % erzielt.

Die Differenzkalkulation hat in der Praxis die größte Bedeutung, weil die Verkaufspreise sehr oft vom Markt vorgegeben sind und der Wareneinsatz auch nicht immer verändert werden kann. Der erzielte Nettorohaufschlag in Euro entspricht damit dem Deckungsbeitrag.

Ü 86: Kalkulation Nächtigungspreise

****-Zweisaisonenhotel Flotter Hirsch, Hall in Tirol

Grundpreis HP-Vorsaison

	Grundpreis	**€ 60,45**
+	10 % Umsatzsteuer	€ 6,05
		€ 66,50
+	Ortstaxe	€ 1,50
	Verkaufspreis HP	€ 68,00

Grundpreis HP-Hauptsaison

	Grundpreis	**€ 79,55**
+	10 % Umsatzsteuer	€ 7,95
		€ 87,50
+	Ortstaxe	€ 1,50
	Verkaufspreis HP	€ 89,00

Grundpreis HP-Gruppen

	Grundpreis	**€ 48,64**
+	10 % Umsatzsteuer	€ 4,86
		€ 53,50
+	Ortstaxe	€ 1,50
	Verkaufspreis HP	€ 55,00

Die Preise für Halbpensionen, Vollpensionen, Nächtigungen werden überwiegend vom Markt bestimmt. Daher geht man von einem erzielbaren Verkaufspreis aus und errechnet die Grundpreise, die zur Abdeckung der Kosten und des Gewinnes zur Verfügung stehen.

Ü 87: **Kostenrechnung im Handwerk**

Autospenglerei Michael Krainer e. U. Werndorf

a)

	Aufwände lt. GuV (= Kosten)		€ 192.076,00
–	direkt verrechenbare Kosten:		
	Materialeinsatz		– € 65.900,00
	Löhne u. Lohnnebenkosten:		
	Meister: 950 h à € 12,– + 95 % Lohnnebenkosten	€ 22.230,00	
	Geselle: 1.500 h à € 12,– + 95 % Lohnnebenkosten	€ 35.100,00	
	Lehrling: 950 h à € 4,– + 130 % Lohnnebenkosten	€ 8.740,00	– € 66.070,00
–	aus der Materialspanne gedeckte Gemeinkosten: € 65.900 · 15 %		– € 9.885,00
	Gemeinkosten		€ 50.221,00

verrechenbare (produktive) Arbeitsstunden = 950 + 1.500 + 950 = 3.400

Gemeinkostenzuschlagssatz/Stunde $= \frac{50.221}{3.400} =$ **€ 14,77/h**

Errechnung der Selbstkosten-Stundensätze:

Meister (Geselle):

	Stundenlohn	€ 12,00
+	95 % Lohnnebenkosten	€ 11,40
+	Gemeinkostenzuschlagssatz	€ 14,77
	Selbstkosten/h	**€ 38,17**

Lehrling:

	Stundenlohn	€ 4,00
+	130 % Lohnnebenkosten	€ 5,20
+	Gemeinkostenzuschlagssatz	€ 14,77
	Selbstkosten/h	**€ 23,97**

b)

	Selbstkosten/h	€ 38,17
+	25 % Gewinn	€ 9,54
	Preis/h	€ 47,71
	aufgerundet	€ 48,00
	Material (€ 375,00 · 1,30)	€ 487,50
+	18 Arbeitsstunden à € 48,00	€ 864,00
		€ 1.351,50
+	20 % USt	€ 270,30
		€ 1.621,80

Ü 88: Kontierungen, Erfolgsauswirkung

Paropa GmbH, PC-Fachgeschäft, Klagenfurt am Wörthersee

a), b)

Nr.	Beleg	Geschäftsfall:	Kontierung:	↑	↓	0
1.	A 244	Verkauf eines Personal Computers mit Flachbildschirm an den Kunden Walter Zagorz (20101) gegen spätere Bezahlung € 1.200,– + € 240,– USt = € 1.440,–	20101 1.440,00 / 4000 1.200,00 3500 240,00	X		
2.	K 123	Zahlung der Frachtkosten € 34,40 + + € 6,88 = € 41,28 für Zustellung von Waren an einen Kunden	7300 34,40 / 2700 41,28 2500 6,88		X	
3.	E 288	Einkauf von Laserdruckers vom Lieferanten Hewlett Packard AG (33099) € 3.000,– – – € 900,– Rabatt = € 2.100,– + € 420,– USt = € 2.520,–	5010 2.100,00 / 33099 2.520,00 2500 420,00		X	
		Hinweis: Entsprechend den Erfordernissen der Praxis sind die Wareneinkäufe auf dem Konto **5010 HW-Einsatz** zu erfassen. Werden Preisnachlässe bereits in der Rechnung berücksichtigt, so wird **nur der um den Rabatt verminderte Betrag in der Buchführung erfasst.** Die Umsatzsteuer ist ebenfalls nur von dem um den Rabatt verminderten Betrag zu berechnen.				
4.	S 58	Gutschriftsanzeige vom Lieferanten Hewlett Packard AG (33099) über einen nachträglichen Rabatt für E 288 € 100,– + € 20,– USt = € 120,–	33099 120,00 / 5010 100,00 2500 20,00	X		
		Hinweis: Nachträgliche erhaltene Preisnachlässe vermindern die Schuld gegenüber dem Lieferanten und den Einstandspreis der bereits verbuchten Ware. Die **Vorsteuer ist entsprechend zu berichtigen.**				
5.	S 62	Der Kunde Franz Polster (20154) wird mit Verzugszinsen in Höhe von € 17,60 belastet.	20154 / 8130 17,60	X		
		Hinweis: Verzugszinsen sind **nicht Teil des Entgeltes** und unterliegen daher **nicht der Umsatzsteuer.**				
6.	S 88	Treibstoffrechnung für den Firmen-Lkw (Konto 7330 Lkw-Betriebsaufwand) € 85,20 inkl. 20 % USt, Zahlung mit der Firmen-Bankomatkarte	7330 71,00 / 3190 85,20 2500 14,20		X	
7.	E 301	Die bei der Lutz Einrichtungs-GmbH (33190) bestellte Büroeinrichtung wird geliefert. € 10.500,– + € 2.100,– USt = € 12.600,–	0660 10.500,00 / 33190 12.600,00 2500 2.100,00			X
8.	B 97	Überweisung an die Hewlett Packard AG (33099) € 2.400,–; Ausgleich der E 288 abzüglich der Gutschrift S 58.	33099 / 2800 2.400,00			X
9.	B 103	Überweisung an den Lieferanten Hans Moritz GmbH (33270) € 4.540,– – € 136,20 Skonto (inkl. 20 % USt) = € 4.403,80 zum Ausgleich der E 201.	33270 / 2800 4.403,80			X
			33270 136,20 / 5880 113,50 2500 22,70	X		
		Hinweis: Bei Zahlung innerhalb der Kassafrist kann entsprechend der vereinbarten Zahlungsbedingungen ein Skontoabzug vorgenommen werden. Dies bedeutet für den Käufer eine Verminderung des zu zahlenden Betrages und des Einstandspreises. Eine **Korrektur der Vorsteuer in Höhe des im Skonto enthaltenen Betrages ist vorzunehmen.**				
10.	K 124	Verkauf von zwei Laptops an Hermann Maier gegen Barzahlung € 1.512,– (€ 1.260,– + € 252,– USt)	2700 1.512,00 / 4000 1.260,00 3500 252,00	X		

Ü 89: **Kontierungen, Erfolgsauswirkung**

Elektro-Point Franz Richter GmbH, Fachhandel für Elektrogeräte, Graz

a), b)

Nr.	Beleg	Geschäftsfall:	Kontierung:	↑	↓	0
1.	S 98	Verkauf einer Kühl-Gefrier-Kombination an den Kunden Ing. Hubert Paterrer (20117); Zahlung mit der Bankomatkarte € 1.206,– inkl. 20 % USt	2794 1.206,00 / 4000 1.005,00 3500 201,00	X		
2.	K 320	Kauf einer Jahresvignette für den Firmen-Pkw € 76,50 inkl. 20 % USt (Konto 7326)	7326 / 2700 76,50		X	
		Hinweis: **Ein Vorsteuerabzug kann** für Betriebsaufwendungen für Pkw und Kombis **nicht geltend gemacht werden.**				
3.	A 408	Lieferung verschiedener Elektrogeräte an den Kunden Fritz Höfer (20552): € 5.600,– – – € 1.400,– Rabatt = € 4.200,– + € 840,– USt = € 5.040,–	20552 5.040,00 / 4000 4.200,00 3500 840,00	X		
4.	S 99	Verkauf von zwei Miele Elektroherden an das Sporthotel Kostmann KG (20401); Zahlung mit Kreditkarte (Mastercard) € 3.580,– + + € 716,– USt = 4.296,–	2790 4.296,00 / 4000 3.580,00 3500 716,00	X		
5.	S 122	Kauf eines Pannendreiecks für den Lkw € 18,60 inkl. 20 % USt, Bezahlung mit der Firmen-Mastercard	7330 15,50 / 3180 18,60 2500 3,10		X	
6.	S 131	Gehälter: Brutto € 6.250,–, SV-DNA € 1.129,38, LSt € 816,62	6200 6.250,00 / 3600 1.129,38 3540 816,62 3850 4.304,00		X	
7.	S 132	Gehaltsnebenkosten: SV-DGA € 1.460,–, DB € 281,25, Zuschlag zum DB (0,40 %) € 25,–, KommSt € 187,50	6560 / 3600 1.460,00		X	
			6660 / 3540 281,25		X	
			6670 / 3540 25,00		X	
			6680 / 3610 187,50		X	
8.	S 144	Mahnung des Kunden Hans Pfifferling GmbH (20140) betreffend die offene Rechnung über € 832,–. Es werden € 10,– Mahnspesen in Rechnung gestellt.	20140 / 4890 10,00	X		
		Hinweis: Bei Mahnung eines Kunden wegen Nichteinhaltung des Zahlungstermins werden im Allgemeinen Mahnspesen in Rechnung gestellt. Diese stellen einen **nicht steuerbaren Schadenersatz** dar und **unterliegen nicht der Umsatzsteuer.**				
9.	P 87	Der Kunde Fritz Höfer (20552) hat die A 408 ausgeglichen: € 5.040,– – € 151,20 Skonto (inkl. 20 % USt) = € 4.888,80	2810 / 20552 4.888,80			X
			4410 126,00 / 20552 151,20 3500 25,20		X	
10.	P 124	Überweisung an das Finanzamt laut Bescheid des Vorjahres: Abschlusszahlung: Einkommensteuer € 2.120,– Umsatzsteuer € 1.330,–	9610 / 2810 2.120,00			X
			3520 / 2810 1.330,00			X
		Hinweis: Privatsteuern sind **steuerlich nicht abzugsfähig** und werden auf den Konten **9600 Privat** oder **9610 Privatsteuern** verbucht.				

Ü 90: Bildung von Buchungssätzen

Martina Ertler GmbH, Textilgroßhandel, Wien

		Soll	Haben
1.	33055 Karl Kokal KG	648,00	
	an 5010 HW-Einsatz		540,00
	an 2500 Vorsteuer		108,00
2.	5010 HW-Einsatz	200,00	
	7300 Ausgangsfrachten 20 %	500,00	
	2500 Vorsteuer	140,00	
	an 33200 Otto Dietrich e. U.		840,00
3.	5340 Verpackungsmaterialverbrauch	328,00	
	2500 Vorsteuer	65,60	
	an 2700 Kassa		393,60
4.	5010 HW-Einsatz	2.192,00	
	2500 Vorsteuer	438,40	
	an 33111 Dieter Haller OG		2.630,40
5.	33111 Dieter Haller OG	980,00	
	an 2800 Bank		980,00
	33111 Dieter Haller OG	20,00	
	an 5880 Lieferantenskonto		16,67
	an 2500 Vorsteuer		3,33
6.	2800 Bank	5.132,62	
	7792 Prov., Gebühren Kredit-, Bankomatkarten u. Quick	109,48	
	2500 Vorsteuer	21,90	
	an 2790 Ford. Diners Club		5.264,00

Hinweis: Der **Firmenwortlaut** von Diners Club Österreich lautet **AirPlus Air Travel Card Vertriebsgesellschaft m.b.H.** Die im Geschäftsleben übliche Bezeichnung ist jedoch **Diners Club.** Die von den Kreditkartenunternehmen verrechneten Provisionen (Disagio) sowie die Buchungsentgelte werden auf dem Konto **7792 Provisionen, Gebühren Kredit-, Bankomatkarten und Quick** erfasst.

		Soll	Haben
7.	7792 Prov., Gebühren Kredit-, Bankomatkarten u. Quick	159,20	
	2500 Vorsteuer	31,84	
	an 2800 Bank		191,04

Hinweis: Die **Paylife Bank GmbH** ist eine **Clearingstelle,** welche den **Großteil der Zahlungen mit Bankomatkarten und sämtliche Quickbewegungen** abwickelt. Die in Rechnung gestellte Provision (Disagio) ist auf dem **Konto 7792** zu verbuchen.

		Soll	Haben
8.	0630 Pkw und Kombis	33.600,00	
	an 33200 Autohaus VW-GmbH		33.600,00

Hinweis: Der **Pkw muss brutto erfasst werden.** Ein Vorsteuerabzug kann nicht geltend gemacht werden.

		Soll	Haben
9.	33200 Autohaus VW-GmbH	32.592,00	
	an 2800 Bank		32.592,00
	33200 Autohaus VW-GmbH	1.008,00	
	an 0630 Pkw		1.008,00

Hinweis: Der Skonto kann auch über das Konto **5884 Lieferantenskonti Anlagenkäufe** gebucht werden.

	Soll	Haben
33200 Autohaus VW-GmbH	1.008,00	
an 5884 Lieferantensk. Anlagenkäufe		1.008,00
5884 Lieferantensk. Anlagenkäufe	1.008,00	
an 0630 Pkw		1.008,00

		Soll	Haben
10.	7320 Pkw- und Kombi-Betriebsaufwand	171,55	
	an 2700 Kassa		171,55

Ü 91: **Bildung von Buchungssätzen**

Ing. Maria Modritsch, Bau- und Möbeltischlerei, Ybbs an der Donau

Nr.	Buchungssatz	Soll	Haben
1.	6000 Fertigungslöhne	8.280,00	
	6010 Hilfslöhne	2.020,00	
	an 3600 Verbindlichkeiten Krankenkasse		1.874,60
	an 3540 Verb. Finanzamt		1.021,60
	an 2700 Kassa		7.403,80
2.	6500 Gesetzlicher Sozialaufwand Arbeiter	2.392,69	
	an 3600 Verbindlichkeiten Krankenkasse		2.392,69
	6600 Dienstgeberbeitrag Arbeiter	463,50	
	6610 Zuschlag zum DB Arbeiter	41,20	
	an 3540 Verbindlichkeiten Finanzamt		504,70
	6620 KommSt Arbeiter	309,00	
	an 3610 Verbindlichkeiten Stadtkasse		309,00
3.	5300 Hilfsstoffverbrauch	603,82	
	2500 Vorsteuer	120,76	
	an 2700 Kassa		724,58

Hinweis: Die eingekauften Hilfsstoffe werden wie die Handelswaren auf dem entsprechenden **Einsatzkonto in der Klasse 5** verbucht.

Nr.	Buchungssatz	Soll	Haben
4.	9610 Privatsteuern	2.034,00	
	7780 Kammerumlage	68,70	
	an 2810 PSK		2.102,70
5.	2700 Kassa	500,00	
	an 2870 Barverkehr mit Banken		500,00
6.	2870 Barverkehr mit Banken	500,00	
	an 2800 Bank		500,00
7.	7750 Rechts- und Beratungsaufwand	1.700,00	
	2500 Vorsteuer	340,00	
	an 3180 Verbindlichkeiten VISA		2.040,00
8.	7320 Pkw- und Kombi-Betriebsaufwand	456,00	
	an 3190 Verbindlichkeiten Bankomatkarten		456,00
9.	5010 HW-Einsatz	1.600,00	
	2500 Vorsteuer	320,00	
	an 2700 Kassa		1.920,00
10.	8280 Zinsaufwand für Bankkredite	285,55	
	an 2800 Bank		285,55
	7790 Spesen des Geldverkehrs	450,83	
	an 2800 Bank		450,83

Hinweis: Die von den Kreditinstituten in Rechnung gestellten **Provisionen, Gebühren, Porto und Spesen** sind auf dem Konto **7790 Spesen des Geldverkehrs** zu verbuchen.

Ü 92: Kontierung von Belegen

Computer Point GmbH, Computerfachhandel, Klagenfurt am Wörthersee

Nr.	Beleg	Soll	Haben	Betrag Soll	Betrag Haben
1.	A 13	20089	4000	187,20	156,00
			3500		31,20
2.	A 14	20123	4000	8.965,20	7.471,00
			3500		1.494,20
3.	K 46	0660	2700	1.326,00	1.591,20
		2500		265,20	
4.	K 47	7650	2700	18,17	21,80
		2500		3,63	
5.	K 48	7310	2700	18,52	23,47
		7311		1,25	
		2500		3,70	
6.	E 25	7650	33105	900,00	990,00
		2500		90,00	
7.	K 49	7030	2700	207,50	249,00
		2500		41,50	
8.	B 4	2800	20089	187,20	
		2800	20123	8.965,20	
		33094	2800	2.440,20	
		33094	5880	49,80	41,50
			2500		8,30
		3520	2800	2.612,50	3.846,25
		3540		1.233,75	
		3600	2800	1.864,35	
		3610	2800	135,00	
9.	E 26	5010	33094	2.275,00	2.730,00
		2500		455,00	
10.	E 27	5010	33204	2.450,00	2.940,00
		2500		490,00	
11.	S 15	7330	3190	41,67	50,00
		2500		8,33	
12.	K 50	7320	2700	76,50	
13.	E 28	5010	33199	3.465,00	4.158,00
		2500		693,00	
14.	B 5	7380	2800	254,00	304,80
		2500		50,80	
		3190	2800	50,00	
15.	K 51	2870	2700	8.200,00	
16.	K 52	7600	2700	199,68	239,62
		2500		39,94	
17.	S 16	7200	33255	1.264,56	1.517,47
		2500		252,91	
18.	B 6	33094	2800	2.675,40	
		33094	5880	54,60	45,50
			2500		9,10
		2800	2870	8.200,00	
		33204	2800	2.851,80	
		33204	5880	88,20	73,50
			2500		14,70
		33199	2800	4.158,00	

Ü 93: Identitätspreisverfahren

Gartengerätegroßmarkt Walter Srb GmbH, Wien – Rasenmäher Honda HRH 536 QX

a)

Datum	Text	Menge (Stk.)	Preis €	€	Betrag €	
1. 1.	Anfangsbestand	20	840,00		16.800,00	
19. 3.	Zukauf	30	880,00		26.400,00	
20. 8.	Zukauf	25	820,00		20.500,00	
		75			63.700,00	
	Abfassungen	– 14 } 58	840,00	11.760,00		
		– 29 }	880,00	25.520,00		
		– 15 }	820,00	12.300,00	– **49.580,00**	(Wareneinsatz)
31.12.	Soll-Endbestand	17			14.120,00	
31.12.	Schwund	– 1	820,00		– 820,00	
31.12.	Ist-Endbestand	16			13.300,00	
31.12.	Abwertung				– 110,00	
31.12.	Bilanzansatz	6	830,00	4.980,00		**strenges Niederstwertprinzip,** daher
		1	830,00	830,00		**€ 830,–** statt
		9	820,00	7.380,00	**13.190,00**	€ 840,– bzw. € 880,–

b)

	Endbestand (Bilanzansatz)	€ 13.190,00
–	Anfangsbestand	€ 16.800,00
	Differenz (Bestandsverminderung)	– **€ 3.610,00**

c), d)

5010 HW-Einsatz / 1600 HW-Vorrat 3.610,00 ↓

7800 Abschreibungen von Vorräten / 5010 HW-Einsatz 930,00* 0

* € 820,00 Schwund + € 110,00 Abwertung = € 930,00

Ü 94: Fifo-Verfahren

Sports4You GmbH, Bregenz – „EM-Fußball 2012"

a)

Datum	Text	Menge (Stk.)	Preis €	€	Betrag €	
1. 1.	Anfangsbestand	50	30,00		1.500,00	
10. 2.	Zukauf	100	35,00		3.500,00	
18.10.	Zukauf	50	26,00		1.300,00	
		200			6.300,00	
	Abfassungen	– 50 } 160	30,00	1.500,00		
		– 100 }	35,00	3.500,00		
		– 10 }	26,00	260,00	– **5.260,00**	(Wareneinsatz)
31.12.	Soll-Endbestand	40			1.040,00	
31.12.	Schwund	– 3	26,00		– 78,00	
31.12.	Ist-Endbestand	37			962,00	**strenges Niederstwertprinzip,** daher
31.12.	Abwertung				– 74,00	
31.12.	Bilanzansatz	37	24,00		**888,00**	**€ 24,–** statt € 26,–

b)

	Endbestand (Bilanzansatz)	€ 888,00
–	Anfangsbestand	€ 1.500,00
	Differenz (Bestandsverminderung)	– **€ 612,00**

c), d)

5010 HW-Einsatz / 1600 HW-Vorrat 612,00 ↓

7800 Abschreibungen von Vorräten / 5010 HW-Einsatz 152,00* 0

* € 78,00 Schwund + € 74,00 Abwertung = € 152,00

Ü 95: Gleitendes Durchschnittspreisverfahren

Papierfachgeschäft Karl Mercato e. U., Salzburg – Kopierpapier A4

a)

Datum	Text	Menge (Pk.)	Preis €	Betrag €	Verbrauch €
1. 1.	Anfangsbestand	300	1,50	450,00	
6. 2.	Abfassung	– 250	1,50	– 375,00	375,00
25. 3.	Abfassung	– 50	1,50	– 75,00	75,00
		—	1,50	—	
11. 4.	Zukauf	1.200	1,40	1.680,00	
		1.200	1,40	1.680,00	
20. 4.	Abfassung	– 400	1,40	– 560,00	560,00
25. 5.	Abfassung	– 650	1,40	– 910,00	910,00
		150		210,00	
22. 9.	Zukauf	2.400	1,60	3.840,00	
		2.550	1,59	4.050,00	
25. 9.	Abfassung	– 1.000	1,59	– 1.590,00	1.590,00
17.11.	Abfassung	– 1.150	1,59	– 1.828,50	1.828,50
31.12.	Soll-Endbestand	400		631,50	**5.338,50** (Wareneinsatz)
31.12.	Schwund	– 5	1,59	– 7,95	
31.12.	Ist-Endbestand	395		623,55	
31.12.	Abwertung			– 11,30	**strenges Niederstwertprinzip,** daher **€ 1,55** statt € 1,59
31.12.	Bilanzansatz	395	1,55	**612,25**	

b)

	Endbestand (Bilanzansatz)	€ 612,25
–	Anfangsbestand	€ 450,00
	Differenz (Bestandsvermehrung)	+ **€ 162,25**

c), d)

1600 HW-Vorrat / 5010 HW-Einsatz 162,25 ↑

7800 Abschreibungen von Vorräten / 5010 HW-Einsatz 19,25* Ø

* € 7,95 Schwund + € 11,30 Abwertung = € 19,25

Ü 96: Verbuchung der Anlagenabschreibung

1.

a) Abschreibung Gebäude: 385.000 · 3 % = € 11.550,00

U 1: 7010 Abschreibungen von Sachanlagen / 0300 Gebäude 11.550,00

Hinweis: Die betriebsgewöhnliche **Nutzungsdauer von Gebäuden** liegt je nach Verwendungszweck zwischen **33⅓ bis 50 Jahren.**

b)

Abschreibung	Lkw 1	€ 1.874,00
"	Lkw 2	€ 5.000,00
"	Lkw 3	€ 4.500,00 (36.000 · 25 % · ½)
		€ 11.374,00

U 2: 7010 Abschreibungen von Sachanlagen / 0640 Fahrzeuge 11.374,00

Hinweis: Verbleibt eine Anlage weiterhin im Betrieb, erfolgt eine **Abschreibung auf den Erinnerungseuro.** Dabei wird der **Abschreibungsbetrag des letzten Jahres um einen Euro gekürzt.**

Werden Wirtschaftsgüter in der **zweiten Jahreshälfte in Betrieb genommen,** so kann nur die **Hälfte des Abschreibungsbetrages** abgesetzt werden.

c)

U 3: Geringwertige Wirtschaftsgüter: Tastatur € 10,00
Aktenschrank € 255,00
€ 265,00

Hinweis: Als **geringwertige Wirtschaftsgüter** werden abnutzbare Anlagegüter bezeichnet, deren **Anschaffungswert den Betrag von € 400,– (ohne USt) nicht übersteigt.** Sie können im Jahr der Anschaffung voll abgeschrieben werden.

U 4: 7030 Abschreibungen geringwertiger Wirtschaftsgüter / 0660 Betriebs- und Geschäftsausstattung 265,00

Abschreibung: Laserdrucker 1.600 · 25 % = € 400,00
Sony Laptop 840 · 33⅓ % · 0,5 = € 140,00
Restliche Geschäftsausstattung € 5.450,00
€ 5.990,00

U 5: 7010 Abschreibungen von Sachanlagen / 0660 Betriebs- und Geschäftsausstattung 5.990,00

2.

U 1: 0400 Maschinen / 4580 Aktivierte Eigenleistungen 41.000,00

Abschreibung Maschine: 20 % von € 41.000,00 = **€ 8.200,00**

U 2: 7010 Abschreibungen von Sachanlagen / 0400 Maschinen 8.200,00

Hinweis: Werden von einem Unternehmen Anlagegüter selbst erstellt, so sind nach Fertigstellung die entsprechenden **Herstellungskosten zu aktivieren.** Dazu werden diese auf dem entsprechenden **Anlagenkonto im Soll** gebucht (aktiviert). Mit der **Habenbuchung** auf dem **Konto 4580 Aktivierte Eigenleistungen** werden die auf den verschiedensten Konten verbuchten **Aufwendungen neutralisiert.** Diese wirken sich nicht mehr gewinnmindernd aus.

Ü 97: Verbuchung der Anlagenabschreibung

1.

0300 Betriebsgebäude 80.000,00
7200 Instandhaltung durch Dritte 45.000,00
2500 Vorsteuer 25.000,00
/ 33134 Günther Kavellar OG 150.000,00

Hinweis: Aufwendungen für die **Instandhaltung und Instandsetzung** sind im entsprechenden Jahr **voll absetzbar.** Aufwendungen für den **Umbau** oder eine **Erweiterung** von Anlagen unterliegen der Aktivierungspflicht und sind **auf die Restnutzungsdauer des Anlagegutes** verteilt **abzuschreiben.**

Abschreibung Gebäude für ein ganzes Jahr:
AW 440.000 · 3 % = € 13.200,00
+ Abschreibung der Umbaukosten für die Lagerhalle, verteilt auf die Restnutzungsdauer des Gebäudes:
80.000,00 : 12,83 · 0,5 = € 3.118,00 (gerundet)
€ 16.318,00

7010 Abschreibungen von Sachanlagen / 0300 Betriebsgebäude 16.318,00

2. a)

	Anschaffungswert	€ 83.500,00
–	bisherige Abschreibung	€ 66.800,00
	Buchwert am 1.1.	€ 16.700,00
–	20 % Abschreibung für ½ Jahr	€ 8.350,00
	Buchwert am 17. Juni 20 . .	**€ 8.350,00**

Hinweis: Scheidet ein Anlagegut im **ersten Halbjahr** aus, so wird die **Abschreibung** nur für ein **halbes Jahr** berechnet.

b) 17. 6. 2800 Bank 9.600,00 / 4600 Erlöse aus dem Abgang von Anlagen 20 % 8.000,00
/ 3500 Umsatzsteuer 1.600,00

31.12. 7010 Abschreibungen von Sachanlagen / 0640 Lkw 8.350,00
7820 Buchwert abgegangener Anlagen / 0640 Lkw 8.350,00

Hinweis: Der Restbuchwert der verkauften Anlage ist auszubuchen, außer er beträgt 0,00.

Erlös	€ 8.000,00
– Buchwert	– € 8.350,00
Saldo	– **€ 350,00**

Hinweis: Die Berechnung des Saldos (Ertrag/Verlust) aus dem Verkauf des Anlagegutes ist nicht zwingend erforderlich. Es genügt festzustellen, ob ein Ertrag oder ein Verlust gegeben ist.

4600 Erlöse a.d. Abgang v. Anlagen 20 % / 7830 Verluste a.d. Abgang v. Anl. 8.000,00

7830 Verluste a.d. Abgang von Anlagen / 7820 Buchwert abgegangener Anlagen 8.350,00

Hinweis: Die Saldierungsbuchungen sind nur bei Kapitalgesellschaften vorgeschrieben. Bei einem **positiven Saldo** oder bei **Null** werden der Erlös und der Buchwert auf das Konto **4630 Erträge aus dem Abgang von Anlagen** umgebucht. Die Buchungen lauten **4600 / 4630** sowie **4630 / 7820.**

Ü 98: Rechnungsabgrenzung

1. Abgrenzung: 2.370 : 12 · 8 = € 1.580,00

2900 ARA / 7700 Versicherungsaufwand 1.580,00

Hinweis: Eigene Vorauszahlung – die Aufwendungen, die das nächste Jahre betreffen, sind abzugrenzen.

2. 20440 Hans Maierhofer KG 1.440,00 / 4810 Mieterträge 1.200,00
3500 USt 240,00

Hinweis: Fremder Rückstand – die noch nicht erhaltenen Erträge sind auf dem entsprechenden Ertragskonto im Haben einzubuchen. Die Sollbuchung erfolgt auf einem Forderungskonto (dem Kundenkonto 20440 Hans Maierhofer KG). Bei Mietverträgen ist in jedem Monat der Teil der Miete zu versteuern, der auf diesen Monat entfällt. In diesem Beispiel ist die Umsatzsteuer der Miete im November und Dezember zu erfassen.

3. 6560 Gesetzlicher Sozialaufwand Angestellte / 3600 Verbindlichkeiten Krankenkasse 1.677,24

Hinweis: Eigener Rückstand – der noch zu zahlende Aufwand ist auf dem betreffenden Aufwandskonto einzubuchen. Die Habenbuchung erfolgt auf dem entsprechenden Verbindlichkeitenkonto.

4. 7200 Instandhaltung durch Dritte 1.062,50 / 33490 Engelbert Drechsler GmbH 1.275,00
2500 Vorsteuer 212,50

Hinweis: Eigener Rückstand

Ü 99: Rechnungsabgrenzung

1. 2.11.20 . . 2800 Bank / 3700 Darlehen 50.000,00

31.12.20 . . Abgrenzung: 3.000 : 6 · 2 = € 1.000,00

8290 Zinsenaufwand für Darlehen / 3710 Verbindlichkeiten aus Darlehenszinsen 1.000,00

Hinweis: Eigener Rückstand – von den Zinsen betreffen 2/6 das alte Jahr. Dieser Aufwand ist auf dem entsprechenden Konto zu verbuchen.

2. 5. n. J. 3700 Darlehen 50.000,00 / 2810 PSK 53.000,00
3710 Verbindlichkeiten aus Darlehenszinsen 1.000,00
8290 Zinsenaufwand für Darlehen 2.000,00

2. 31.12.20 . . 7400 Mietaufwand 600,00 / 3800 Sonstige Verbindlichkeiten 720,00
2500 Vorsteuer 120,00

Hinweis: Eigener Rückstand – die Vorsteuer der Miete für Dezember ist im Dezember zu erfassen.

10. 1. n. J. 3800 Sonstige Verbindlichkeiten / 2700 Kassa 720,00

3. 31.12. 20 . . 2300 Sonstige Forderungen 2.400,00 / 4820 Provisionserträge 2.000,00 / 3500 USt 400,00

Hinweis: Fremder Rückstand

9. 1. n.J. 2800 Bank / 2300 Sonstige Forderungen 2.400,00

4. 1.12. 20 . . 20222 Dr. Hilmar Suntinger GmbH 144,00 / 8135 Sonstige Zinsenerträge 20 % 120,00 / 3500 USt 24,00

Hinweis: Fremder Rückstand – Stundungszinsen sind in der Regel **umsatzsteuerpflichtig,** wenn sie ausdrücklich vereinbart wurden.

31.12. 20 . . Abgrenzung Stundungszinsen: 120 : 3 · 2 = € 80,00

8135 Sonstige Zinsenerträge 20 % / 3900 PRA 80,00

1. 1. n.J. 3900 PRA / 8135 Sonstige Zinsenerträge 20 % 80,00

Ü 100: Rückstellungen

1. 31.12.

	Abfertigungsrückstellung 58.000 · 45 % =	€ 26.100,00
–	ausgewiesene Rückstellung	– € 24.100,00
		+ **€ 2.000,00**

6420 Zuweisungen an die Abfertigungsrückstellung / 3000 Rückstückstellungen für Abfertigungen 2.000,00

Hinweis: Die zu bildende Rückstellung ist größer als der bereits vorhandene Rückstellungsbetrag. Die Differenz ist zu bilden.

2. 31.12. 7750 Rechts- und Beratungsaufwand / 3040 Rückstellungen für Rechts- und Beratungsaufwand 5.500,00

18. 4. 3040 Rückstellungen für Rechts- und Beratungsaufwand 5.200,00 / 2700 Kassa 6.240,00
2500 Vorsteuer 1.040,00 /

3040 Rückstellungen für Rechts- und Beratungsaufwand / 4700 Erträge aus der Auflösung von Rückstellungen 300,00

Hinweis: Wird die Rückstellung mit einem höheren Betrag gebildet als die Zahlung, so ist die Differenz aufzulösen.

3. 31.12. 7750 Rechts- und Beratungsaufwand / 3045 Rückstellungen für Prozesskosten 6.000,00

25. 8. 3045 Rückstückstellungen für Prozesskosten 6.000,00 / 2810 PSK 8.200,00
7840 Aufwand für Vorperioden 1.000,00 /
2500 Vorsteuer 1.200,00 /

Hinweis: Wurde die Rückstellung zu niedrig gebildet, so ist die Differenz auf dem Konto **7840 Aufwand für Vorperioden** zu verbuchen.

4. 31.12.

	Garantierückstellung: 290.000,00 · 2 % =	€ 5.800,00
–	Rückstellungsbetrag Vorjahr	– € 6.100,00
		€ 300,00

3060 Rückstellungen für Gewährleistungs- und Schadenersatzverpflichtungen / 4700 Erträge aus der Auflösung von Rückstellungen 300,00

Hinweis: In diesem Fall ist der Aufwand geringer als die bereits gebildete Rückstellung. Der Rückstellungsrest ist aufzulösen.

5. 31.12. 7811 Konventionalstrafen / 3090 Sonstige Rückstellungen 1.500,00

24. 5. 3090 Sonstige Rückstellungen 1.500,00 / 20258 Christa Nagler e.U. 1.800,00
7840 Aufwand für Vorperioden 300,00 /

Hinweis: Die Rückstellung wurde zu niedrig gebildet. Die Differenz ist auf dem Konto 7840 zu erfassen.

Ü 101: Rückstellungen

30.11. n. J. 6410 Abfertigungsaufwand Angestellte 19.800,00 / 2800 Bank 18.612,00; 3540 Verbindlichkeiten Finanzamt 1.188,00

31.12. n. J.

Abfertigungsrückstellung: 215.000 · 45 % =	€ 96.750,00
– ausgewiesene Rückstellung	– € 94.050,00
	+ € 2.700,00

6420 Zuweisungen an die Abfertigungsrückstellung / 3000 Rückstellungen für Abfertigungen 2.700,00

Ü 102: Einzelbewertung von Forderungen

31.12.20 . .

$\frac{8.100}{1,20} \cdot 0,40 =$	€ 2.700,00
– Konto 2080	– € 2.100,00
	+ € 600,00

7805 Zuweisungen an WB zu Forderungen / 2080 Einzel-WB zu Lieferforderungen Inland 600,00

Hinweis: Die Forderung ist in der Höhe des wahrscheinlich nicht mehr einbringlichen Betrages (30 %) wertzuberichtigen. Die Wertberichtigung ist vom Nettobetrag der Forderung zu berechnen und der errechnete Wert muss am Konto 2080 aufscheinen. Der errechnete Betrag wird dem Saldo des Kontos 2080 gegenübergestellt und in diesem Fall ist das Konto 2080 um € 600,00 zu erhöhen.

28. 2. n. J. Quote Wieser e. U.: 8.100 · 0,70 = € 5.760,00

7802 Abschreibungen von Forderungen 20 % 4.800,00; 3500 USt 960,00 / 20504 Mag. J. Wieser e. U. 5.760,00

Hinweis: Das **Sanierungsverfahren mit Eigenverwaltung** (entspricht dem bisherigen Ausgleich) wird auf Grundlage eines vom Sanierungsverwalter bzw. Gericht genehmigten **Sanierungs- und Zahlungsplans** durchgeführt. Die **Mindestquote** beträgt **30 %,** zahlbar in höchstens zwei Jahren. Der Schuldner bleibt **selbständig verfügungsbefugt.** Bestimmte Geschäfte obliegen jedoch der Genehmigung durch den Sanierungsverwalter. Die Quote gibt an, wie viel Prozent der Gesamtforderung der Gläubiger innerhalb einer bestimmten Frist noch erhält. Der nicht einbringliche Teil der Forderung, in diesem Fall 70 % (d. s. € 5.760,00), ist abzuschreiben. Die Umsatzsteuer ist entsprechend zu berichtigen.

Im **Sanierungsverfahren ohne Eigenverwaltung** (entspricht dem bisherigen Zwangsausgleich) ist nur der Masseverwalter verfügungsbefugt. Die **Mindestquote** beträgt **20 %,** zahlbar in höchstens zwei Jahren.

9. 9. n. J. 2800 Bank / 20504 Mag. J. Wieser e. U. 2.340,00

31.12. n. J.

$\frac{2.190}{1,20} \cdot 0,80 =$	€ 1.460,00
– Konto 2080	– € 2.700,00
	– € 1.240,00

2080 Einzel-WB zu Lieferforderungen Inland / 4870 Erträge aus der Auflösung von WB zu Forderungen 1.240,00

Hinweis: Das Konto 2080 ist jeweils am 31. Dez. anzupassen.

Ü 103: Einzel- und Pauschalbewertung von Forderungen

31. 12. 20 . .

Heike Rosenzopf GmbH:

7802 Abschreibungen von Forderungen 20 % 5.500,00; 3500 USt 1.100,00 / 20740 Heike Rosenzopf GmbH 6.600,00

Hinweis: Uneinbringliche Forderungen sind sofort aus dem Betriebsvermögen auszuscheiden.

Willibald Wurm: $\frac{2.160}{1,20} \cdot 0,80 =$ € 1.440,00
– Konto 2080 – € 4.200,00
– **€ 2.760,00**

2080 Einzel-WB zu Lieferforderungen Inland / 4870 Erträge aus der Auflösung von WB zu Forderungen 2.760,00

Übrige Forderungen: Konto 2000 € 233.000,00
– Rosenzopf GmbH € 6.600,00
– Wurm € 2.160,00
€ 224.240,00

$\frac{224.240}{1,20} \cdot 0,03 =$ € 5.606,00
– Konto 2090 – € 4.000,00
+ **€ 1.606,00**

7805 Zuweisungen an WB zu Forderungen / 2090 Pauschal-WB zu Lieferforderungen Inland 1.606,00

Hinweis: Die Bildung bzw. Auflösung einer Pauschalwertberichtigung zu Lieferforderungen erfolgt nur zum Abschlussstichtag. Die pauschale Forderungsabschreibung hat vom Nettobetrag der Forderungen zu erfolgen.

Ü 104: **Abschluss eines Einzelunternehmens**

Edeltraud Kogler e. U., Wien

1. Bilanzansatz: 500 · 450 € 225.000,00
Abwertung: 500 · 10 € 5.000,00

Endbestand (Bilanzansatz) € 225.000,00
– Anfangsbestand – € 210.000,00
Differenz (Bestandsvermehrung) **€ 15.000,00**

U 1: 1600 HW-Vorrat / 5010 HW-Einsatz 15.000,00
U 2: 7800 Abschreibungen von Vorräten / 5010 HW-Einsatz 5.000,00

2. Buchwert 1. 1. € 300,00
– Abschreibung 1.200 · 0,25 · 0,5 – € 150,00
Buchwert 5. Mai **€ 150,00**

U 3: 7010 Abschreibungen von Sachanlagen / 0660 Betriebs- und Geschäftsausstattung 150,00
U 4: 7820 Buchwert abgegangener Anlagen / 0660 Betriebs- und Geschäftsausstattung 150,00

Erlös € 100,00
– Buchwert – € 150,00
Saldo – **€ 50,00**

U 5: 4600 Erlöse aus dem Abgang von Anlagen 20 % / 7830 Verluste aus dem Abgang von Anlagen 100,00
U 6: 7830 Verluste aus dem Abgang von Anlagen / 7820 Buchwert abgegangener Anlagen 150,00
U 7: 7010 Abschreibungen von Sachanlagen / 0660 Betriebs- und Geschäftsausstattung 17.100,00

3. Abgrenzung: 3.500 : 12 · 9 = € 2.625,00

U 8: 2900 ARA / 7700 Versicherungsaufwand 2.625,00

4. Abgrenzung: 420 : 3 · 1 = € 140,00

U 9: 8135 Sonstige Zinsenerträge 20 % / 3900 PRA 140,00

5. U 10: 7802 Abschreibungen von Forderungen 20 % 3.500,00, 3500 USt 700,00 / 20405 Krassnitzer GmbH 4.200,00

Wolte KG: 6.200 · 0,80 = € 4.960,00
– Konto 2080 – € 3.000,00
€ 1.960,00

U 11: 7805 Zuweisungen an WB zu Forderungen / 2080 Einzel-WB zu Lieferford. Inland 1.960,00

6. U 12: 7750 Rechts- u. Beratungsaufwand / 3040 Rückst. für Rechts- u. Beratungsaufwand 5.500,00

7. Abfertigungsrückstellung: 42.000 · 45 % = € 18.900,00
– ausgewiesene Rückstellung – € 14.875,00
+ **€ 4.025,00**

U 13: 6420 Zuweisungen an die Abfertigungs-rückstellung / 3000 Rückstellungen für Abfertigungen 4.025,00

8. U 14: 9000 Kapital / 9600 Privat 53.190,00

U 15: 3520 USt-Zahllast / 3500 USt 700,00

9. Plus-Minus-Rechnung:

Erträge laut Saldenbilanz	€ 613.496,00
– Aufwände laut Saldenbilanz	– € 557.655,00
	€ 55.841,00
+/– erfolgswirksame Um- und Nachbuchungen:	
U 1	+ € 15.000,00
U 3	– € 150,00
U 4	– € 150,00
U 7	– € 17.100,00
U 8	+ € 2.625,00
U 9	– € 140,00
U 10	– € 3.500,00
U 11	– € 1.960,00
U 12	– € 5.500,00
U 13	– € 4.025,00
	€ 40.941,00

Hinweis: Mittels der Plus-Minus-Rechnung kann der Erfolg (Gewinn/Verlust) rasch und einfach ermittelt werden.

U 16: 9890 GuV / 9600 Kapital 40.941,00

Ü 105: Abschluss eines Einzelunternehmens

Mag. Gisela Pontasch e. U., Linz

1. Bilanzansatz € 140.400,00
Abwertung € 4.500,00 (144.900,00 – 140.400,00)

Endbestand (Bilanzansatz)	€ 140.400,00
– Anfangsbestand	– € 160.000,00
Differenz (Bestandsverminderung)	**€ 19.600,00**

U 1: 5010 HW-Einsatz / 1600 HW-Vorrat 19.600,00

U 2: 7800 Abschreibungen von Vorräten / 5010 HW-Einsatz 4.500,00

2. Gebäude: 180.000 · 3 % = € 5.400,00

U 3: 7010 Abschreibungen von Sachanlagen / 0300 Gebäude 5.400,00

Lkw 60.000 : 5 = € 12.000,00

U 4: 7010 Abschreibungen von Sachanlagen / 0640 Lkw 12.000,00

U 5: 7010 Abschreibungen von Sachanlagen / 0660 Betriebs- und Geschäftsausstattung 11.450,00

3. Abgrenzung: 6.000 : 3 · 2 = € 4.000,00

U 6: 2800 ARA / 7400 Mietaufwand 4.000,00

4. U 7: 20887 F. Dobrovnik e. U. 600,00 / 4820 Provisionserträge 500,00; 3500 USt 100,00

5. U 8: 7802 Abschreibungen von Forderungen 20 % 2.475,00; 3500 USt 495,00 / 20970 J. Kogler 2.970,00

H. Kaiser e. U.: 7.250 · 0,70 =	€ 5.075,00
– Konto 2080	– € 1.650,00
	€ 3.425,00

U 9: 7805 Zuweisungen an WB zu Forderungen / 2080 Einzel-WB zu Lieferford. Inland 3.425,00

	Konto 2000	€ 81.870,00
–	Kogler	– € 2.970,00
–	Kaiser e. U.	– € 8.700,00
		€ 70.200,00

$\frac{70.200}{1,20} \cdot 0,018 =$ € 1.053,00
– € 2.254,00
– € 1.201,00

Hinweis: Es ist nur mehr der ausstehende Teil der Forderung gegenüber der Kundin Julia Kogler abzuziehen.

U 10: 2090 Pauschal-WB zu Lieferforderungen Inland / 4870 Erträge aus der Auflösung von WB zu Forderungen 1.201,00

6. U 11: 7750 Rechts- und Beratungsaufwand / 3040 Rückstellungen für Rechts- und Beratungsaufwand 6.500,00

U 12: 3045 Rückstellungen für Prozesskosten / 4700 Erträge aus der Auflösung von Rückstellungen 285,00

U 13: 7810 Garantieaufwand / 3060 Rückstellungen für Gewährleistungs- und Schadenersatzverpflichtungen 3.000,00

7.

	Abfertigungsrückstellung: 34.000 · 45 % =	€ 15.300,00
–	ausgewiesene Rückstellung	– € 14.250,00
		+ € 1.050,00

U 14: 6420 Zuweisungen an die Abfertigungsrückstellung / 3000 Rückstellungen für Abfertigungen 1.050,00

8. U 15: 9000 Kapital / 9600 Privat 42.280,00

U 16: 3520 USt-Zahllast / 3500 USt 395,00

9. Plus-Minus-Rechnung:

Erträge laut Saldenbilanz	€ 715.500,00
– Aufwände laut Saldenbilanz	– € 612.135,00
	€ 103.365,00
+/– erfolgswirksame Um- und Nachbuchungen:	
U 1	– € 19.600,00
U 3	– € 5.400,00
U 4	– € 12.000,00
U 5	– € 11.450,00
U 6	+ € 4.000,00
U 7	+ € 500,00
U 8	– € 2.475,00
U 9	– € 3.425,00
U 10	+ € 1.201,00
U 11	– € 6.500,00
U 12	+ € 285,00
U 13	– € 3.000,00
U 14	– € 1.050,00
	€ 45.451,00

U 17: 9890 GuV / 9600 Kapital 45.451,00

Ü 106: Erstellung eines Kostenplanes für eine Hauptkostenstelle

Kostenart		V	Planmenge	Planpreis	Plankosten		
					gesamt	fix	variabel
600	Fertigungslöhne	10	480 h	15	7.200,00		7.200,00
601	Hilfslöhne	3			1.970,00	1.379,00	591,00
620	Gehälter	0			1.580,00	1.580,00	
650	Lohnnebenkosten der FL	10	95 %		6.840,00		6.840,00
651	Lohnnebenkosten der HL	3	91 %		1.792,70	1.254,90	537,80
656	Gehaltsnebenkosten	0	62 %		979,60	979,60	

Kostenart		V	Planmenge	Planpreis	Plankosten		
					gesamt	fix	variabel
550	Werkzeuge	10			470,40		470,40
563	Energie	10			848,50		848,50
725	Instandhaltungen	7	9	12,5	112,50	33,70	78,80
790	Kalk. Abschreibung	0			8.541,70	8.541,70	
791	Kalk. Zinsen	0			2.562,50	2.562,50	
Div.	Sonstige Kosten	3			3.450,00	2.415,00	1.035,00
Summen					36.347,90	18.746,40	17.601,50 720 h
Plankalkulationssatz:							**€ 24,45/h**

550 Werkzeuge: $600 \cdot \frac{720}{900} \cdot 0{,}98 = 470{,}40$

563 Energie: $3.750 \cdot \frac{720}{900} \cdot 0{,}08 + 3.750 \cdot \frac{720}{900} \cdot 0{,}20 + 8{,}50 = 848{,}50$

Ü 107: **Plankalkulation**

Fertigungsmaterial (25 · 15,55)	€ 388,75
+ 4,2 % MGK_v	€ 16,33
+ Maschinenstunden (0,59 · 94,55)	€ 55,78
variable Herstellkosten	€ 460,86
+ 12,9 % Vw- u. $VtGK_v$	€ 59,45
variable Selbstkosten	**€ 520,31**
Erlös	€ 529,00
+ 5 % Verkaufsprovision von € 575,00	€ 28,75 (575 · 5 : 100)
	€ 557,75
+ 3 % Skonto	€ 17,25
Verkaufspreis	**€ 575,00**
Erlös	€ 529,00
– variable Selbstkosten	€ 520,31
Plan-Deckungsbeitrag	**€ 8,69**

Ü 108: **Ermittlung von Abweichungen**

Plan-Menge 1.200 kg — Ist-Menge 1.350 kg
Plan-Preis € 2,50 — Ist-Preis € 2,66

Ist-Kosten	1.350 · € 2,66	€ 3.591,00	
Plan-Kosten	1.200 · € 2,50	€ 3.000,00	
Gesamtabweichung		€ 591,00	Mehrkosten
Preisabweichung	(€ 2,66 – € 2,50) · 1.200	€ 192,00	Mehrkosten
Mengenabweichung	(1.350 – 1.200) · € 2,50	€ 375,00	Mehrkosten
Gemischte Abweichung	(€ 2,66 – € 2,50) · (1.350 – 1.200)	€ 24,00	Mehrkosten
Gesamtabweichung		**€ 591,00**	

Ü 109: **Ermittlung von Abweichungen**

Plan-Menge 125.000 l — Ist-Menge 119.000 l
Plan-Preis € 1,45 — Ist-Preis € 1,76

Ist-Kosten	119.000 · € 1,76	€ 209.440,00	
Plan-Kosten	125.000 · € 1,45	€ 181.250,00	
Gesamtabweichung		€ 28.190,00	Mehrkosten
Preisabweichung	(€ 1,76 – € 1,45) · 125.000	€ 38.750,00	Mehrkosten
Mengenabweichung	(119.000 – 125.000) · € 1,45	– € 8.700,00	Minderkosten
Gemischte Abweichung	(€ 1,76 – € 1,45) · (119.000 – 125.000)	– € 1.860,00	Minderkosten
Gesamtabweichung		€ 28.190,00	Mehrkosten

Anhang

A 1 Formulare – Kopiervorlagen

SbX
ID: 9997

Auf den folgenden Seiten werden für viele Aufgabenstellungen **Bearbeitungsformulare** angeführt. Diese Formulare können als **Kopiervorlagen** benutzt und für die händische Lösung der Übungsbeispiele verwendet werden. Auch in der Praxis ist der Einsatz von derartigen Formularen üblich, soweit Problemstellungen nicht EDV-unterstützt, z.B. mithilfe der **Vorlagen von SbX,** gelöst werden.

Bezugskalkulation

Bezugskalkulation

Unternehmen:		**Kalkulation:**	progressiv | retrograd
Artikel:		**Menge:**	

		Anmerkungen
Brutto ____ kg		
Tara ____ kg		
Netto ____ kg zu € ____	€	
____ .... zu € ____	€	
– ____ % ....rabatt	€	
	€	
– ____ % ....rabatt	€	
Rabattierter Betrag	€	
+ Fakturenspesen: ....€ ____		
..............................€ ____	€	
Rechnungsbetrag exkl. USt (Zielpreis)	€	
– ____ % Skonto	€	
Kassapreis	€	
+ Eigene Bezugsspesen: ....€ ____		
......................€ ____	€	
Einstandspreis gesamt	€	
Nettogewicht ____ kg		
– ____ % Gewichtsverlust ____ kg		
Hausgewicht in kg ____ kg		
Einstandspreis pro	€	

Betriebsüberleitungsbogen

Betriebsüberleitungsbogen

Unternehmen: **Periode:**

Konto-nummer	Aufwandsart Kostenart	Aufwendungen	Zeitliche und betriebliche Abgrenzung		Kosten
			–	+	
	Summen				

Betriebsabrechnungsbogen

Betriebsabrechnungsbogen

Unternehmen: ____________ **Periode:** ____________

Nr.	Kostenart	Gesamt-kosten	Kostenstellen				
	Gemeinkostensummen						
	Zuschlagsbasen						
	Gemeinkostenzuschlagssätze						

Betriebsabrechnungsbogen mit Hilfskostenstellen

Betriebsabrechnungsbogen mit Hilfskostenstellen

Unternehmen: ________ **Periode:** ________

Nr.	Kostenart	Gesamtkosten	Hilfskostenstellen			Hauptkostenstellen			
Gemeinkostensummen									
Zuschlagsbasen									
Gemeinkostenzuschlagssätze									

Differenzierende Zuschlagskalkulation

Differenzierende Zuschlagskalkulation

Unter-nehmen:		**Auftrag:**	
Artikel:		**Kalkulation:**	Vorkalkulation / Nachkalkulation
Menge:			

					Anmerkungen
Fertigungsmaterial			€		
+ Materialgemeinkosten		%	€	€	
Fertigungslöhne ...			€		
+ Fertigungsgemeinkosten ...		%			
	×		€	€	
Fertigungslöhne ...			€		
+ Fertigungsgemeinkosten ...		%			
	×		€	€	
+ Lohnnebenkosten		%	€	€	
Fertigungslöhne ...			€		
+ Fertigungsgemeinkosten ...		%			
	×		€	€	
....			€	€	
Herstellkosten				€	
+ Verwaltungsgemeinkosten		%	(oder) … %	€	
+ Vertriebsgemeinkosten		%		€	
Selbstkosten				€	
+ Gewinn … %				€	
Nettoverkaufspreis pro Mengeneinheit				€	
Nettoverkaufspreis für				€	

Absatz- und Differenzkalkulation (Kostenträgererfolgsrechnung)

Absatz- und Differenzkalkulation (Kostenträgererfolgsrechnung)

Unternehmen:		**Auftrag:**	
Artikel:		**Kalkulation:**	Absatzkalkulation: progressiv / retrograd; Differenzkalkulation (Kostenträgererfolgsrechnung)
Menge:			

		Anmerkungen
Selbstkosten	€	
+ [ ] % Gewinn (Verlust)	€	
Nettoverkaufspreis	€	
+	€	
Zwischensumme	€	
+ [ ] % Verkaufsprovision	€	
Kassapreis	€	
+ [ ] % Skonto	€	
Zielpreis	€	
+ [ ] % ....-rabatt	€	
+ [ ] % ....-handelsspanne	€	
Bruttoverkaufspreis (Einzelhandelspreis) **exkl. USt**	€	
+ [ ] % USt	€	
Bruttoverkaufspreis (Einzelhandelspreis) **inkl. USt**	€	

Betriebsabrechnungsbogen zu Teilkosten

Betriebsabrechnungsbogen zu Teilkosten

Unternehmen: **Periode:**

Kostenart	Gesamtkosten	Fix-kosten	Variable Kosten	Kostenstellen			
Gemeinkostensummen							
Zuschlagsbasen							
Gemeinkostenzuschlagssätze							

Mehrstufiges Direct Costing

Mehrstufiges Direct Costing

Unternehmen:

Periode:

Ermittlung des Betriebserfolges

Ermittlung des Betriebserfolges

Unternehmen: ____________ **Periode:** ____________

Unternehmensgewinn

Erträge (abgegrenzt)		€
Bestandsveränderungen:		
Unfertige und fertige Erzeugnisse		
Endbestand	€	
– Anfangsbestand	€	
– Aufwände		€
Unternehmensgewinn		€

Gesamtkostenverfahren

Leistungen		€
Bestandsveränderungen:		
Unfertige und fertige Erzeugnisse		
Endbestand	€	
– Anfangsbestand	€	€
– Kosten:		
Herstellkosten	€	
Verwaltungs- und Vertriebsgemeinkosten	€	€
Betriebserfolg (Betriebsgewinn/Betriebsverlust)		€

Umsatzkostenverfahren

Leistungen	€
– Herstellkosten der abgesetzten Erzeugnisse	€
– Verwaltungs- und Vertriebsgemeinkosten	€
Betriebserfolg (Betriebsgewinn/Betriebsverlust)	€

Kostenrechnung im Handel

Kostenrechnung im Handel

Unternehmen: ____________ **Periode:** ____________

			Anmerkungen
	Aufwendungen = Kosten	€	
–	Wareneinsatz	€	
	Gemeinkosten	€	
	Erlöse bzw. Verkaufspreis exkl. USt	€	
–	Wareneinsatz bzw. Einstandspreis	€	
	Bruttogewinn	€	
	Erlöse bzw. Verkaufspreis inkl. USt	€	
–	Wareneinsatz bzw. Einstandspreis	€	
	Bruttogewinn	€	

Gemeinkostenzuschlagssatz:	$\frac{\text{Gemeinkosten}}{\text{Wareneinsatz}} \times 100$	= ———— × 100	%
Gewinnzuschlag:	$\frac{\text{Gewinn}}{\text{Selbstkosten}} \times 100$	= ———— × 100	%
Rohaufschlag exkl. Umsatzsteuer:	$\frac{\text{Bruttogewinn}}{\text{Wareneinsatz bzw. Einstandspreis}} \times 100$	= ———— × 100	%
Rohaufschlag inkl. Umsatzsteuer:	$\frac{\text{Bruttogewinn}}{\text{Wareneinsatz bzw. Einstandspreis}} \times 100$	= ———— × 100	%
Kalkulationsfaktor inkl. Umsatzsteuer:	$\frac{100 + \text{Rohaufschlag inkl. USt}}{100}$	= ————	
Handelsspanne exkl. Umsatzsteuer:	$\frac{\text{Bruttogewinn}}{\text{Erlöse bzw. Verkaufspreis exkl. USt}} \times 100$	= ———— × 100	%
Handelsspanne inkl. Umsatzsteuer:	$\frac{\text{Bruttogewinn}}{\text{Erlöse bzw. Verkaufspreis inkl. USt}} \times 100$	= ———— × 100	%

Verkaufspreis = ...

Kostenstellenrechnung in der Hotellerie und Gastronomie

Kostenstellenrechnung in der Hotellerie und Gastronomie

Nr.	Kostenarten – Erlöse	Summen	Verwaltung	Verpflegung (F&B)			Logis
				Küche	Keller	Restaurant	
1/2	WES Lebensmittel, Getränke						
	Gemeinkostensummen						
	Umlage Verwaltung						
	Umlage Küche-Keller auf Restaurant						
	Gemeinkosten Verkaufskostenstellen						
	WES (Einzelkosten)						
	Selbstkosten Verkaufskostenstellen						
	Erlöse Verkaufskostenstellen						
	Betriebserfolg						
	NRA in €						
	NRA in %, Selbstkosten pro Nacht						

Kostenrechnung im Handwerk – Stundensatzermittlung

Kostenrechnung im Handwerk — Stundensatzermittlung

Unternehmen: ____________ **Periode:** ____________

		Anmerkung
Aufwendungen laut Gewinn- und Verlustrechnung	€	
– direkt an die Kunden verrechenbare Kosten:		
– Materialeinsatz	€	
– Personalkosten:		
Meister: ☐ h zu € ☐ + ☐ % Lohnnebenkosten	€	
Geselle: ☐ h zu € ☐ + ☐ % Lohnnebenkosten	€	
Geselle: ☐ h zu € ☐ + ☐ % Lohnnebenkosten	€	
Lehrling: ☐ h zu € ☐ + ☐ % Lohnnebenkosten	€	
Lehrling: ☐ h zu € ☐ + ☐ % Lohnnebenkosten	€	
– aus der Materialspanne gedeckte Gemeinkosten:		
€ ☐ × ☐ %	€	
auf die Stundensätze umzulegende sonstige Gemeinkosten	€	
produktive (verrechenbare) Stunden: ☐		
Gemeinkostenzuschlagssatz/Stunde	€	

	Stundensatzermittlung				
	Meister	Geselle	Geselle	Lehrling	Lehrling
Stundenlohn	€	€	€	€	€
+ ☐ % Lohnnebenkosten	€	€	€	€	€
+ Gemeinkostenzuschlagssatz	€	€	€	€	€
Selbstkosten je Stunde	€	€	€	€	€
+ ☐ % Gewinn	€	€	€	€	€
Stundensatz	€	€	€	€	€
Stundensatz gerundet	€	€	€	€	€

Buchungsliste

BUCHUNGSLISTE						Datum:	per:	Seite:	
BA	Datum	Konto Soll	Konto Haben	Beleg-Nummer	OP-Nummer	T e x t	Betrag	USt-Code	USt-Betrag

A 2 Verzeichnis der im Schülerbuch verwendeten Konten – Kontenplan

Klasse 0

0120 Datenverarbeitungsprogramme
0121 Geringwertige Datenverarbeitungsprogramme
0190 Kumulierte Abschreibungen zu immateriellen Vermögensgegenständen
0200 Unbebaute Grundstücke
0210 Bebaute Grundstücke (Grundwert)
0290 Kumulierte Abschreibungen zu Grundstücken
0300 Gebäude
0390 Kumulierte Abschreibungen zu Gebäuden
0400 Maschinen
0480 Geringwertige Maschinen
0490 Kumulierte Abschreibungen zu Maschinen
0500 Werkzeuge
0550 Geringwertige Werkzeuge
0590 Kumulierte Abschreibungen zu Werkzeugen
0620 Büromaschinen, EDV-Anlagen
0630 Pkw und Kombis
0640 Lkw
0660 Betriebs- und Geschäftsausstattung
0680 Geringwertige Büromaschinen, EDV-Anlagen
0681 Geringwertige Betriebs- und Geschäftsausstattung
0692 Kumulierte Abschreibungen zu Büromaschinen, EDV-Anlagen
0693 Kumulierte Abschreibungen zu Pkw und Kombis
0694 Kumulierte Abschreibungen zu Lkw
0696 Kumulierte Abschreibungen zur Betriebs- und Geschäftsausstattung
0700 Geleistete Anzahlungen für Sachanlagen 20 %
0710 Anlagen in Bau
0800 Beteiligungen

Klasse 1

1100 Rohstoffvorrat
1300 Hilfsstoffvorrat
1340 Vorrat Verpackungsmaterial
1350 Vorrat Betriebsstoffe
1360 Vorrat Heizöl
1365 Vorrat Schmiermittel
1370 Vorrat Reinigungsmaterial
1390 Vorrat Büromaterial
1400 Unfertige Erzeugnisse
1500 Fertige Erzeugnisse
1600 Handelswarenvorrat

Klasse 2

2000 Lieferforderungen (Forderungen aus Lieferungen und Leistungen Inland, Kundensammelkonto)
2080 Einzelwertberichtigungen zu Lieferforderungen Inland
2090 Pauschalwertberichtigungen zu Lieferforderungen Inland
2300 Sonstige Forderungen
2320 Gegebene Darlehen
2330 Forderungen aus Darlehenszinsen
2340 Forderungen aus Beteiligungserträgen
2350 Forderungen aus Wertpapierzinsen
2380 Guthaben bei Lieferanten (nicht aus Anzahlungen)
2400 Lohn- und Gehaltsvorschüsse
2500 Vorsteuer
2501 Noch nicht verrechenbare Vorsteuer (Vorsteuer-Interimskonto)
2620 Aktien des Umlaufvermögens
2630 Festverzinsliche Wertpapiere des Umlaufvermögens
2700 Kassa
2790 Forderungen Kreditkartenunternehmen
2794 Forderungen Bankomatkarten
2800 Bank (Guthaben bei Kreditinstituten)
2810 PSK
2870 Barverkehr mit Banken
2880 Schwebende Geldbewegungen
2900 Aktive Rechnungsabgrenzungsposten (ARA)

Klasse 3

3000 Rückstellungen für Abfertigungen
3010 Rückstellungen für Pensionen
3035 Sonstige Steuerrückstellungen
3040 Rückstellungen für Rechts- und Beratungsaufwand
3045 Rückstellungen für Prozesskosten
3060 Rückstellungen für Gewährleistungs- und Schadenersatzverpflichtungen (Garantierückstellungen)
3090 Sonstige Rückstellungen
3110 Bank (Bankschuld, Verbindlichkeiten gegenüber Kreditinstituten)
3150 Darlehen (von einer Bank)
3160 Verbindlichkeiten aus Darlehenszinsen (zu 3150)
3170 Barverkehr mit Banken
3180 Verbindlichkeiten Kreditkartenunternehmen
3190 Verbindlichkeiten Bankomatkarten
3300 Lieferverbindlichkeiten (Verbindlichkeiten aus Lieferungen und Leistungen Inland, Lieferantensammelkonto)
3500 Umsatzsteuer
3501 Noch nicht geschuldete Umsatzsteuer (USt-Interimskonto)
3520 USt-Zahllast
3540 Verbindlichkeiten FA (Verrechnungskonto FA)
3580 Einbehaltene KESt
3600 Verbindlichkeiten Krankenkasse
3610 Verbindlichkeiten Gemeinde (Stadtkasse)
3700 Darlehen (nicht von einer Bank)
3710 Verbindlichkeiten aus Darlehenszinsen (zu 3700)
3800 Sonstige Verbindlichkeiten
3850 Verbindlichkeiten gegen Mitarbeiter aus der Bezugsverrechnung
3900 Passive Rechnungsabgrenzungsposten (PRA)

Klasse 4

4000 Handelswarenerlöse 20 % (Fertigerzeugniserlöse oder andere Erlöse oder Erträge aus der Hauptleistung des Unternehmens)
4001 Handelswarenerlöse 10 %
4100 Fertigerzeugniserlöse 20 %
4101 Fertigerzeugniserlöse 10 %
4400 Erlösberichtigungen 20 %
4401 Erlösberichtigungen 10 %
4410 Kundenskonti 20 %
4411 Kundenskonti 10 %
4500 Bestandsveränderungen
4580 Aktivierte Eigenleistungen
4600 Erlöse aus dem Abgang von Anlagen 20 %
4601 Erlöse aus dem Abgang von Anlagen 0 %
4610 Versicherungsentschädigungen für Anlagenabgänge
4630 Erträge aus dem Abgang von Anlagen
4660 Erträge aus der Zuschreibung zum Anlagevermögen
4700 Erträge aus der Auflösung von Rückstellungen (ausgenommen Rückstellungen für gewinnabhängige Steuern)
4810 Mieterträge (Pachterträge)*
4820 Provisionserträge*
4860 Versicherungsentschädigungen (sonstige)

* Wenn es sich um Nebenerträge handelt.

4870 Erträge aus der Auflösung von Wertberichtigungen zu Forderungen
4880 Übrige betriebliche Erträge 20 %
4881 Übrige betriebliche Erträge 10 %
4882 Übrige betriebliche Erträge 0 %
4890 Mahnspesenvergütungen
4900 Eigenverbrauch 20 %
4901 Eigenverbrauch 10 %
4902 Eigenverbrauch 0 %

Klasse 5

5000 Bezugsverrechnung
5010 Handelswareneinsatz
5100 Rohstoffverbrauch (-einsatz)
5300 Hilfsstoffverbrauch
5340 Verpackungsmaterialverbrauch
5400 Betriebsstoffverbrauch
5410 Schmiermittelverbrauch
5420 Reparaturmaterialverbrauch
5450 Reinigungsmaterialverbrauch
5600 Heizölverbrauch
5610 Treibstoffverbrauch
5620 Gasverbrauch
5630 Stromverbrauch
5880 Lieferantenskonti auf Wareneinkauf (Materialaufwand) 20 %
5881 Lieferantenskonti auf Wareneinkauf (Materialaufwand) 10 %
5884 Lieferantenskonti Anlagenkäufe

Klasse 6

6000 Fertigungslöhne
6010 Hilfslöhne
6200 Gehälter
6250 Remunerationen, Tantiemen, Prämien
6400 Abfertigungsaufwand Arbeiter
6410 Abfertigungsaufwand Angestellte
6420 Zuweisungen an die Abfertigungsrückstellung
6500 Gesetzlicher Sozialaufwand Arbeiter
6560 Gesetzlicher Sozialaufwand Angestellte
6600 Dienstgeberbeitrag Arbeiter
6610 Zuschlag zum DB Arbeiter
6620 Kommunalsteuer Arbeiter
6630 Wiener Dienstgeberabgabe Arbeiter
6660 Dienstgeberbeitrag Angestellte
6670 Zuschlag zum DB Angestellte
6680 Kommunalsteuer Angestellte
6690 Wiener Dienstgeberabgabe Angestellte
6700 Freiwilliger Sozialaufwand

Klasse 7

7010 Abschreibungen von Sachanlagen (Absetzung für Abnutzung, AfA)
7030 Abschreibungen geringwertiger Wirtschaftsgüter
7050 Außerplanmäßige Abschreibungen Anlagevermögen (Teilwertabschreibungen, ausgenommen Finanzanlagen)
7100 Grundsteuer
7200 Instandhaltung durch Dritte
7210 Reinigung durch Dritte
7300 Ausgangsfrachten 20 % (Transporte durch Dritte)
7301 Ausgangsfrachten 0 %
7310 Paketgebühren 20 %
7311 Paketgebühren 0 %
7320 Pkw- und Kombi-Betriebsaufwand
7321 Motorbezogene Versicherungssteuer Pkw und Kombis
7325 Versicherungsaufwand Pkw und Kombis
7326 Parkgebühren, Straßenmaut Pkw und Kombis
7330 Lkw-Betriebsaufwand
7331 Motorbezogene Versicherungssteuer Lkw
7332 Kraftfahrzeugsteuer Lkw
7335 Versicherungsaufwand Lkw
7336 Parkgebühren, Straßenmaut Lkw
7380 Telefongebühren (Telefaxgebühren)
7381 Internetgebühren
7390 Portogebühren
7400 Mietaufwand (Pachtaufwand)
7480 Lizenzaufwand
7540 Provisionen an Dritte (Nicht-Arbeitnehmer; Vertriebsaufwand für Handelsvertreter)
7600 Büromaterial (Büroaufwand, Bürobedarf)
7610 Kopien und sonstige Druckkosten
7630 Fachliteratur und Zeitungen
7650 Werbeaufwand
7700 Versicherungsaufwand
7710 Haftpflichtversicherungen (ohne Kraftfahrzeuge)
7740 Versicherungsbeiträge an die Sozialversicherungsanstalt der gewerblichen Wirtschaft
7750 Rechts- und Beratungsaufwand
7770 Aufwand für Aus- und Fortbildung
7780 Kammerumlage
7790 Spesen des Geldverkehrs
7792 Provisionen, Gebühren Kredit-, Bankomatkarten und Quick
7800 Abschreibungen von Vorräten
7802 Abschreibungen von Forderungen 20 %
7803 Abschreibungen von Forderungen 10 %
7804 Abschreibungen von Forderungen 0 %
7805 Zuweisungen an WB zu Forderungen
7810 Garantieaufwand (Zuweisungen an die Garantierückstellung)
7811 Konventionalstrafen
7819 Sonstige Schadensfälle
7820 Buchwert abgegangener Anlagen
7830 Verluste aus dem Abgang von Anlagen
7840 Aufwand für Vorperioden
7850 Übrige betriebliche Aufwendungen 20 %
7851 Übrige betriebliche Aufwendungen 10 %
7852 Übrige betriebliche Aufwendungen 0 %
7890 Lieferantenskonti auf sonstige betriebliche Aufwendungen

Klasse 8

8000 Erträge aus Beteiligungen an Personengesellschaften
8100 Zinsenerträge aus Bankguthaben
8110 Zinsenerträge aus gewährten Darlehen
8115 Zinsenerträge für Wertpapiere des Umlaufvermögens
8130 Verzugszinsenerträge
8135 Sonstige Zinsenerträge 20 %
8136 Sonstige Zinsenerträge 10 %
8205 Erträge aus der Zuschreibung zu Finanzanlagen
8210 Erträge aus dem Abgang von Wertpapieren des Umlaufvermögens
8215 Erträge aus der Zuschreibung zu Wertpapieren des Umlaufvermögens
8250 Abschreibungen auf Beteiligungen
8271 Abschreibungen auf Wertpapiere des Umlaufvermögens
8280 Zinsenaufwand für Bankkredite
8285 Sonstiger Aufwand für Bankkredite (z. B. Bereitstellungsprovision, Überziehungsprovision)
8290 Zinsenaufwand für Darlehen
8300 Verzugszinsenaufwand
8301 Mahnspesen
8310 Zinsenaufwand für Lieferantenkredite 20 %
8311 Zinsenaufwand für Lieferantenkredite 10 %

Klasse 9

9000 Kapital (Stammkapital, Grundkapital)
9600 Privat
9610 Privatsteuern
9800 Eröffnungsbilanzkonto (EBK)
9850 Schlussbilanzkonto (SBK)
9890 Gewinn- und Verlustkonto (GuV)
9900 Zwischenkonto (für EDV-Sammelbuchungen)